王健 唐坚 谭琦 马小芳 王茹 著

深科技推进中国创新型国家建设
——以城镇老旧小区改造为例

China's Innovative Country Construction Propelled
by Deep Science and Technology:
Renovation of Old Town Residential Areas as an Example

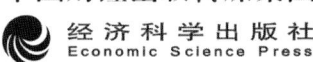

中国财经出版传媒集团
经济科学出版社
Economic Science Press

图书在版编目（CIP）数据

深科技推进中国创新型国家建设：以城镇老旧小区改造为例 / 王健等著. —北京：经济科学出版社，2019.8

ISBN 978－7－5218－0827－8

Ⅰ.①深… Ⅱ.①王… Ⅲ.①高技术企业－作用－居住区－旧房改造－研究－中国 Ⅳ.①F279.244.4 ②TU984.12

中国版本图书馆 CIP 数据核字（2019）第 251929 号

责任编辑：杜　鹏　刘　悦
责任校对：蒋子明
责任印制：邱　天

深科技推进中国创新型国家建设
——以城镇老旧小区改造为例
王　健　唐　坚　谭　琦　马小芳　王　茹　著
经济科学出版社出版、发行　新华书店经销
社址：北京市海淀区阜成路甲 28 号　邮编：100142
编辑室电话：010－88191441　发行部电话：010－88191522
网址：www.esp.com.cn
电子邮箱：esp_bj@163.com
天猫网店：经济科学出版社旗舰店
网址：http://jjkxcbs.tmall.com
固安华明印业有限公司印装
710×1000　16 开　15.5 印张　270000 字
2020 年 1 月第 1 版　2020 年 1 月第 1 次印刷
ISBN 978－7－5218－0827－8　定价：68.00 元
(图书出现印装问题，本社负责调换。电话：010－88191510)
(版权所有　侵权必究　打击盗版　举报热线：010－88191661
QQ：2242791300　营销中心电话：010－88191537
电子邮箱：dbts@esp.com.cn)

目　录

导论　/1
　　一、深科技营造实体经济发展的蓝海　/1
　　二、深科技的内涵和特征　/3
　　三、深科技创新促进中国现代化经济体系建设　/6
　　四、深科技创新应对中美贸易战　/8
　　五、本书的结构　/9

上编　深科技的概念和理论

第1章　深科技的兴起与发展　/13
　　1.1　深科技的演进历程　/13
　　1.2　经济增长与深科技创新　/24
　　1.3　国家创新与深科技发展　/30

第2章　深科技与现代化经济体系建设　/37
　　2.1　深科技提振实体经济　/37
　　2.2　深科技创造新需求　/41
　　2.3　深科技培育新动能　/45
　　2.4　深科技优化产业结构　/48

第3章　深科技推进"旧改经济"　/53
　　3.1　深科技与"旧改经济"及其原则　/54

3.2　城镇老旧小区现存的问题　/59
3.3　以深科技推进"旧改"收"一箭十雕"之功　/62
3.4　统筹谋划以深科技推进城镇老旧小区改造　/70
3.5　以创新政策推进城镇老旧小区改造　/74

第4章　深科技与全面开放新格局　/79
4.1　深科技颠覆国际竞争格局　/79
4.2　深科技创新推动国际合作新格局　/83
4.3　深科技创新化中美贸易战之弊为利　/87

中编　深科技与创新型国家

第5章　深科技与创新型国家建设　/97
5.1　创新型国家建设的内涵和目标　/97
5.2　深科技促进创新型国家建设　/100
5.3　创新型国家为深科技发展创造良好的环境　/103
5.4　深科技与创新型国家发展的趋势　/106

第6章　深科技与创新型国家发展的现状和问题分析　/111
6.1　中国深科技与创新型国家发展的现状　/111
6.2　深科技与创新型国家发展面临的主要问题　/114
6.3　深科技与创新型国家发展面临问题的成因　/120

第7章　深科技与建立创新型国家的政策建议　/124
7.1　建设国家创新体系，构建产学研融合体系　/124
7.2　打造"产业公地"，促进深科技发展　/130
7.3　发挥互联网+制造业优势，推动深科技发展　/136
7.4　创新科研管理体制，以BON法考核深科技项目　/138
7.5　加强市场监管，优化深科技市场环境　/141

下编 深科技创新与产业案例

第8章 深科技创新的前沿技术与产业 /147
8.1 通用航空技术与产业发展分析 /147
8.2 新材料涂层科技与产业发展分析 /154
8.3 竹缠绕科技与产业发展分析 /159
8.4 稀土铝合金技术与产业发展分析 /165
8.5 中医药新技术与大健康产业发展分析 /171
8.6 交互式智研学习系统与人工智能教育产业分析 /176
8.7 农业深技术与农业现代化发展分析 /181
8.8 生物医药技术与产业发展分析 /188
8.9 生态能污水处理系统技术与环保产业发展分析 /193
8.10 工业烟尘净化技术与环保产业发展分析 /200

第9章 上海长三角科技城深科技创新与产业发展 /206
9.1 深科技创新城的外部环境 /206
9.2 深科技创新城的整体规划 /208
9.3 深科技创新城的产业特征 /210
9.4 深科技创新城的发展前景 /215

第10章 中国瑞丽—缅甸木姐边境深科技发展经济合作区 /217
10.1 深科技发展与创新合作区的国际环境 /218
10.2 深科技发展与创新合作区的国家规划 /220
10.3 深科技发展与创新合作区的国际合作 /223
10.4 深科技发展与创新合作区的国际前景 /227

参考文献 /230

导　论

一、深科技营造实体经济发展的蓝海

实体经济是主权国家的经济基石，事关国民经济的长治久安。近年来，我国实体经济发展遇到困难：国际经济环境不确定因素增加且进口成本提高，出口增长波动，国内企业创新不足且产业在中低端徘徊，内需疲软和经营环境趋紧，增长放缓和结构性矛盾突出，资金"脱实向虚"、过度进入虚拟经济加剧了企业融资难和融资贵，劳动力和要素价格上涨等因素交织，导致实体企业成本递增、盈利水平下降。除高铁航天等少数产业外、大多数实体经济的产业及企业处于红海，面临着市场的激烈竞争。破解实体经济发展困难的治本之道是：跨越红海迈入蓝海，营造实体经济发展的蓝海。

众所周知，红海，喻指由于竞争激烈，海洋中的鱼群互相厮杀，流血成片变为了红色的海洋。红海市场，是竞争相当激烈的市场，产业边界是确定的，市场竞争规则是已知的。处于红海市场之中的实体经济企业成本高，赢利水平低，依赖价格战扩大市场占有率，利润率低，企业增长前景黯淡。蓝海，喻指血雨腥风的红海中涌出的一股清流，平和宁静却又充满生机的蓝色海洋。蓝海市场，是未知的、充满利润和诱惑的新兴市场。处于蓝海市场的实体经济企业，追求创新的产品和商业模式，超越同质化的恶性竞争和价格战，赢利水平高，利润丰厚，企业成长迅速，发展前景广阔。

以深科技推进创新型国家建设，创造实体经济发展的新动力和民族企业发展的新源泉，能够营造实体经济发展的蓝海，实现企业高质量、高效益、低碳环保发展。

1. 以深科技推进创新型国家建设，形成实体经济发展新动力

深科技是当前国际科技、经济乃至国家竞争最前沿。深科技是指物理、化学、生物、信息、空间、材料等领域基础科学的新发现和应用领域技术的突破性创新，引导众多产业和经济结构及人类生产生活方式发生革命性变革，促进经济社会持续地与自然和谐共生共存，实现经济社会的永续发展。

(1) 广泛应用深科技，可以创造众多全新的实体经济增长点，突破经济增长的瓶颈，彻底消弭经济下行压力，实现经济结构调整和可持续增长。应用深科技，让装备制造业、建筑建材、机械加工、机器人等等实体经济的产业实现如同高铁一样的自主创新技术、像航天一样具有自主创新能力，那么，该产业发展会带动与之相关的上游和下游产业的发展，如果多个产业都能够应用深科技，在产业联动和技术外溢的影响下，投资和消费会迅速增长，从根本上打破经济对房地产业的依赖，迅速解除经济增速下滑压力，促进经济结构优化和产业结构升级，中国经济就会重新进入高速增长的轨道。

(2) 推广深科技，提升产业结构，增加企业效益，化解产能过剩。众多民族企业掌握和应用深科技，拥有自主创新能力和自主知识产权及核心技术，从产业链低端提升到中高端、从微笑曲线低端延伸到微笑曲线的两端，优化产业结构和社会资源配置效率，不仅能够明显地提高企业效益，而且产业升级会产生新的社会需求吸纳社会过剩的总供给，从源头上消弭产能过剩。

(3) 深科技促进民族经济发展，降低经济对外依存度，优化内外需结构。民族经济广泛应用深科技，民族企业研究开发深科技，是以企业自主创新促进内需扩张，助力中国从外向型经济转为内向型经济，提升内需增速、降低外需增速，改变内外需结构失衡现状，优化内外需结构，实现内外需结构平衡，摆脱外需依赖型的经济增长方式，拥有国际经济贸易的自主权。

2. 以深科技推进创新型国家建设，创造民族企业发展新源泉

以自主创新的深科技构建完整独立的国民经济体系，能够锻铸经济持续稳定发展的长期动力。完整独立的国民经济体系，就是在改革开放的条件下，以民族企业的自主创新技术和核心技术为基础，构建中国特色的现代产业体系，以健全国民经济技术体系进行产业结构调整和产业升级，满足人民群众日益增长的美好生活需要。

（1）深科技促进民族企业自主成长，创造广阔的新市场。民族企业研究和应用深科技，制造出"人无我有，人有我新，人新我特"的产品，构建全新的产业链及其中国特色的现代产业体系，创造广阔的新市场，形成民族企业和民族经济增长的新源泉。

一是"人无我有"。民族企业通过研究开发深科技，创造新产品，掌握新产品的产业链及核心技术，特别是新产业关键零部件生产的核心技术，创造出发达市场经济国家缺乏的产业或没有的技术，逐渐做到发达市场经济国家没有的产业我们也有、创造出中国特色的新产品及其产业。

二是"人有我新"。深科技可以帮助民族企业逐渐缩小与发达市场经济国家的现代产业和国家技术体系的差距，帮助民族企业不仅拥有发达市场经济国家产业的低端技术，而且要拥有发达市场经济国家产业的高端技术和核心技术，在传统产业中创造出功能更强、价格更低的新产品。

三是"人新我特"。应用深科技的民族企业，不仅能够制造发达市场经济国家传统产业的产品，而且能够制造发达市场经济国家高新产业的产品，还能够在传统和高新产业的研发、制造、营销中体现中国特色，生产和销售具有国际先进水平的、优质的、高附加值的特色产品。

（2）深科技增强民族企业国际竞争力，获得技术进步的溢出效应。民族企业以深科技形成自主创新能力，是民族企业生存和发展之本，科学技术发展的基点，增强国际竞争力的基础。

以深科技提高民族企业自主创新能力，企业拥有自主知识产权的技术，享受技术进步溢出的正收益，获得规模经济递增的收益。企业研究和应用深科技，不仅提高劳动生产率，降低资源消耗和保护环境，还创造出新的需求和市场。中国企业应用深科技，以自主创新的工艺和技术生产和销售新产品，那么，就能在广阔的国内市场上需求旺盛，根据内需确定进口与出口，中国经济增长就真正具有独立性和自主性。中国企业可以摆脱被动接受跨国公司安排的垄断产业链低端的现状，实现自主发展，自立于世界跨国公司之林。

二、深科技的内涵和特征

笔者于 2017 年在国内首次研究和提出深科技时发现：国际上深科技的概念，

是由美国新泽西理工学院哲学教授大卫·罗森博格（David Rothenberg）于1995年首先提出的。他认为深科技（deep technology）是更接近自然的技术：深科技强调如何拓展人类的视野、如何与自然共存共生；深科技与生态学息息相关，在人类文明发展过程中，更应该将自然环境作为一种背景。

2016年，美国波士顿咨询公司对深科技作了较为详细的解读，认为深科技创新是建立在独特的、受保护或难以复制的科学或技术进步基础上的破坏性解决方案。深科技的创新独特性表明深科技创新是原创性的；深科技创新是科学和技术的前沿且受到专利等法律的保护，具有极高的技术门槛和技术壁垒，难以复制；在科学或技术进步基础上的破坏性解决方案，表明深科技创新对现有技术的突破，具有先进性。与此同时，美国麻省理工学院的《科技评论》认为，深科技基于科学发现、真正的科技创新及其广泛的应用性，具有快速产品化和广泛应用等特征，对产业升级有帮助。

笔者吸收了国际上有关深科技研究成果的精华，结合中国实际重新定义了深科技（deep science and technology）及内涵，并指出深科技的六大特点。

1. 深科技定义

深科技是吸纳人类科技智慧结晶，凝聚硬科学和软科学精华，吸纳虚拟世界科技精髓的物理世界突破性、能够跨领域应用、与自然和谐共生的原创性前沿科学技术。

深科技，是推动世界实体经济进步的新动力和源泉，对生产方式、组织方式、消费方式等产生颠覆性、革命性影响，进而促进发展方式转变，能够引领时代进步，支撑民族企业竞争能力，具有国际溢出效应，形成全新的产业，优化经济结构，对科学技术、经济发展和社会进步产生巨大推动作用。

2. 深科技的特点

深科技，超越高新技术，介于高科技和黑科技之间，具有以下六大显著特点：

一是自主。深科技，以民族企业（国内的国有企业和民营企业及混合所有制企业）拥有的自主知识产权和核心技术为基础，持续推进产业结构调整和产业升级，构建中国特色具有国际竞争力的现代化经济体系和强大的国防体系。

基于深科技的自主性，能够建设独立自主的现代化中国特色技术体系。拥有自主知识产权和核心技术的民族企业，是建立独立自主的现代化中国特色技术体系的微观经济基础，是民族企业和国民经济长期持续稳定发展的内生动力，加快现代化经济体系建设，形成完整独立的国民经济体系和强大的国防，实现强国之梦：满足人民群众日益增长的美好生活的需要；在国际市场经济竞争的浪潮中乘风破浪，从经济大国迈向经济强国；以强大的国防应对世界政治风云变幻，傲视群雄，自立于世界民族之林。

二是超越。深科技凝集了传统科技和高新科技的突破性创新，超越高新科技，是能够形成但尚未形成产业的自主创新科学技术。深科技的影响广泛且深远，比传统科技影响更深远、比高新技术更胜一筹的自主科技创新，遍及人工智能、航空航天、生物技术、信息技术、光电通信、新材料、新能源、智能制造等领域，以及人类衣食住行等各行各业的科技生态和业态。深科技比高科技影响深远、辐射领域更广，引导社会经济和生活的变革。

三是引领。依托深科技建立完整独立的国民经济体系，引领传统产业和高新技术产业突破性创新，获得技术进步的溢出效应，创造众多高质量高效益的经济新增长点，优化产业结构和经济结构，增强民族企业市场竞争力，提高职工收入和增加就业，推动经济增长由投资驱动向消费驱动转变，经济从外需增长型转向内需增长型，实现经济发展方式的根本转变。

四是厚积。深科技，是实体经济领域民族企业厚积薄发的、具有高技术门槛和技术壁垒、难以被复制和模仿的科学技术。

五是自然。深科技，以人为核心，注重生态文明和可持续发展，生产过程绿色低碳、节约集约、减少了能耗和排放，产品追求品质、安全、卫生、环保、美观，实现人类与自然的和谐共生共存。

六是溢出。深科技具有国际溢出效应，是抢占国际高端价值链的利器。依托深科技建立以民族企业为基础的"人无我有，人有我新，人新我特"的现代化产业体系，民族企业在现代化产业体系中都能够占据各产业的全产业链、独立自主地制造各产业链上高附加价值产品，即中国民族企业能够研发、制造、营销现代产业体系中绝大部分具有国际先进水平的、优质的、高附加值产品，中国企业能够在国际竞争中处于主动和优势地位，获得深科技的溢出效应，而且将深科技的溢出效应辐射到"一带一路"沿线国家，助力全面开放格局。

三、深科技创新促进中国现代化经济体系建设

党的十九大报告提出，要建设中国现代化经济体系，坚定不移贯彻创新、协调、绿色、开放、共享的新发展理念，解决"人民日益增长的美好生活需要和不平衡不充分的发展之间的矛盾"。深入推进深科技创新，对于建立独立完整的现代化经济体系，培育民族经济的竞争力，推动供给侧结构性改革深入发展，营造实体经济发展蓝海，应对中美贸易战等具有重大现实意义。

1. 以深科技建立完整独立的现代化经济体系

独立完整的现代化经济体系是国家现代化的基石。根据党的十九大报告，新时代建立独立完整的现代化经济体系，需要着力加快建设实体经济、科技创新、现代金融、人力资源协同发展的产业体系。深科技创新以企业自主创新和核心技术为基础，可以构建独立完整的中国特色的现代化产业体系，以健全国民经济技术体系进行产业结构调整和产业升级，满足人民群众日益增长的美好生活需要。

深科技创新以有效供给支持现代化经济体系建设。深科技创新是实现供给侧结构性改革的主攻方向，深科技创新增加有效供给、提高全要素生产率，以质量强国提升国民经济体系质量，实现供给结构对需求结构的适应性。深科技创新可以形成中国版的"苹果手机及其产业链"，如同美国苹果手机创造新供给推动新需求，以深科技促进新材料、新能源、工业机器人和家政服务机器人、智能武器、隐形武器、微型武器等新兴产业的诞生和成长壮大，真正实现工业化与信息化的融合，从中国制造向中国智造转变，实现《中国制造2025》的目标。

深科技创新以自主知识产权和核心技术支持现代化经济体系建设。自主可控的知识产权是现代化经济体系竞争力的重要保障，经济强国和科技大国历来都是利用知识产权和核心技术占据产业链上游，获取超额收益和市场垄断价值。深科技创新将形成一大批自主知识产权和核心技术，极大提高中国产业体系在国际分工和价值链上的地位，推动中国企业从微笑曲线的底部向两端转移，增强中国产业体系在国际技术贸易和产品交易中的定价权。

深科技创新还可以建立独立自主的国防产业体系，作为现代化经济体系的重要补充。深科技创新推动国防产业发展，不仅制造出全天候的、最先进的武器、最智能化的机器人帮助中国人民解放军保家卫国，而且国防产业体系的带动效应

会拉动与之相关的上游和下游产业的发展，在产业联动和技术外溢的影响下，相应的产品在国际市场销售会增加，刺激中国经济增长。

因此，以深科技创新建立完整独立的现代化经济体系，奠定中国从经济大国走向经济强国的微观经济基础，形成中国经济长期持续稳定发展的新动力，实现经济强国梦。

深科技在民族企业推广应用，能够从源头上改变目前中国民族企业缺乏核心自主技术、高度依赖外国技术的循环、亦步亦趋地步发达国家企业的后尘、始终处于技术利润低端的窘境，摆脱引进外资没有真正引进先进技术而形成了引进—淘汰—再引进—再淘汰的恶性循环。根植于中国本土的深科技优势，形成民族企业和民族企业市场竞争力的新源泉，特别是关键和重点领域的深科技自主创新能力，是中国民族企业生存和发展之本，是国家科学技术发展的基点，也是增强中国国际竞争力的基础。

2. 以深科技深化供给侧结构性改革

深科技可以从两方面推进供给侧结构性改革：一是深科技创造新供给带来新需求，即以创新的供给形成新市场；二是产业升级满足消费需求"增质提效"，即顺应中国巨大的市场需求、以创新提升产业供给质量，延伸和扩大高端消费市场。

广泛应用深科技，可以创造众多全新的经济增长点，以人工智能、基因技术、虚拟现实、光通讯、基因工程、云计算、航空航天、脑科学、新材料等为代表的深科技，可以强势突破现有的国际产业分工格局，从激烈的国际竞争中闯出一条新路，推动产业组织模式创新，打造与现在的技术状态和经济结构完全不一样的优势产业。

深科技产业会带来巨大的新需求，改善现有以石化能源为基础的工业生产和消费模式，提升技术和产品的绿色生产和消费品质，实现技术和产品的跨代更替，极大地提高居民的收入水平和产业的竞争能力，解决人民群众日益增长的美好生活需要和不平衡不充分的发展之间的矛盾。

深科技技术和产品可以引导现有产业的"转型升级"，满足消费需求的"提质增效"。深科技会提升中国产业结构整体水平，增加企业效益，以新增量化解旧产能过剩。众多民族企业掌握和应用深科技，拥有自主创新能力和自主知识产权及核心技术，从产业链低端提升到中高端，优化产业结构和社会资源配置效率，不仅能够明显地提高企业效益，而且产业升级会以增加社会需求吸纳过剩的总供给，从源头上消弭产能过剩。

中国已经实现了高铁、卫星、航天行业的自主创新，然而与社会需求增长的相关产业仍然处于产业链低端，中国制造业大而不强，制约了中国经济的发展。通过自主创新的深科技提升处于产业链低端且社会需求巨大的手机、计算机、电视机、互联网、数码相机、汽车、飞机、船舶、机床等产业的产业链，不仅使得产业链延伸，而且带动更多与之相关联产业的发展，从而形成新的经济增长点，极大地利用现有产业和产能，促进产业结构调整的平稳过渡，为中国智能制造和二次制造提供机遇。

四、深科技创新应对中美贸易战

随着中美贸易摩擦持续升级，贸易对中国经济的影响受到广泛关注。如何降低中美贸易摩擦对中国经济造成负面影响，同时提升国内科技安全，是当前及以后相当长时间内中国经济和科技发展面临的重大课题。

1. 深科技创新可以有效降低技术贸易逆差

长期以来，我国在商品贸易领域较强，在技术贸易领域较弱，长期只能以数量优势抵消技术优势，造成对外贸易依存度过大，主要依靠外部需求拉动 GDP，造成内外需求失衡和对外贸易关系紧张。其根本原因是中国企业在技术领域属于跟跑者，享受不到技术贸易红利，不利于中国经济持续健康发展。由于科技创新不够，中国经济尽管在商品贸易领域积累了巨额顺差，但是在服务贸易和技术贸易上长期形成逆差。

深科技创新可以从技术层面降低技术贸易进口的需求，物理层面的技术创新带来更多专利和知识产权，实现核心关键技术的进口替代、自主可控，从而实现技术贸易逆差降低，助力中国从外向型经济转为内向型经济，提升内需增速降低外需增速，改变内外需结构失衡现状，优化内外需结构，实现内外需结构平衡。摆脱外需依赖型的经济增长方式之后，中国能够掌握对外贸易的主动权。中国对外贸易有了主动权，对外贸易建立在真正互利互惠的基础之上不再受制于人，可以极大减少国际贸易摩擦和技术封锁带来的经济风险。

2. 深科技创新可以有效维护经济主权

尽管本轮中美摩擦外在表现为贸易冲突，但美国真实的目标是遏制中国科技进步和创新，努力保持美国在全球高科技行业的领导地位，打击中国挑战全球技术霸主的能力，以科技封锁遏制中国经济和技术的长远发展。

深科技创新为化解中美贸易摩擦提供了解决方案，以深科技创新提高中国企业自主创新能力，使企业拥有自主知识产权的技术。企业研究和应用深科技，不仅提高劳动生产率，降低资源消耗和保护环境，还创造出新的需求和市场。更为重要的是，深科技创新使得中国企业可以摆脱被动接受跨国公司安排的处于垄断产业链低端的现状，实现自主发展，自立于世界跨国公司之林。长期来看，决定国家经济实力和竞争能力的是科技水平，深科技创新显著地提升科技水平，将极大提高中国科技安全性，在对外竞争中处于更为有利、更为主动的地位，可以有效消除国外技术封锁，为经济强国提供更有力的科技支撑。

3. 深科技扩大内需，掌握对外经贸的主动权

深科技创造出新内需。以深科技提高中国民族企业自主创新能力，企业拥有自主知识产权的技术，享受技术进步溢出的正收益，可以获得规模经济递增的收益，将大量的技术红利留在国内，不仅提高劳动生产率，降低资源消耗和保护环境，进而创造出新的需求和市场。

中国民族企业应用深科技，以自主创新的工艺和技术生产和销售新产品，那么，在广阔的国内市场上需求旺盛，根据内需确定进口与出口，中国经济增长就真正具有独立性和自主性，脱离外需依赖型的经济增长方式之后，中国能够掌握对外贸易的主动权。

中国企业掌握了对外贸易的主动权，实现自主发展，对外贸易建立在真正互利互惠的基础之上不再受制于人，可以极大减少国际贸易摩擦和技术封锁带来的经济风险，可以做到任凭国际经济风起云涌，中国经济岿然不动。

五、本书的结构

全书共分三编。上编，介绍了深科技的概念和内涵，阐述了深科技理论的兴起、演进与发展，深科技与现代化经济体系建设，阐述并提出以深科技推进城镇

老旧小区改造经济形成新的经济增长点、增加财政收入和就业的建议，论述了深科技创新推动国际合作新格局，并以深科技创新应对中美贸易战的思路。

中编，分析深科技与创新型国家，论述深科技与创新型国家建设之间密不可分的关系，分析了以深科技推进创新型国家发展的现状和问题，以及解决这些问题的对策，建议创新科研管理体制、以 BON 法考核深科技项目。

下编，案例分析，选取了深科技成果中部分前沿科技产品，这些深科技产品已经具有产业雏形，正在发展壮大，有的已经形成全新的极具成长性的产业园，成为当地的经济发展新动能，增加地方 GDP 和财政收入，提供新的就业岗位。

本书是集体智慧的结晶：中央党校（国家行政学院）经济学教研部原主任、博士生导师王健和北京科教科学研究院院长唐坚拟定提纲、精选整理资料并总纂全书，国防科技大学文理学院副教授谭琦撰写了主体章节的内容，中央党校（国家行政学院）经济学教研部教授马小芳、中央党校（国家行政学院）社会和生态文明教研部副教授王茹撰写了重要章节的内容并进行了文献整理工作。

上 编

深科技的概念和理论

本编以深科技推进城镇老旧小区改造形成新的经济增长点为例,介绍了深科技的概念和内涵,阐述了深科技理论的兴起、演进与发展;论述了深科技促进现代化经济体系建设和深科技创新推动国际合作新格局,提出发展深科技提振实体经济和以深科技创新应对中美贸易战的思路。

第 1 章

深科技的兴起与发展

纵观世界历史进程，科技创新在哪里兴起，发展动力就从哪里迸发，经济发展制高点和国家竞争力就转向哪里，现代化高潮就从哪里兴起。从世界发达国家的现代化历史经验分析，一个国家和地区发展的动力主要分为要素驱动、投资驱动、创新驱动、财富驱动等类型，科技创新是一个国家现代化发展最重要的推动力之一，而深科技是当前科技创新的重要动力。

当前，国际政治经济形势发生剧烈变化、全球化进程遇到前所未有挑战、南北差距扩大、东西矛盾突出，发达国家与发展中国家矛盾错综复杂，世界经济格局开始发生新变化。人类正在经历一场前所未有的变革，而深科技创新正在以超出人们想象的速度迅猛来袭，科技创新正在重构世界，深科技推动新能源、新材料、新模式、新平台、新商业规则和市场运行方式等变化层出不穷，正在对人们的工作、生活带来全方位影响。

1.1 深科技的演进历程

深科技的提出具有深刻时代背景。科技创新已经成为当今全球最为响亮的口号，未来国家之间博弈日益体现为科技创新实力的比拼，深科技已成为这轮博弈中最为激烈的领域。如何占据全球科技创新的制高点，通过科技创新更好地实现经济增长新旧动能转换和产业结构转型升级，已经成为每一个国家和地区需要直接面对和解决的重大社会现实问题。

按照科技发展的基本规律和特征，可以依据科技先进程度以及科技产业化特征将人类科技发展分为5个层次（见图1-1），代表了不同的科技发展水平及其不同的产业特征。一方面，按照科技先进程度，科技体系分为5个层次，从底层到顶层分别是：科技、高新科技、深科技、黑科技和科幻。深科技居于科技体系中间，相比高新科技具有更高的技术门槛和技术壁垒，难以被复制和模仿，但是相比黑科技和科幻，更具有实际应用价值，更现实的产业化前景及更广的产业关联度。

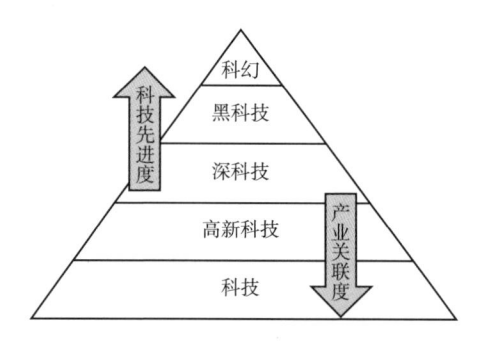

图1-1 深科技主要发展阶段

深科技超越高新科技，进入科技发展的新阶段。科技泛指可以带来生产效率提高的技术总称；高新科技是相对于常规技术和传统技术而言的，通常已经形成一定的科学、技术、生产一体化的生产体系，并且在市场上已经开始得到推广；黑科技指非人类自主研发，凌驾于人类现有的科技之上的知识；科幻指不符合当下的科学逻辑，奇异、魔幻、"逆天"的未来可能成功的科技。

深科技与黑科技、科幻不同之处是：黑科技、科幻是未来可能成功的科技，是通往未来新世界、新时代的桥梁。而深科技是已经可以成功地应用于实体经济但尚未形成产业的科技。深科技在产业发展阶段超越高新科技，应用更为广泛。深科技特殊性在于可以全方位、多角度、系统性影响生产和生活方式，比高新科技的行业辐射面更广、基础性地位更强、民族自主性更强。深科技能够为经济提供"硬支撑"、提供新模式、实现软硬件的互联互通，超越以往的软创新和硬创新，实现软科学与硬科学、虚拟经济与实体经济的融合。

1. 深科技的定义与内涵

深科技是吸纳人类科技智慧结晶，凝聚硬科学和软科学精华，吸纳虚拟世界科技精髓的物理世界突破性，能够跨领域应用，与自然和谐共生的原创性前沿科学技术。

深科技，是 21 世纪以来推动世界实体经济进步的新动力和源泉，对生产方式、组织方式、消费方式等产生颠覆性、革命性影响，进而促进发展方式转变，能够引领时代进步、支撑民族企业竞争能力、具有国际溢出效应的、形成全新的产业、优化经济结构，对科学技术、经济发展和社会进步产生巨大推动作用。

深科技，超越高新科技，介于高新科技和黑科技之间，具有以下显著特点：

一是自主。深科技，以民族企业（国内的国有企业和民营企业及混合所有制企业）拥有的自主知识产权和核心技术为基础，持续推进产业结构调整和产业升级，构建中国特色具有国际竞争力的现代化经济体系和强大的国防体系。

中美贸易战，是国际政治经济现实的、鲜活的教科书。改革开放 40 年来，中国向世界出口了大量的消耗国内资源、能源、留下污染的产品，发达市场经济国家从中获得巨大的经济利益和社会福利：跨国公司获得了难以计数的高额利润；民众享受了质高价廉的消费品；节约和保存了发达市场经济国家的国内资源和能源；减少了污染排放，改善了环境；等等。然而，美国仍然发动了贸易战，要求中国减少对美国的贸易顺差，增加从中国进口产品的关税，打压中国企业在美国投资发展，进一步限制高新技术向中国出口。因此，中国建立现代化产业体系和国防体系，不可能依赖发达市场经济国家的进口技术，必须依托独立自主的现代化中国特色技术体系。

基于深科技的自主性，能够建设独立自主的现代化中国特色技术体系。拥有自主知识产权和核心技术的民族企业，是建立独立自主的现代化中国特色技术体系的微观经济基础，是民族企业和国民经济长期持续稳定发展的内生动力，建立完整独立自主的国民经济体系和强大的国防，以及实现强国之梦之基石。

二是超越。深科技凝集了传统科技和高新科技的突破性创新，超越高新科技，是能够形成但尚未形成产业的自主创新科学技术。深科技的影响广泛且深远，比传统科技影响更深远、比高新技术更胜一等的自主科技创新，遍及人工智能、航空航天、生物技术、信息技术、光电通信、新材料、新能源、智能制造等领域，以及人类衣食住行等各行各业的科技生态和业态。深科技比高科技影响深远、辐射领域更广，引导社会经济和生活的变革。

三是引领。依托深科技建立完整独立的国民经济体系，引领传统产业和高新技术产业突破性创新，获得技术进步的溢出效应，创造众多高质量高效益的经济新增长点，优化产业结构和经济结构，增强民族企业市场竞争力，提高职工收入和增加就业，推动经济增长由投资驱动向消费驱动转变，经济从外需增长型转向内需增长型，实现经济发展方式的根本转变。

四是厚积。深科技，是实体经济领域民族企业厚积薄发的、具有高技术门槛和技术壁垒、难以被复制和模仿的科学技术。深科技以自主研发为主，需要长期研发投入、持续积累形成的高精尖原创技术。深科技与由互联网模式创新而产生的虚拟世界的改变不同，需要物理世界的改变，其研究成果不仅可见，而且能够重复验证。因而，需要长期资金投入，集聚大量具有扎实的基础科学功底、潜心应用科学研究的科研和科技人才及现代化设备，才能在现有技术上有所突破，创造出新颖的深科技。深科技的研发时间相较于其他科技研发时间更长。从项目立项、技术验证、设计直至最后的生产，往往需要数十年的时间，加之单一项目的成本高、影响大，每一道程序都必须在严格的监管之下，而且项目研究和成果要考虑生态和安全及健康，从而大大增加了研发时间。通常需要五到十年以上积累才能形成，所以，具有相当高技术门槛和技术壁垒，被复制和模仿的难度较大。

五是自然。深科技，以人为核心，注重生态文明和可持续发展，生产过程绿色低碳、节约集约、减少了能耗和排放，产品追求品质、安全、卫生、环保、美观，实现人类与自然的和谐共生共存。

六是溢出。深科技具有国际溢出效应，是抢占国际高端价值链的利器。依托深科技建立以民族企业为基础的"人无我有，人有我新，人新我特"的现代化产业体系，民族企业在现代化产业体系中都能够占据各产业的全产业链、独立自主地制造各产业链上高附加价值产品，即中国民族企业能够研发、制造、营销现代产业体系中绝大部分具有国际先进水平的、优质的、高附加值产品，中国企业能够在国际竞争中处于主动和优势地位，获得深科技的溢出效应，而且将深科技的溢出效应辐射到"一带一路"沿线国家，助力形成全面开放格局。

深科技产业链包括了高新技术、高科技产业链，不仅在科技先进性上具有自主知识产权，而且推动中国独立完整的现代化经济体系建设。深科技在技术上取得重要突破，带来新的产业模式和商业网络，形成具有一系列核心知识产权为中心的产业集群，推动中国特色的现代化经济体系建设。以中国高铁为例，中国高铁发展依赖的不仅仅是硬件设施，也不仅仅是软件控制系统，而是集合铁路施工、桥梁隧道建设、动车制造、系统控制、道路优化布局、城乡一体化的综合性集成创新能力。中国高铁不仅仅带动了铁路、动车技术提升，更在工程方面积累了许多人无我有的中国经验，形成了中国标准，形成了上下游高铁经济链，具有国际竞争力和核心技术品牌，外人无法模仿和复制的高铁管理和运营系统。

2. 深科技是中国科技创新发展的新阶段

2013年以来，"大众创业、万众创新"，以"互联网+"为代表的科技创新浪潮带来了一系列技术和商业模式的创新，其中以"滴滴"打车、互联网金融、创客空间、云计算和存储为代表的科技产业化浪潮持续推进。创新经济或者互联网经济成为推动中国经济结构转型升级、培育新的经济增长点、促进中国综合国力由大到强转换的重要推动力量。

从技术角度来说，"互联网+"就是利用互联网技术、互联网思维、互联网平台等助推各行各业发展；从产业角度来说，"互联网+"既是传统行业互联网化，又是互联网产业同制造业、金融业等传统产业进行全面的、深层次跨界融合。"互联网+"的核心技术——大数据、云计算、移动互联网技术、物联网技术，既是网络经济时代的重要技术支撑，又是实现商品交易"在线化""数据化"的重要工具。目前，互联网模式创新已经进入后半程，效率提升遭遇瓶颈，提升空间已很有限，从PC端到移动端，这一轮互联网创业的最佳时期已经过去。当前要想再做移动互联网创业，几乎都会受到BAT等大型互联网公司的垄断影响。

深科技发展有别于传统的"互联网+"模式创新，深科技包括但是不局限于商业模式创新。然而，与现有科技创新的特征不一样，深科技产业化和技术创新依赖我国现有的工业化基础、着眼于高端制造产业、面向世界科技前沿和国家重大需求，属于更深层意义上的科技创新，影响和辐射范围更广的高新技术产业体系。深科技创新对于中国发展民族工业，增强民族经济的竞争力，推动中国制造强国建设，推动产业升级和供给侧结构性改革具有重大意义。

深科技创新不仅仅是科学技术的突破，也是独立完整自主的现代化经济体系的重要基石。深科技创新和产业化是中国实现弯道超车或变道超车、培育启动中国经济增长新动能的助推器。深科技产业是中国经济在新常态下实现中高速增长的核心动力,未来在人工智能、虚拟现实、光通讯、基因工程、云计算等领域的技术创新代表着更高水平的生产效率和全新的生活方式,抓住深科技领域的技术创新和产业化,对整个中国经济的再启航具有支撑意义。中国要成为制造业强国,需要在深科技创新及产业发展上下大功夫,学习世界先进国家支持深科技产业化和创新的基本措施,把握当前世界科技革命的机会,推动下一代技术标准和核心经济产业发展,布局高新技术产业和战略性新兴产业,才能顺利实现现代化的战略目标。

3. 世界科技强国纷纷推出深科技战略规划

全球深科技竞争态势非常激烈。美国、欧洲、日本、中国纷纷出台战略性规划,将科技创新水平和国家竞争力提升作为最重要战略方向,以国家力量推动深科技发展,以期获得未来国家竞争优势。比如《美国竞争力计划 ACD》《日本第三期科学技术基本计划》《欧洲第七框架计划》等,有针对性地提出了一系列应对国际国内经济形势变化的战略性举措。为顺应时代潮流,中国也适时推出《中国制造 2025》战略,推动制造业由大而强转变,也是推动深科技的战略举措(见表 1-1)。

表 1-1　　　　　　　　各国工业 4.0 战略规划

国家	政府计划	战略方向
德国	《高技术战略 2020》	德国工业 4.0,新一代工业生产技术的供应国和主要市场
美国	《先进制造伙伴计划》《重振美国制造业框架》《先进制造业国家战略计划》	促进美国再工业化、激活传统企业活力,提高制造业的长期竞争力
日本	《以 3D 造型技术为核心的产品制造革命》	智能化生产线,人工智能制造,以及 3D 造型技术
中国	《中国制造业发展纲要(2015~2025)》《中德合作行动纲要》	两化融合,制造强国,打造新一代信息技术产业、生物医药与生物制造业、高端装备制造业、新能源产业

以工业 4.0 为标志的新一轮科技革命在全球兴起(见表 1-2)。第一次工业

革命以蒸汽、煤炭、铁、钢等主要要素为驱动,完成了从工场手工业到机器大工业的转变,开启了"蒸汽时代";第二次工业革命以电力、内燃机、新交通工具和新通信工具的兴起为标志,人类进入了"电气时代";第三次工业革命发生于20世纪七八十年代,以电子和信息技术为主导,使人类工业生产进入了"信息时代"。面对2008年经济危机对世界经济造成严重影响,世界各国在危机后对自身的经济情况进行了反思,德国、美国、日本等国家都对自身信息网络、智能制造、新能源等制造业技术创新高度重视,以期在新一轮的工业革命中占得先机。

表1-2　　　　　　　　　　四次工业革命的简要历程

发展阶段	第一次工业革命（工业1.0）	第二次工业革命（工业2.0）	第三次工业革命（工业3.0）	第四次工业革命（工业4.0）
时间	18世纪末	20世纪初	20世纪70年代	21世纪
特点	机械化	电气化	数字化	智能化
内容	伴随着蒸汽驱动的机械制造设备的出现,人类进入"蒸汽时代"	伴随着基于劳动力分工的电力驱动大规模生产的出现,人类进入大批量生产的流水线式"电气时代"	随着电子技术、工业机器人和IT技术的大规模使用提升了生产效率,使大规模生产自动化水平进一步提高	基于大数据和物联网（传感器）融合的系统在生产中大规模使用

波士顿咨询公司咨询报告《工业4.0未来生产力与制造业发展前景》指出,目前欧洲、美国、德国、日本和中国等都在大力推广和采用工业4.0技术。在未来5~10年间,工业4.0将彻底变革产品和生产系统的设计、制造、运营和服务流程,零部件、机器和人员之间的互联互通性日益加强,由此生产系统的速度和效率分别能提升30%和25%,同时大规模定制也将实现快速发展。未来5~10年,工业4.0将给中国带来4~6倍生产效率提升,同期,德国获得生产效率提升大约价值为900亿~1500亿欧元。

4. 深科技的主要领域

深科技由众多领域构成,举其荦荦大端者有八大领域,分别是人工智能、航空航天、生物技术、光电芯片、信息技术、新材料、新能源、智能制造等。一般具有自主研发、长期积累、高技术门槛、难以复制和模仿、有明确的应用产品和产业基础等特点。

（1）人工智能。

人工智能发端于20世纪50年代，但直到2016年谷歌公司旗下的深度思考（DeepMind）公司的人工智能阿尔法狗（AlphaGo）赢得世界围棋冠军赛，人工智能才受到前所未有的关注。支撑人工智能发展的技术包括：超大规模的计算能力、大数据和机器学习尤其是深度学习算法。人工智能已经引起了很多国家、国际组织的高度重视，其中包括美国、英国、法国、联合国、欧洲议会、电气和电子工程师协会（IEEE）等。目前人工智能的商业化拓展已经开始。深科技将发展以人工智能为主，包括人工智能、机器人、无人驾驶、AR/VR和物联网在内的全球深科技产业。其主要特点是：一是人工智能产业是智能产业核心，是其他智能科技产品发展的基础；二是从智能手表、手环等可穿戴设备的出现，到服务机器人、无人驾驶、智能医疗、AR/VR等智能科技的兴起，大数据、云计算、物联网等应用的深入发展促进了人工智能的发展；三是各国政府对人工智能产业链扶持政策力度越来越大，人工智能已经在医疗保健、金融以及传统行业的不同领域有所应用。其中，广告行业可能受其影响最大，而谷歌、百度、亚马逊、阿里巴巴、脸书（Facebook）和腾讯等也已经使用人工智能开发用户数据模式识别实现广告精准投递。

（2）航空航天。

航空航天产业是战略性先导产业，居于各制造业强国核心位置。目前，世界航空航天领域的市场总额已高达数千亿美元，并且正以每年10%左右的速度不断增长。航天工业对计算机、微电子、高能燃料、新型材料、自动控制、遥感以及通信等新兴技术都具有广泛的带动作用。目前，美国太空探索技术公司（SpaceX）已经探索出可再利用火箭技术，使得太空旅行成本显著下降，证明了私企促进太空行业的发展有着一定可能性，使得私人部门参与太空生态系统建设变得切实可行。

航空产业与旅游、金融、地产相关联，具有产业链条长、辐射面宽、联动效应强等特征。以通航产业为例，它以公务机、轻型飞机、直升机、运动飞机等飞机制造为核心，集研发、制造、销售和运营服务为一体，涉及庞大的周边和地面产品集群，对一、二、三产业都有巨大的带动作用。特别是民用航空领域需求旺盛，包括新型民用航空综合性公共信息网络平台、安全管理系统、天气观测和预报系统、适航审定系统等技术；新型先进的机场安全检查系统、货物及行李自动运检系统、机场运行保障系统等技术；民用雷达技术，地面飞行训练系统技术等。2017年民用无人机电池技术得到优化、续航能力进一步提升、5G通信技术开始运用，搭载了5G的无人机送货模式将迎来广泛运用。

（3）生物技术。

生物技术源于生物学和先进的工程技术结合，指用活的生物体或生物体物质来改进产品、改良植物和动物，或为特殊用途而培养微生物的技术。近几年，生物技术进步较快，主要包括以下领域：合成生物学进入应用导向的转化研究阶段，脑科学基础研究产出系列成果，类脑研究与人工智能开始出现突破，干细胞与再生医学领域持续稳步发展，微生物组研究快速发展和疫苗研究获得多项突破。由于区块链的可靠性和透明性，生物技术处理海量数据的能力快速提升。生物技术目前最进步的领域在医学领域，环境污染、生活节奏过快、压力大、人口老龄化等因素，不断增加人们对高质量、最先进医药产品和创新药品的需求。生物制药领域技术包括：治疗心血管疾病、癌症、阿尔茨海默病、乙型肝炎和糖尿病；开发新一代疫苗和生物制药药物；延长预期寿命和提高生活质量；发展可再生、个性化和预测性的医学等等。大量工业公司利用生物技术，优化资源利用和实施废物回收，研究替代燃料并将能源和化学工业指向对可再生原料研究和开发。2017年全球私营生物技术融资高达160亿美元，生物技术投资受到广泛关注。

（4）光电芯片。

随着智能移动终端、云计算、物联网、大数据等产业需求的增长，集成电路在未来将扮演更重要的角色，中国是全球第一大半导体市场，但大量芯片却依赖进口。集成电路是光电集成芯片核心，是基础性、战略性和先导性产业。集成电路在网络通信、物联网、云计算、移动智能终端、大数据等众多领域至关重要。而光电芯片则是对将集成原件"硅片化""小型化"并使之与纳米电子器件相结合的研究。光电芯片通过使用硅或与硅兼容的其他材料，在同一硅衬底上同时制作若干微纳量级，并使用电子或光子作为载体传递信息，从而形成完整的新型综合大规模集成芯片。集成电路半导体芯片被喻为"工业粮食"，广泛应用于计算机、网络通信、电子消费等多个产业，关涉国家信息安全和国防安全建设。集成电路产品设计技术包括：高端通用集成电路芯片CPU、DSP等设计技术；集成电路设备技术；新型通用与专用集成电路产品设计技术；面向整机配套的集成电路产品设计技术；面向新一代移动通信和新型数字电视、无线局域网、移动终端的集成电路设计技术等。

（5）信息技术。

信息技术是"工业4.0""物联网"思想的基础。"工业4.0"意味着要收集、处理大量信息，而手动处理这些信息是不可能的。传感器、设备和信息系统之间相互协同，自动调整并适应生产过程中变化概念被称为"信息物理系统"（cyber physical systems，CPS）。物联网应用不需要对连入设备进行大幅度改变，而是需要改变关于设备状态信息的收集、储存、处理方式和方法，以及人在数据收集和设备控制中的地位。物联网是大数据来源，而大量设备数据的采集、控制、服务要依托云计算；设备数据分析要依赖于大数据，而大数据采集、分析同样依托云计算；而物联网反过来也能为云计算提供 ISSA 层的设备和服务控制，大数据分析也能为云计算所产生的运营数据提供分析、决策依据。近年来，新一代信息网络技术蓬勃发展，移动互联网、云计算、大数据、量子信息等技术在军事领域得到越来越广泛的应用，使得信息获取、数据传输、情报支援、信息服务等能力大幅提升。云计算和大数据技术能够有效应用于情报分析领域，处理海量数据，对指挥员的决策提供极大帮助。量子信息技术正为新兴战略前沿技术，量子密钥分发技术、量子计算机技术、量子成像技术等将在军事通信和光电探测等领域带来革命。

（6）新材料技术。

新材料行业是个百花齐放的领域，以高性能复合材料、纳米材料、超材料、智能材料为代表的新材料技术方兴未艾。革命性新材料的发明、应用引领着全球技术革新，比如3D打印材料、超导材料、智能仿生与超材料、石墨烯等新材料，推动着高新技术制造业转型升级，同时催生了诸多新兴产业。目前，新材料的销售利润主要集中在化工高分子材料、石墨烯、功能膜材料、碳纤维、电子化学品材料以及锂电材料。其中，高温合金是航空发动机和燃气轮机最关键的材料，其重量占航空发动机和燃气轮机总重量的70%以上，因此高温合金的研发和应用水平在很大程度上反映了一个国家的航空发动机和燃气轮机的发展水平。新能源材料是实现新能源的转化和利用以及发展新能源技术中的关键材料，主要包括太阳能电池光伏材料、储能技术中的动力电池材料、风能材料、生物质材料等。数据统计，生物医用材料发展迅速，从2010年起年均增长率达15%，预计2020年全球市场将超 5000 亿美元。随着信息载体从电子向光电子和光子转化，信息功能材料与器件也正向材料、器件、电路一体化的功能系统集成芯片材料和纳米结构材料方向发展。目前光通信、光传感、光存储和光转换技术是未来发展的重点方向。"十三五"规划中，中国将石墨烯、3D 打印、超导、智能仿生 4 大类 14 个分类材料列为重点。新材料技术也是武器装备研制生产所必需的通用基础技术，比如能够在可见光谱段实现"隐身"的超材料是新型隐形技术的重要突破口，一旦投入使用，将具有重大军事意义。在先进制造领域，3D 打印技术可以使军队就地取材打印特定部件，显著改善装备制造流程，极大提高装备的战术适应性。

（7）新能源技术。

新能源技术正在突飞猛进地发展，比如太阳能、地热能、风能、海洋能、生物质能和核聚变能开始在全球扩展应用。新能源技术具有多元分布的新型生产与消费组织模式，未来围绕新能源的生产、消费、服务、技术支撑等领域，可能会出现一大批新能源技术企业。新能源技术推动生产和生活方式也发生重大变化。新能源技术对汽车行业的影响越来越大，随着新能源汽车的保有量越来越大，充电桩数量迅速增长，大量新能源汽车包括电动车得到迅速发展。新能源汽车包括：混合动力汽车（HEV）、纯电动汽车（BEV）、燃料电池汽车（FCEV）、氢发动机汽车，以及燃气汽车、醇醚汽车、太阳能汽车等新能源型汽车。新能源汽车与传统汽车行业不同，新能源汽车属于新兴产业，具有产业链长、辐射面积广、影响力持久的特点。新能源汽车的"三电"（电池、电机和电控）将取代传统汽车行业"三大件"（发动机、变速箱和底盘），不仅可以改变汽车驱动力，而且能形成新的产业链，拓展新商业模式和服务对象，对生活方式和环境变化影响更为持久。

（8）智能制造。

智能制造是整个制造业价值链的智能化和创新，是信息化与工业化深度融合的进一步提升。智能制造融合了信息技术、先进制造技术、自动化技术和人工智能技术。智能制造流程包括开发智能产品、应用智能装备、自底向上建立智能生产线系统，形成智能物流和供应链体系并最终实现智能决策。目前智能制造系统具有数据采集、数据处理和数据分析能力。能够准确执行指令，能够实现闭环反馈，这些都仅仅处于数字化网络制造（smart）层次；而智能制造的趋势是真正实现新一代智能制造（intelligent），即智能制造系统能够自主学习、自主决策并不断优化。智能制造包括：一是数字化制造（digital manufacturing），是指通过仿真软件对产品加工与装备过程，以及车间的设备布局、物流、人机工程等进行仿真，比如西门子 Tecnomatix 和 Delmia 仿真系统。二是数字化工厂（digital factory），是指从产品研发、制造到工艺、质量和内部物流等与产品制造价值链相关的各个环节都用数字化软件和自动化系统进行支撑，能够实现实时数据采集和分析。三是智能工厂（smart factory），主要强调生产数据、计量数据、质量数据的采集自动化，不需要人工录入信息，能够实现对采集数据的实时分析，实现 PDCA 循环。在智能制造模式下，开发智能产品与智能服务可以帮助企业带来商业模式创新，依靠智能装备、智能生产线、智能车间和智能工厂可以帮助企业实现生产模式的创新，采用智能研发、智能管理、智能物流与供应链可以帮助企业实现运营模式的创新，而最终实施智能决策则可以帮助企业实现科学决策。

1.2 经济增长与深科技创新

科学技术是第一生产力。改革开放以来，中国经济总量迅速跃居世界第 2 位，科技创新发挥了巨大的作用。正如习近平总书记所说："发展是第一要务，人才是第一资源，创新是第一动力。"[①] 科技创新与中国经济增长相辅相成，推进了我国改革开放和社会主义现代化事业蓬勃发展。

历史上，科技创新与经济增长的关系非常密切，科技创新曾经改变了世界科技和经济格局。比如，20 世纪美国强国地位的确立与科技发展是分不开的。20 世纪以来原子能、半导体、计算机、激光器等重大科学技术发明彻底改写了世界科技发展的历史，第三次工业革命在美国的蓬勃发展让美国在科技和经济上继续引领全球。1892 年 GE 公司成立，代表着电气化时代的到来。1968 年英特尔成立以后，微处理器在半导体的基础上诞生，1976 年诞生了苹果个人电脑，而这些都改变人类的生活方式。

克林顿政府上台力推信息高速公路计划，这是当时信息科技领域的重大基础设施建设，实实在在的信息技术，推动美国信息网络领域的霸主地位确立。1999

---

① 习近平. 发展是第一要务，人才是第一资源，创新是第一动力 [N]. 人民时报，2018 - 3 - 8.

年美国提出修建高速信息公路的计划后，到 2016 年移动终端获得大发展。现在美国科技巨头包括谷歌、Facebook 和微软都在布局基因技术、人工智能、大数据、云计算、光子芯片等重大前沿领域，预期将产生下一波新的科技浪潮，这也是美国能一直引领科技发展的重要原因。

1. 技术创新与经济增长的理论分析

经济增长理论对技术创新与经济增长的关系进行了长期深入的研究，技术创新是产业升级和经济增长最终动力，技术创新对产业升级、经济增长的作用直接表现为产业升级。根据经济增长理论的分析，技术创新本质上是一个经济概念而不是一个技术概念。熊彼特（Schumper，1911）在《经济发展理论》一书中首次使用了"创新"概念，在其 1928 年发表的《资本主义的非稳定性》文章中首次指出创新是一个过程，在 1939 年出版的著作《商业周期》中比较全面系统地提出了创新理论。在《经济发展理论》（熊彼特，1934）中，第一次将技术创新视为现代经济增长的核心，他认为技术创新就是建立了新的生产函数，在生产体系中引入一种生产要素，实现生产条件的新组合。新的技术组合主要包括：第一，引进一种新产品或提供一种新特性；第二，采用新生产方法；第三，开辟一个新产品市场；第四，获取或控制原材料或半成品的新的供给来源；第五，实现一种工业化新组织形式。

技术创新是产业升级和经济增长的根本动力，消费者是技术创新的需求来源，企业是技术创新的供给来源。企业要实现技术创新，就要依赖创新环境和决策习惯，创新文化对于企业创新行为有直接影响，因此，企业创新不仅仅是技术研发。熊彼特的创新含义范围较广，包括技术创新和非技术组织创新。创新是一种创造性毁灭，每一次创新，既是对现有生产要素重新组合，又是对旧的资本组织结构破坏，在这种"毁灭—创造—成熟—毁灭"的过程中，推动着经济持续向前发展。索罗（Thoreau，1951）在《在资本过程中的创新：对熊彼特理论的评论》中首次提出技术创新是一个经济范畴而不是一个技术范畴，将科学技术引入生产经营过程，形成新的生产优势。

熊彼特之后，创新理论出现两大流派：一是以曼斯菲尔德（Mansfield）、施瓦茨（Schwartz）、纳尔森（Nelson）等为代表的技术创新学派，他们主要侧重技术创新动力、技术创新与市场结构的关系，从技术方面解释了技术创新推动经济增长的作用，分析了技术扩散、转移和推广以及技术创新与市场结构之间的关系，提出了技术创新扩散和创新周期模型；二是新经济增长理论，特别是以2018年诺贝尔经济学奖获得者罗默为代表的内生经济增长理论，详细分析了科技创新在经济增长中的作用，他们根据不同的建模需要，对技术创新详细划分为产品品种增加型技术进步、产品质量升级型技术进步、产品种类增加和产品质量改进型技术进步。

罗默（Romer，1986）是内生经济增长理论的创始人及主要贡献者之一。在1986年的论文《收益递增与长期增长》中，罗默深刻揭示了以知识和专业化人力资本为核心的创新力对于经济增长的作用，人力资本能够使得整体生产要素规模收益递增，从而保持经济长期增长。罗默的主要贡献是强调知识这类带有外部性属性的生产要素可以导致收益递增，并保持经济长期增长，克服了要素报酬收益递减的基本规律，解除了人们对增长的极限的担忧。此外，他将收益递增和完全市场竞争环境相结合构建了一般均衡模型，如果市场竞争机制主导将导致次优结果，政府应该出台政策对知识生产进行干预，变市场次优为社会最优。1990年，罗默在《内生技术进步》中明确了技术进步是经济增长的核心，创新能使知识成为商品。

20世纪80年代中期以后，罗默的研究吸引了大量学者研究技术创新与经济增长。卢卡斯（Lucas，1988）则建立人力资本模型，认为人力资本可以弥补物质资本边际报酬递减，促进规模报酬递增的发展态势。卢卡斯研究了人力资本对经济增长的作用，他的研究使得罗默的研究结论更为大众认可。其后，很多经济学家对经济增长和技术创新进行了众多著名的研究，将熊彼特的创造性破坏概念引入内生经济增长模型。

如格罗斯曼和赫尔普曼（Grossmam and Herpman，1991）研究了发达国家技术创新与发展中国家技术模仿之间的关系并建立了模型。该模型认为，发达国家的创新活动和发展中国家的模仿活动互相影响，创新与模仿之间存在一种正反馈的关系。发达国家创新是不发达国家进行模仿的前提和基础，经济开放不仅能促进不发达国家的技术模仿和经济增长，而且也能加快发达国家的技术进步。事实上，深科技创新不仅可以创造新的技术和产业，而且对于其他产业有"网络效应"，一个产业会带动其他产业因而促进其他产业产出增长。深科技产业R&D投入不仅仅是单向的，还会对传统产业有深入影响，进而使得整体产业结构发生变动。

经济增长理论对于技术创新的作用给予了最高评价，解释了技术进步在经济发展中的动力机制，为世界各国重视教育、人力资本培育、重视技术创新环境提供了坚实的理论基础。深科技创新属于原始创新，自然对于经济增长的作用更大，影响也更为深远。

2. 科技创新决定未来经济竞争力

科技创新能力是决定综合国力和国际竞争力的关键因素，是推动经济实现高质量发展的重要支撑。在全球资源短缺、环境恶化的情况下，利用科技创新提高资源环境利用水平，增强经济的可持续发展能力，成为各国增强经济竞争力的主要手段。当前，新一轮科技革命和产业变革蓬勃发展，科技创新为经济转型升级提供强大驱动，深科技孕育着新的经济增长点，也是国际竞争最激烈的领域。

早期的经济增长仅仅关注劳动和资本要素的投入，但是这些因素都存在边际报酬递减的现象，要素投入到一定阶段之后经济增长就失去了前进动力。事实上，全球经济之所以持续增长，在很大程度上是因为技术进步导致要素报酬递减得到遏制。现代经济增长认为，经济增长等于劳动的贡献、资本的贡献和创新（技术进步）的贡献总和。根据中国社科院《我国经济结构战略性调整与增长方式转变》课题组实证分析，中国研发投入每增加1%，GDP则相应增长0.16%，2000~2006年研发经费占GDP比重与同期经济增长率之间的相关性达到了0.97%。

科技创新战略成为世界主要国家核心战略，全球创新竞争呈现新格局。为抢占未来经济科技制高点，在新一轮国际经济再平衡中赢得先发优势，世界主要国家都提前部署面向未来的科技创新战略和行动。美国从奥巴马总统上台后连续三次推出国家创新战略；德国连续颁布三次高技术战略，在此基础上又制定了工业4.0计划；日本、韩国以及俄罗斯、巴西、印度等新兴经济体，都在积极部署出台国家创新发展战略或规划。

当前，深科技创新成为经济竞争力的关键，深科技持续推动经济形成新的增长点、开辟新的就业空间，深科技创新与商业模式和金融资本开始深度融合。一方面，深科技和金融资本高度融合，在金融市场上，创业投资、贷款投资、担保投资、企业股权交易与并购、多层次资本市场等金融手段不断完善，众筹、余额贷款等民间金融工具层出不穷，金融资本市场加速与深科技融合，为深科技快速产业化提供了基础；另一方面，深科技导致商业模式创新加速，深科技改变产业组织、收入分配和需求模式，个性化、多样化、定制化的新兴消费需求成为主流，智能化、小型化、专业化的产业组织新特征日益明显，电子商务、电子金融、第三方支付平台、能源合同管理等正推动相关领域的变革，互联网开源软硬件技术平台等面向大众普及和开放，深科技大幅降低创新创业的成本和门槛。

以信息、生物、新能源、智能制造领域技术进步为标志，深科技成为产业变革最重要的技术方向，决定了世界各国未来经济竞争能力。大量新兴技术创新，催生了新一代技术和产业的发展，特别是深科技融合产生了大量交叉学科和技术前沿，推动新型技术和产业的出现。比如，新一代信息技术向网络化、智能化方向发展，与生物、新能源、新材料技术相融合，推动产业结构向高级化演进，成为提升产业竞争力的技术基点。移动互联、云计算、智能终端快速发展，使得大数据将呈现指数级增长，催生大量新型服务与应用。分布式、智能化、低碳化的新能源技术正在改变经济社会发展的动力结构，可再生能源、非常规油气技术大规模应用，催生了新能源产业和技术解决方案不断出现。以机器人等为代表的先进制造技术推动制造业向智能化、网络化、服务化方向演进，碳纤维、纳米材料等新型材料的广泛应用将极大降低产品制造成本，提升产品质量，为高端制造产业提供了主要动力来源。

3. 深科技创新克服"中等收入陷阱"

在经济发展过程中，保持长期经济增长很不容易，往往经历了一定增长过程之后，经济增速就会下降、国民收入的水平不再提高，这种现象称为"中等收入陷阱"。根据国际上通行的定义，中等收入陷阱是指一个国家发展到中等收入阶段（人均 GDP 3000 美元）后，如果经济不能继续维持增长，出现社会收入差距扩大，自然条件恶化，社会矛盾积聚，人民收入水平长期无法提高，就会陷入经济长期的增长停滞，由此带来一系列的社会问题。

根据索罗模型预测，在初始阶段经济增长较快、收入迅速提高，但是一旦达到某个资本的黄金分割点，经济增长就会停止，继续推动经济增长需要依靠科技创新带来的技术进步。许多发展中国家无法跨越中等收入陷阱，主要原因是经济增速一旦慢下来，无法寻找到新的增长源头，核心是技术创新无法支持新的增长需求。如果在经济增速下降之后，伴随着社会动乱、政治不稳定、贫富分化加剧或者民族宗教矛盾激化，就会导致原先的发展成果大部分受到侵蚀，经济和社会长期陷入动乱。

大多陷入中等收入陷阱的国家在经济发展初期依靠发展劳动密集型的低端工业迅速解决了人们的就业问题，劳动成本低廉的优势使得收入水平迅速提高；而一旦劳动力成本上升，或者对外贸易需求减弱，本国经济无法抵御外部经济威胁，短暂的经济繁荣就中断，进入了持续的经济低迷期，陷入中等收入陷阱。然而，也有一些国家和地区抓住战略机遇期，实现经济结构调整和产业升级，利用科技创新推动经济继续增长，从而实现中等收入跨越，进入世界发达国家。比如亚洲的韩国、日本，韩国出现了现代、三星、LG 等一批高科技企业，日本出现了松下、丰田等一大批优质企业，顺利的迈过了中等收入陷阱。从中等收入国家跨入高收入国家，日本用了 19 年（1966~1985 年），韩国用了 18 年（1977~1995 年）。日本和韩国之所以能够较为成功跨越"中等收入陷阱"，源于成功实现了经济发展模式和产业的转型升级，特别是实现了从模仿到自主创新的转换。

目前，世界上陷入中等收入陷阱的国家主要有阿根廷、墨西哥、巴西、南非、马来西亚等国家。从正反两方面的国际经验对比分析，第二次世界大战后只有少数经济体从低收入水平迈进高收入水平，成功实现了全球价值链提升。比如，拉美地区 33 个经济体中，人均收入处于 4000~10000 美元间的国家就有 28 个，这些国家徘徊在中低收入水平长达 40 多年。通过对这些经济体的分析，它们主要依靠资本积累和要素投入维持经济增长，长期处于全球价值链的中低端，对外贸易的依存度较大，国内产业结构单一等等。这些国家之所以缺乏经济继续增长的动力，或者造成产业结构单一，国内经济体系畸形发展，根本的原因是其科技创新能力弱，大多数国家生产制造能力差，产品可替代性较强，无法维持经济结构转型升级和提质增效，主要依靠传统的简单加工出口维持经济增长。

深科技创新是"亚洲四小龙"等国家和地区成功跨越中等收入陷阱国家实现长期经济增长的主要经验。深科技创新通过动力转换、效率提高、发展方式转换，可以实现原有产业替代，实现全球化条件下的产能转移，逐渐向产业链上游推进，摆脱低工资发展陷阱，从而改变边际报酬递减带来的增长速度下降，维持经济的长期可持续发展。深科技从新技术供给、产品形态、商业模式等方面开拓新的产业空间，形成新的产业模式，实现经济中高速增长并迈向中高端水平，将经济增长建立在技术创新这个源源不断的源头活水上，扭转要素报酬下降带来的不利影响。

1.3 国家创新与深科技发展

国家创新和国际竞争力紧密相关，提高国家创新能力能够显著增强国际竞争力。国家竞争力是一个国家在国际政治舞台上具有话语权，在复杂多变的国际环境中实现可持续发展，推动本国经济社会与他国协调发展的必要条件。因此，国家竞争力很大程度上依赖国家创新力，国家创新力从根本上保证了国际竞争力的持续提高，单靠个人或者行业创新能力是不足以形成国际竞争力的，国家竞争力是比企业竞争力更为宽泛的概念，旨在推动国家作为一个整体与外部力量交往中的力量形成。

深科技创新是国家创新力的重要支撑，国家创新在很大程度上表现为深科技创新。当前，深科技创新与国家创新能力关系越来越密切，呈现两大特征：一是深科技创新越来越依赖于国家实力。深科技创新并不是每一个国家都有条件进行，需要前期资本和技术人才的不断积累，要有充足的技术储备、人才储备、资源储备，根本原因是简单的创新和技术模仿已经完全过时，技术变化和知识传递速度加剧了知识分享，想获取技术的长期垄断变得不可能；二是深科技创新开始走向社会化、系统化、开放化。深科技创新不是封闭系统，深科技创新日益活跃，企业、公司、大学和研究机构共同参与新产品、新技术、新服务研究，深科技创新需要社会相应的创新环境支撑。比如，对于低碳技术和可持续发展的需求，使得深科技对于能源技术创新和节能技术开发蓬勃发展，但是新能源技术不仅仅是技术问题，社会环境要对新能源技术持包容态度才能够走得更远。美国将深科技作为支撑先进制造业复苏、促进国家优先领域的重大突破、实现持续经济增长和繁荣的主要手段，并首次提出"包容性创新经济"旨在为深科技创新提供容错机制，支持深科技长期发展。

1. 科技是衡量国家竞争力的核心指标

20 世纪 80 年代，竞争战略之父迈克尔·波特（Michael E. Porter，1980）在

国家竞争力研究初期就说道,"国家竞争力的盛衰是个热门话题"。综合国力是一个比国家竞争力更宏观的概念,其衡量维度包含经济、政治、军事、科技、文化、教育甚至人力资源等细分指标,其中科技指标是国家竞争力得以增强的一个条件。

波特 1980~1990 年分别出版了《竞争战略》(1980)、《竞争优势》(1985)和《国家竞争优势》(1990)三部著作,把对竞争力研究逐渐从企业层次上升到国家层次,进而使国家竞争力成为一个正式的经济学概念。波特的国家竞争力分析,主要是把国际贸易投资与竞争战略理论融合形成国家竞争优势理论,他认为国家竞争优势是使公司或产业在一定领域创造和保持竞争优势的能力。波特认为,一个国家能否在国际竞争中赢得优势,不仅需要一个国家所有的行业和产品都参与国际竞争,并且要形成国家整体的竞争优势,取决于四个基本要素的整合作用。四个基本要素是:生产要素;需求要素;相关和辅助性行业;企业战略、结构与竞争。科技因素是生产要素最重要的内容,他在《国家竞争优势》一书中提出"钻石模型"理论,该理论为分析和评价国家竞争力提供了一个有效的可操作的工具,对企业和产业如何参与竞争并获取竞争优势均有重大的理论价值和实践指导意义。

世界上不少国家和地区意识到国家竞争力指标的重要性,相继对其进行评估并力求推出一套普遍适用的评估体系。在这些评估体系中,深科技及其竞争能力是核心指标。世界上公认的最具有权威性的两大研究中心世界经济论坛(WEF)和瑞士洛桑国际管理发展学院(IMD)每年发布国家竞争力评估报告,这两个报告是各国衡量竞争力的重要依据。根据《2016~2017 年全球竞争力报告》,WEF 把国家竞争力定义为一整套能使国家社会繁荣,决定一个经济体生产力水平的制度、政治和要素集合。自 2015 年开始,WEF 使用 114 个指标来评估每年各国的竞争力,114 个指标又被分为 12 个大类,分别是制度、基础设施、宏观经济环境、健康以及基础教育、高等教育和培训、商品市场效率、劳动力市场效率、金融市场发展、技术准备水平、市场规模、商业成熟度以及创新能力。其中科技创新能力作为单独的指标,在国家竞争力评比中居于重要的位置。IMD 从 1989 年开始,每年对各国竞争力进行评估并发布报告,并取名为《世界竞争力年鉴》,也被称为《洛桑报告》。IMD 认为,国家竞争力是指一个国家所能创造价值增加值和国民财富持续增长的环境的能力。从 2001 年至今 IMD 采用 4 大要素评价体系，分别是一个国家的经济表现、政府效率、企业效率和基础设施。其中，深科技及其创新能力持续影响经济表现、国家效率和基础设施建设，对科技创新给予了更高权重。

2. 国家创新体系支持科技创新

根据德国历史学派经济学家李斯特（Liszt，1841）的观点，国家力量对竞争力有重要影响，国家力量对于推动科技、文化、教育进步具有重要影响。除了劳动力、自然资源等要素以外，技术、信息、管理等要素也是影响国家实力的重要方面，国家在支持技术创新和管理提升方面具有重要作用。国家创新体系建设从创新要素和创新氛围等方面为深科技创新提供了外在环境。

一般来说，国家创新体系（national innovation system，NIS）可分为知识创新、技术创新、传播系统和应用系统四大系统。一个国家的创新能力和竞争优势越来越取决于其是否构建一个完整而高效的国家创新体系。创新体系是创新的基础，创新可分为技术创新、管理创新、组织创新、金融创新和营销创新，国家创新体系是关于技术、管理、组织、金融和营销等综合体系。目前学术界对国家创新体系已经进行了大量研究，并用于解释技术创新与经济发展的关系，一个良好的国家创新体系有利于深科技及其产业发展，深科技创新绩效源于强大的国家创新体系支撑。

1841年，德国经济学家李斯特在研究落后国家的政治经济发展问题时，率先提出"政治经济学的国家体系"概念，并深入分析指出国家政府因素对于一国经济发展和经济政策选择的巨大影响。1912年，熊彼特在《经济发展理论》中第一次将"创新"系统引入经济体系中并在此基础上提出了创新理论。从20世纪70年代末起，有的经济学家提出在技术创新中用户、供应商等都起着重要作用，将技术创新上升为创新的主要内容。

1987年，弗里曼（Chris Freeman，1987）在分析日本经济绩效的著作《技术政策与经济绩效：日本国家创新系统的经验》中，对国家创新体系的概念给予全面描述。他认为国家创新体系就是激发、引导、修改与扩散技术等有关的公共部门和私营部门间组成的网络，这些网络间的活动和相互影响促成了新技术的开发、引进、改进和扩散。随后，美国经济学家纳尔森（Nelson，1987）出版《国家创新系统：一个比较研究》，比较分析美国和日本等国家和地区实施政府补贴和金融创新政策的国家创新体系，认为"一系列制度的互相作用决定了一国企业的创新能力"。纳尔森认为国家创新体系是一种制度性安排，制度的设计与功能是决定创新系统运行效率的关键因素。其后，伦德瓦尔（Rendwell，1993）等人分别从盈利目的和内在用户关系视角，进一步发展了国家创新体系的主要内容。

伦德瓦尔（1993）认为，作为一种国家创新体系，其核心就是形成创新的学习网络，国家创新系统包括：企业的内部组织之间的学习；产业结构的优化和重组；政府公共管理部门的作用；国家金融部门及其资本市场的作用；个人或者政府研究开发部门等。1996 年，经济合作与发展组织（OECD）的《国家创新体系》的研究报告把国家创新体系定义为"公共部门和私营部门的各种机构的网络，一个国家扩散知识和技术的能力由这些机构的活动和相互作用决定，国家的创新表现也被影响"。随着经济全球化趋势加强，国家之间的竞争日益激烈，有关国家竞争力问题的研究热潮也持续升温，国家创新体系建设也不断增强。

3. 以国家力量助推深科技创新

深科技创新面临投入资金量大、开发周期长、需要大量人才等问题。深科技投资比较难，与互联网不同，产品的研发周期较长，进入市场的周期较长，许多创投资金不愿投资，"深科技"领域内的社会资本投资占比较少。基于互联网、移动互联网、智能硬件的生活服务业，创业成本较低、技术门槛不高，互联网创业出现了鱼龙混杂的局面。深科技领域如果产生千亿元市值的大公司，产业链一定会需要有百亿元级、十亿元和几亿元的公司。因此，在深科技创新方面，国家力量对于深科技进步具有举足轻重的作用。

一个完整产品技术创新全过程，如何实现科技和经济的结合？如何实现创新？国内外成功实践表明，社会化和市场化创新环境具有至关重要作用。如果整体国家创新氛围不好，公共服务缺失以及市场竞争环境缺失，就会抑制企业创新能力，对于深科技创新与技术进步产生不利影响。国家创新体系建设是社会经济可持续发展的引擎和基础，特别是在创新制度、政策应用、实践推广等方面对深科技创新具有重要作用。综观世界上主要的创新型国家，科技管理体制各不相同，有分散管理体制、集中管理体制、按照创新链条管理体制，但是良好的国家创新体系是企业进行良性竞争的主要方式，一个公平有序的市场环境能够引导企业走创新发展的正路。

深科技创新对于中国实现战略赶超，全面提升中国在全球产业链中的地位，实现产业结构优化升级具有重要作用。中国一直在努力建设国家创新体系，发挥我国举国体制"集中力量办大事"的特征，将人才、资金等科研力量集中到重大科技领域，实现深科技创新和产业跨越式发展。在我国国家创新体系支持下，一大批国家重点实验室、国际大科学计划和大科学工程不断出现，在一些关键技术和重点产业实现了由跟跑到并跑乃至领跑的发展，凸显了国家整体创新环境和体系建设对于深科技创新的支撑作用。

事实上，利用国家创新计划或者政府辅助计划支持科技创新并非没有先例。美国作为全球高科技创新最快的国家，第二次世界大战以后在关键核心领域的技术创新，包括曼哈顿工程、DAPAR计划以及战斗机研发过程，政府给予了重大科技创新特别是深科技创新以巨额资助，使得美国在战后的原子能计划、互联网产业以及通用航空领域实现了科技垄断和产业价值链攀升，大幅度提升了美国的国家实力。

回顾历史，美国政府及其科技创新计划对于深科技进步起到了至关重要的作用。早在美国立国之初，对科技与创新的鼓励就融入了美利坚的基因。1787年《美国宪法》规定："通过保障作者和发明者对他们的作品和发现在一定时间内的专有权利，来促进科学和有用艺术的进步。"1945年，时任国家科学研究与开发办公室主任的万尼瓦尔·布什向杜鲁门总统提交了著名报告《科学——没有止境的前沿》，系统阐述了科学的重要性和科技管理的理念，并总结出三条历史经验：第一，基础研究是为实现国家特定目标而进行应用研究和发展研究的基础，最适宜开展基础研究的是大学体制；第二，政府可以通过与工业界和大学签订研究合同和提供资助的制度来支持科技；第三，政府吸收科学家作为顾问和在政府中设置科学咨询机构，有助于总统和政府作出更准确有效的科技决策。在布什报告的基础上，承担政府对基础研究资助职责的美国国家科学基金会（NSF）得以建立，美国现代科技体制开始逐渐形成。

经过近80年的迭代与完善，美国已经形成一套与政治体制相匹配的多元分散的科技体系。站在联邦角度，多元分散最直接的体现在于科学政策制定的责任由行政部门和立法部门共同承担。其中政府负责制定科技预算、推进相关政策、协调科技工作；国会负责审批科技预算、人员机构的任命与设置，监管和评估相关的联邦部门和机构工作，并通过立法决定各项科技政策的框架。

行政层面，形成了"决策—执行—研究"三层架构，各层级主体众多但分工明确。美国总统享有国家科技活动的最高决策权和领导权，总统行政办公室下设白宫科学技术政策办公室（OSTP）、国家科学技术委员会（NSTC）、总统科学技术顾问委员会（PCAST）和管理与预算办公室（OMB）。其中 OSTP 主要为总统制定科技政策、分配研究经费提出分析建议，对科技政策形成与发展具有重要影响；NSTC 主要负责协调各政府机构间的科学政策，并由总统亲任委员会主席；PCAST 是总统最高级别的科学顾问团，主要提供政策咨询，其成员大多是政府外的顶尖科学家、工程师和学者，具有一定的独立性；OMB 主要负责管理总统向国会汇报预算的准备工作以及后续的协商，在确定科学项目的优先性方面有着最重要的影响力。

执行层面，不同于大部分国家通过一个中央政府部门或科技部集中支持科学，多元化的科学资助体系是美国科技体制最大的特点。众多联邦部门和独立机构共同承担资助科学研究、指导科技政策的责任，其中与科技关系最密切的联邦部门包括国防部、卫生与公共福利部、国家航空航天局（NASA）、能源部、国家科学基金会和农业部六大部门。不同联邦部门与独立机构对应不同的使命，例如国家航空航天局主要支持空间探索、国防部（DOD）研究增强国家安全、国家科学基金会则支持更广泛的基础研究。但在某些交叉学科与前沿科研领域的资助上，多元化的体系会带来重复工作，某些项目可能面临多头管理。美国的立法者认为，不同机构出于不同的使命，看待科学问题的视角也会略有不同，这样把资助研究作为实现更广泛使命的一个要素，这种资助体系更有生命力，往往会产生意想不到的"溢出效应"。因此，这套多元化的科学资助体系得以沿袭至今。

研究层面，美国联邦研究机构、大学、企业和非营利科研机构四类主体形成了有效的分工协作。联邦研究机构由政府直接管理或采取合同方式管理，主要从事重要技术的应用研究与部分基础研究，如隶属于能源部的橡树岭国家实验室，曾对负责原子弹研制的曼哈顿计划做出了重要贡献；大学以基础研究为主，美国拥有世界上数量最多、水平最高的研究型大学，同时给予研究人员极大的自由度，包括鼓励科研人员创业、促进科研成果转化；企业侧重于试验发展，大多以工业研究实验室为载体开发新技术与新产品，最知名的如美国贝尔实验室，发明了晶体管并开创了信息时代；其他非营利机构主要包括地方政府或私人研究机构，主要从事基础研究与政策研究，对前三类主体形成补充。

立法层面，美国国会最重要的职能在于监督和立法。监督方面，国会有两类重要的职能机构，一类是国会的"百科全书"，包括国会研究服务部（CRS）负责为国会提供广泛的政策和议题分析，以及一些专门委员会如众议院下设的科学、空间和技术委员会；另一类是国会的"侦探机构"，如审计总署（GAO），负责调查和评估现有的政府政策及计划项目、确保经费被高效正确地使用。立法方面，美国非常注重科技成果的转化与对创新创业的鼓励支持，国会通过立法对从事科研工作的中小企业进行税收优惠、界定研究成果与发明专利的归属权，例如1980年制定的《专利与商标法修正案》（又称《拜赫—杜尔法案》），为联邦所资助的研究而产生的商业化创新提供了一个统一的框架，允许大学和其他非营利组织获得这些发明的专利，并可以与公司合作、将它们推向市场。这个法案被普遍认为提高了美国大学与工业界之间的技术转移水平。

第 2 章

深科技与现代化经济体系建设

党的十九大报告提出，建设现代化经济体系，必须把发展经济的着力点放在实体经济上，把提高供给体系质量作为主攻方向，显著增强我国经济质量优势；着力加快建设实体经济、科技创新、现代金融、人力资源协同发展的产业体系；着力构建市场机制有效、微观主体有活力、宏观调控有度的经济体制。深科技创新是深入推进创新型国家建设的重要举措，对提高我国经济的供给质量、推动实体经济发展、提升产业价值链、优化产业结构、创造新需求、建设现代产业体系具有重要作用。

2.1 深科技提振实体经济

深科技是植根于物理世界的创新，是实体经济发展的基石。党的十九大报告明确要求：建设现代化经济体系，必须把发展经济的着力点放在实体经济上，不论经济发展到什么时候，实体经济都是我国实现高质量发展，在国际经济竞争中赢得主动的根基。当前中国实体经济正处在转变发展方式、优化经济结构、转换增长动力的攻关期，土地、劳动力等要素成本持续上升，给实体经济转型升级带来了较大挑战。一个国家要强大，就必须注重实体经济，世界各国发展经验表明，实体经济的发展关系到国民经济整体实力提高。当前，我国实体经济基础有所弱化，经济泡沫化倾向明显，面临的外部竞争更加激烈。以深科技建设创新型国家，对于进一步推动实体经济振兴具有重要的战略意义。

1. 我国实体经济基础有所弱化

实体经济是一国经济的根基。然而，近年来，我国消费需求提升速度慢、出口面临外部贸易摩擦，以制造业为代表的实体经济基础有所弱化，实体经济的发展面临挑战。这一现状具体表现在原材料成本不断提高、劳动成本持续上涨、融资成本明显偏高等方面。随着我国人口老龄化加剧，2007 年以后中国劳动力成本普遍上升，2008～2013 年中国实体经济的制造业工资水平平均上涨 14.52%，比制造业增加值的涨幅高 2.2 个百分点，使得制造业的利润空间不断压缩。与全球主要国家融资利率相比，中国大量中小企业主要依赖民间借贷，但这种借贷方式存在企业融资成本高、市场秩序混乱等问题。

从融资的民间借贷利率看，我国企业融资成本偏高。中国社会融资成本指数显示，当前中国企业平均融资成本为 7.6%，银行贷款平均融资成本为 6.6%，互联网金融平均融资成本为 21%，远高于同期美国、日本、加拿大等发达国家的贷款利率。根据商务部数据统计，中国企业综合融资成本多为 10%～15%，大约是发达国家的 3～5 倍。2005～2008 年，我国私人企业总税率平均为 80.45%，而金砖国家、发达国家和新兴国家的平均总税率分别为 52.85%、53.64% 和 39.53%，分别比我国私人企业平均总税率低 27.6%、26.81% 和 40.92%[1]。

就利润来说，实业部门与商业银行之间的利润悬殊，实体企业的利润远低于金融部门。《2017 中国 500 强企业发展报告》显示，证券业收入利润率高达 24.61%，商业银行紧随其后达 22.63%，均高于制造业相关行业。和制造业相比，证券业等金融行业人均利润也高出不少，商业银行的人均利润最高达 63.52 万元，证券业为 58.75 万元，制造业人均利润仅为 7.49 万元。尽管中国制造业非常强大，在 500 多种主要的工业产品中，我国有 200 多种产量位居世界第一，但是中国制造业仍然处于第三梯队，要实现制造业赶超至少需要 30 年的时间，才能达到"世界制造业领先"地位。全球制造业可以划分为"四级梯队"：美国

---

[1] 张来明，李建伟. 企业家投资实体经济意愿下降原因分析及政策建议 [J]. 发展研究，2014 (6)：6-14.

独占第一档，欧盟、日本等发达国家为第二档，中国在"第三梯队"，这种格局短时间内难有根本性改变。目前，国内制造业仍以劳动密集型低端制造为主，附加值相对较低、人均制造业产出低于发达国家；从出口产品类别来看，中国高端技术密集型制造业产品出口额仅占42%，远低于美国、德国、日本和英国的58%、53%、55%和58%。与商业银行的利润率相比，制造业的利润率低下，这使得实体经济发展的动力大大弱化，甚至有实体企业参与金融投机的现象，导致经济脱实向虚的倾向更为严重。

2. 经济泡沫化倾向危害巨大

在新自由主义和经济全球化的条件下，一些出口导向型经济在经过持续高速增长之后，往往出现制造业收益率下降、实体经济转型困难的情况，大量资金开始流向金融部门和房地产，导致经济泡沫化倾向并逐渐偏离实体经济的轨道。20世纪70年代以来，欧美发达资本主义国家制造业利润下降，发达国家进行产业转移，产业资本大量进入金融、证券等虚拟经济领域，虚拟经济发展迅猛。根据国际货币基金组织统计，31个国家金融资产价值约为101万亿美元，相当于其国内生产总值的两倍。1980年全球金融资产价值与当年全球GDP的规模相当，1993年全球金融资产价值为当年全球GDP的2倍，2003年超过全球GDP的3倍。2007年以来，全球金融体系商业银行资产余额合计达到了230万亿美元，超过当年全球GDP的4倍。

近年来，中国经济"脱实向虚"的苗头初显，产能过剩、资源错配、企业成本上升等导致实体经济投资相对收益率下降。实体经济遇到了发展困难，金融业和房地产业持续高速扩张，引起了中国政府、学术界和实业界的极大关注。2006年以来，中国实体经济增速下降，尤其是房价持续上涨，使得房地产业的利润率远高于制造业的平均水平，吸引大量居民和企业参与房地产投机，削弱城镇居民消费能力，推高融资成本和企业生产成本，使房地产调控出现严重困难。投资房产的收益远远高于开公司做实体，努力工作还不如投资一套房产，不少居民和企业家也舍弃了实体经济而参与房地产炒作。2005~2007年中国制造业PMI指数景气度远超美国、欧洲、日本，然而，2010年以后美国制造业景气度长期超过中国，2016年下半年以来欧洲、日本的制造业景气度加速超过中国，印度GDP增速也超过中国，背后不乏中国房地产过热的影响。

金融危机让世界各国重新认识到实体经济重要性，不少国家制定了"再工业化"发展战略，加快推进实体经济的回归。实体经济不景气、经济过度泡沫化带来了很多弊端，使得发达国家重新重视制造业的发展。与其他发达国家产业转移和制造业空心化不同的是，德国选择了"制造业立国"的发展道路，长期坚守以制造业为主的实体经济战略。1995年经济合作与发展组织成员全球制造业增加值所占份额是84.1%，2015年已经降低到54%；而经济合作组织之外的非发达国家群体所占份额一路上升，到2015年已经达到46.0%。

制造业是国民经济的基石，在传统GDP大国中，制造业所占比例都比较高，比如目前中国制造业占GDP比重为29%左右，德国制造业占GDP比重约为26%，日本制造业占GDP比重为20%左右，美国近几年经济增长停滞，很大一部分原因就是制造业外流，2017年美国制造业占GDP比重仅为11.3%，为历史新低。因而，2008年国际金融危机后，发达国家更加注重实体经济，下大力气解决产业结构空心化的问题。美国通过再工业化战略，希望吸引制造业回流，重塑先进制造业发展的优势地位，对实体经济的影响最大。

3. 深科技是实体经济振兴的强大引擎

一般来讲，科技创新是加快转变经济发展方式的根本动力，也是一国实体经济健康发展的强大引擎。实体企业是实体经济的市场主体，科技创新则是实体企业的生命力。世界上实体经济强大的国家往往是实体企业比较发达的国家，也是科技创新实力较强的国家。对一个国家宏观经济来说，工业经济是实体经济核心，主要包括制造业、采矿业、建筑业、电力、热力、燃气及水生产和供应业等。实体经济的范畴是指传统意义上的工业与农业，主要包括工业、农业（农、林、牧、渔）、运输业（铁路、航运、长途汽车运输）。在此范畴界定下，实体经济具有标准化管理、集约化生产和规模化经济等特点。

在中国经济运行中，近年呈现实体经济和虚拟经济的严重失衡现象，可以用"实体经济不实，虚拟经济太虚"来概括。"实体经济不实"主要是指实体经济中真实的、创造社会财富的产业部门生产率低下，具有较多的泡沫经济成分。产业竞争力衰退是我国实体经济困境的典型表现，长期以来我国工业生产处于全球产业链的中下游，大部分制造业采用"薄利多销"的模式，走的是"贸工技"规模增长路线，直接导致成本对利润产生了严重侵蚀，在国际竞争中逐渐丧失价格优势。在实体经济萎缩的情况下,经济虚拟化的现象非常突出,资金空转、存量博弈、投机不投资等问题凸显,导致实体经济和虚拟经济的比例严重失调。

中国实体经济的通病是科技创新不够,重大关键技术缺乏导致产品市场竞争力弱,实体经济长期发展动力不足。综观实力雄厚、发展历史悠久的国际大型企业,他们之所以能够在竞争激烈的世界企业之林立于不败之地,关键在于其坚持不懈的科技创新和追求卓越的实业精神,拥有深科技及创新品牌。在当今世界经济发展重心回归实体经济领域的背景下,全面提升实体经济特别是先进制造业的发展水平,更是实体经济发展的动力所在。

深科技在提振实体经济创新力、增强实体经济竞争力、拓展实体经济市场方面具有高新技术所不可替代的作用。对中国来说,积极借鉴发达国家的成功经验和实践,始终坚持在战略高度上发展实体经济,深入实施创新驱动发展战略,利用深科技创新促进传统制造业实现功能和工艺升级,进一步开拓和发展新兴制造业领域,努力实现产业在全球价值链上的动态攀升,实现绿色发展,使中国尽快由"制造大国"升级为"制造强国",才能从根本上纠正经济虚拟化倾向。

2.2 深科技创造新需求

党的十九大报告指出,为了扩大内部需求,我们应坚持在经济增长的同时实现居民收入同步增长,在劳动生产率提高的同时实现劳动报酬同步提高,促进消费与投资及出口"三驾马车"均衡发展。中美贸易战以来,出口减少对中国经济的消极影响增大,增加国内消费需求成为影响中国经济走势的关键举措。面对复杂多变的国内外环境,我国应把改善经济供给结构作为主攻方向,同时扩大总需求,特别是牢牢把握扩内需这一战略基点,着力发挥消费的基础性作用和投资对优化供给结构的关键性作用,推动中国经济发展格局发生重大而深刻的变化。深科技及其创新可以创造新需求、转化外部需求、提升传统需求,是落实扩大内需战略的重要手段。

1. "两头在外、大进大出"的发展模式难以为继

长期以来,中国经济发展遵循出口导向型发展模式,即利用欧美先进的经验、技术和资本，与中国廉价劳动力结合，生产低附加值产品，再出口到欧美发达国家市场。中国在承接发达国家产业和技术转移的过程中，工业水平不断提高，对世界经济的贡献也不断增强，中国对全球经济增长的贡献从金融危机前2006年的不足20%，上升到2017年的34%，中国经济占世界的比重从2006年的5.54%，提高到了2017年的15.3%，中国出口份额全球占比从2006年的8.1%上升至2017年的12%，出口导向的经济发展模式短期内为中国经济增长、技术水平提高、消费能力扩张提供了重要动力。

根据张杰（2017）的分析，中国出口部门表现出"两头在外"特征，这种"大进大出"的出口导向型经济发展模式面临着发展陷阱。中国现阶段经济发展所依靠的出口导向战略本质是要素粗放型增长模式，实质上是发达国家主导和设计的全球价值链和投资规则体系、发达国家跨国公司构建并控制的全球价值链、发展中国家提供原料和市场的不公平的国际贸易和投资格局。在这种国际经济格局下，中国经济必然表现出"两头在外、大进大出"的出口生产模式，呈现出经济对外依存度较高，本国需求对经济支持力不够，长期存在经济出口依赖性强的特点。

一方面，在产业链以及产品链的基础创新、应用创新以及高端产品创新和核心工艺创新环节上，中国企业没有关键零配件、核心原材料以及先进工艺生产设备，要从外部进口工业生产中必需的技术、原料和工艺；另一方面，在国际产品市场上，发达国家把持销售终端网络体系、产品品牌和价格制定权，品牌价值被发达国家的跨国公司和国际大买家所控制，中国缺乏产品的定价权。中国企业在进出口发展模式下，只能赚取微薄利润，在生产和销售两端受到发达国家的限制，中间环节的利润较低，具体表现为经济对外依赖度较高、创新能力差、谈判议价能力较弱等特征，其本质上是中国企业在国际产业分工格局下处于不利位置。

以机电产品为例。自2003年来机电产品出口额占中国出口总额的比重超过50%，且呈逐步上升的态势，2016年机电产品出口额占比高达57.7%，远超劳动密集型产业。如此看来，我国出口产品似乎不再是低端工业品和原材料，出口产品的质量得到大幅度提高，工业附加值上升。但是对比进口结构来看，2002年以来我国机电产品进口额占中国进口额的比重就超过50%，2006年之后呈一个轻微的倒"U"形变化态势，2016年略低于50%。其中高新技术产品进口额占比从1998年的20.82%逐步上升到2016年的31.22%。这种"大进大出"的格局以及行业本身对高新技术零配件的高度依赖性和加工组装出口模式，就是典型的中国制造在国际上的尴尬局面，在全球价值链体系下，这种"大进大出"的格局不利于本行业的结构升级，无法继续满足消费升级需求。

就目前来看，这种"大进大出、两头在外"的发展模式遇到了重重困难：一方面，这种模式使得产业受到外部竞争的压力，出口发展模式的利润越来越薄，中国企业这种"大进大出"的方式竞争力显著下降，成本更低的国家开始挤占中国的国际市场份额；另一方面，"大进大出"容易导致外部贸易摩擦，以美国发起的贸易战为例，"大进大出"的贸易模式容易导致贸易摩擦。因此，我们对改变出口经济发展模式的需求越来越迫切。

2. 扩大内需是中国经济的比较优势

中国GDP世界第二，扩大内需是中国这样的经济大国的比较优势。根据钱纳里研究结果，在大国工业化的过程中，国内贸易扩张对轻工业的增长贡献率大约为80%，对重工业的贡献为65%，而小国分别为60%和40%。扩大内需是大国经济发展过程中的一种特定条件下形成的阶段性战略选择。在经济全球化时代，对任何国家来说，稳定内需是经济发展的基本前提。特别是国际金融危机以来，外部贸易摩擦不断增多，各国经济对内部需求的依赖不断加大，一些外贸出口占比较大的国家不断纠正内外经济失调的风险，使得国内市场对于维护经济安全的重要性不断增加。

对中国而言，内需是经济发展的最重要推动力，利用这种得天独厚的优势是保持经济发展持久稳定的根本动力，中国经济具有稳定的内需对世界经济的稳定发展也有积极影响。中国应该重视扩大内需，把内需作为经济增长的第一动力，这是由中国本身具有的社会、资源、市场等条件决定的。就中国这样的大国经济而言，具备通过扩大内需拉动经济增长的市场基础：具有地域广阔、资源丰富、人口众多、国内市场巨大、产业部门体系齐全、对国际经济影响大的特点，这也决定了中国经济对国内市场依赖较大，国内需求对经济发展具有重要的作用。因而，中国进入成熟发展时期后，由于增长规模的庞大及国内市场的潜力巨大，其经济增长将更多地来自内需，外部需求的作用相应下降。

立足扩大内需拉动经济发展，是由中国的基本国情决定。中国人口已突破

13亿，作为总人口占世界人口1/5的大国，扩大内需已成为中国应对国际经济波动的根本措施和经济中长期发展的战略选择。随着中国经济不断发展，投资与消费关系、区域经济发展、收入分配、城乡经济发展、经济社会发展、人与自然关系等方面的失衡问题纷纷涌现出来，其中投资与消费关系失衡已成为制约中国经济发展的最重要障碍之一。中国消费市场的规模庞大、对产品和服务的需求不能主要依靠国外供应，外部市场满足不了中国市场的消费需求。中国经济正常健康发展必须立足国内，扩大内需已成为共识。实际上，1998年中央经济工作会议就提出了"坚持扩大内需方针"，以后每次中央经济会议和历届《政府工作报告》中均有扩大内需的论述。在全球化时代，对中国这样的大国来说，既不能封闭发展，也不能完全依赖外部市场，要充分利用大国经济的比较优势，重视扩大内需，推动经济的可持续发展。

3. 深科技创新刺激消费升级

从消费本身来看，我国有超过13亿人口的巨大市场，随着2018年人均GDP突破9000美元，中国经济的发展产生了世界最大的中等收入群体，催生了世界级的消费市场。中国城市化的进程还在快速推进，2017年末我国常住人口城镇化率为58.52%，距离发达国家80%左右的平均水平还有很大差距。据初步测算，城镇化率每提高1个百分点，将拉动消费增长近2个百分点。因此，中国消费市场长期增长的趋势将不会发生改变，中国消费市场的持续扩大将为深科技创新带来巨大的市场。中国经济将经历由消费取代投资成为GDP增长驱动力的转折点。个人消费增长会持续加速，消费将在2020年成为GDP增长的最重要驱动因素。到2025年左右，个人消费将代替投资成为GDP的最大贡献者。从物质型消费升级看，2017年，我国居民消费恩格尔系数已降至29.3%，食物支出之外的穿住用行等物质型消费比例上升，潜力很大。中国经济已由高速增长阶段转向高质量发展阶段，模仿型排浪式消费阶段基本结束，个性化、多样化、差异化消费渐成主流，新兴业态快速增长、新商业模式不断涌现，消费升级步伐也在进一步加快。随着人均收入水平的持续提高和优质供给不断增加，信息、医疗、养老、家政、旅游等服务型消费空间刚刚打开，未来消费市场增长潜力巨大。

消费需求迅猛增长，特别是随着中国中产阶层的逐步扩张，本土需求正在发生的根本性消费升级换代，必然会传导到对高质量产品、高技术含量产品、高附加值产品以及多样化、个性化新产品的巨大需求，倒逼国内企业全要素生产率和自主创新能力的提升，从而最终对国内高新技术产业以及"三新"产业（新产品、新业态、新模式）的兴起和壮大产生决定性的内生型拉动作用。

深科技创新具备更好的消费市场条件，将为技术进步和产业发展提供前所未有的机遇。面对消费升级的强烈需求，对高质量商品和服务的需求将刺激深科技创新，为了满足消费需求升级需求，深科技创新必然引起生产模式、消费理念和产品形态、商业组织模式的巨大变化，深科技创新将带给消费者更多物美价廉的新产品和服务；同时深科技创新带来收入水平的提高，进一步刺激消费市场的长期繁荣，形成消费需求与深科技协调发展的良性循环。

2.3 深科技培育新动能

党的十九大报告指出，我国经济已由高速增长阶段转向高质量发展阶段，要实现经济增长的动力变革，以新旧动能转化实现经济增长和科技创新协同发展的基本目标。中国加快新旧动能转换既有压力也有动力：一方面，国际各主要经济体推进结构性改革，纷纷着重发展工业及新兴产业；另一方面，要使中国经济保持中高速发展，必须加快推进新旧动能转换、实现结构优化升级。新旧动能转换、培育新动能是个系统性工程，既要盯住前沿技术创新，也要关注传统产业的升级换代，处理好前沿技术创新和传统产业升级的关系。

1. 传统的经济增长动力不断衰竭

在工业化起步阶段，经济增长主要依靠要素驱动，通过发挥"人口红利"和"后发优势"的作用，实现经济总量扩张。我国进入工业化中后期，"人口红利"和"后发优势"逐渐丧失，资源和环境约束日益突出，创新对经济增长的重要性开始显现。经过近 40 年的改革发展，我国总体上进入工业化后期，要实现从工业大国转变为工业强国和服务业大国的产业结构升级，必须从"要素驱动"转向"创新驱动"，实际上是在倒逼国内经济实现质量变革、效率变革和动力变革，构筑起一个强大、先进、富有竞争力的现代化经济体系。

尽管我国在节能减排和生态建设方面已取得了积极进展，但经济发展能源消耗仍然偏高，环境污染仍很严重，生态环境仍十分脆弱，资源环境对经济发展的约束还在不断强化。由于实行粗放式经济发展模式，经济发展大量消耗有限自然资源、破坏生态环境导致环境问题越来越突出。大量废气和二氧化硫排放导致城市空气污染普遍较重，部分大城市颗粒物和二氧化硫等空气污染物浓度已经超过世界卫生组织及国家标准2~5倍。

我国经济增长依靠的人口红利正在逐步消失，中国生育率不仅低于其他发展中国家，还低于发达国家水平。发达国家生育率是1.6，而中国目前只有1.4。改革开放以来，老龄化一直处于上升趋势，2015年之后老龄化上涨速度则明显加快。2010年，中国65岁以上老年人占总人口的8.3%，其他发展中国家的平均水平是5%。与广大的发展中国家比较，中国是未富先老，人口抚养比在迅速提高。随着人口红利的消失，刘易斯拐点提前到来，劳动力成本的长期增长使得经济发展的动能弱化，寻找新的经济动能迫在眉睫。

改革开放以来，我国利用"后发优势"实现赶超战略，充分吸收国内外先进技术和发展经验，促进我国经济又好又快的发展。这些年来，中国经济能快速发展主要依靠后发优势，通过引进消化国外先进的技术发展本国经济，迅速提高了中国经济的生产率水平，在短时间内实现了生产技术的提高和人均收入快速增长。随着中国经济和技术发展越来越接近世界前沿，依靠模仿和跟随的技术发展战略阻力越来越大，国内技术差距与先进国家之间的差距也来越小，需要进行自主创新的需求不断增大，自主创新的风险也进一步增大，中国在国际竞争中的后发优势逐渐减弱，需要寻找新的动能来替代旧动能，实现经济增长动能更替。

2. 新旧动能转化条件不断增强

不是所有国家都能够实现经济动能转化，随着中国经济发展，科技创新综合实力不断增强，与先进发达国家的技术差距不断缩小，使得新旧动能转化具备前提条件。"十二五"期间，我国国内生产总值年均增长7.1%，远高于同期世界2.5%和发展中经济体4%的平均水平，中国对世界经济增长贡献率超过了30%，成为世界经济增长的动力源和稳定器。与之相对应的是，我国科技创新的整体能力显著提升，主要统计指标进入世界前列。尽管在核心科技方面，我国与发达国家的差距较大，但是在多个领域中国科技发展整体水平从过去的"跟跑"，逐步转变为"跟跑、并跑"并行，继而向"领跑"前进。

当前，以航空航天、光电芯片、新能源、新材料、智能制造、信息技术、生命科学、人工智能等为代表的深科技创新热潮正在到来，要把事关国家发展的关键领域核心技术、知识产权牢牢地掌握在自己手里，将科技创新成果与实体经济紧密联系起来，打造国家竞争新优势。根据万钢（2017）透露，2017 年中国全社会研究开发支出达到 1.76 万亿元，全社会研究开发支出占 GDP 比重为 2.15%，超过欧盟 15 国 2.1% 的平均水平；国际科技论文总量居世界第二，国际科技论文被引量首次超过德、英，跃居世界第二。相关发明专利申请量和授权量居世界第一，有效发明专利保有量居世界第三。中国科技创新的整体实力不断增强，未来科技创新的潜力远远超过一般的发展中国家。与此同时，中国大批标志性科技创新成果出现，载人航天和探月工程、蛟龙号深潜器、探测暗物质的科学卫星"悟空号"、北斗卫星导航系统、国产大飞机 C919、超级计算机"神威·太湖之光"等重大工程走在世界前列，新旧动能转化的技术条件不断增强。

尽管中国科技实力整体与西方发达国家还有不小的差距，但是中国科技创新和经济竞争力的未来趋势呈现出蓬勃发展的良好势头，一些关键核心技术取得突破必将极大地带动我国建设创新型国家的步伐。作为世界第一制造业大国，工业门类齐全、市场广阔，制造业基础是中国深科技创新的物质条件。

中国制造业增长状况良好，制造业整体实力增强，为新旧动能转化、深科技创新提供了市场条件和技术基础，中国是最有条件实现深科技创新的国家。为了缩小中国制造业与发达国家的差距，"中国制造 2025"战略强调重点发展新一代信息技术产业、高档数控机床和机器人、航空航天装备、先进轨道交通装备、节能与新能源汽车、新材料、生物医药等领域，将进一步推动中国深科技创新，把"创新创业"与"中国制造 2025"结合起来进行制造业创新，补上基础研究、关键技术、创新体制机制、创新环境方面的短板，形成中国经济的质量优势，形成经济增长的新动能，使中国在国际竞争中赢得主动。

3. 深科技是新旧动能转换的"引爆点"

深科技集聚的实体经济领域将成为提质增效、新旧动能转换的主战场，在科技含量高、创新潜力大的实体经济领域，打造实体经济、科技创新、现代金融、人力资源协同发展的现代产业体系，促进产业迈向全球价值链中高端，使得深科技成为推动我国经济高质量发展的强大动能，引领中国现代化经济走向世界。深科技不仅体现在技术高壁垒和原创性上,更体现在其激活创新活力、提升经济的价值和能力上,能够为新工业革命提供强大支撑。深科技不仅是关键领域核心技术的创新,还是一种新的创新创业理念,"深科技+"则代表了专注、坚守、笃志的工匠精神,深科技创新创业已经逐步成为一种升级版的创新创业。

在新旧动能转换机制中,深科技作为核心驱动力,通过作用在产业转型的三个阶段,驱使产业结构从第一产业向第二、三产业转变,生产要素得到重新配置,产业结构更加优化,生产效率得到极大提高,新旧动能的转换步伐不断加快。深科技创新为新旧动能转换提供技术支持,对生产和消费进行结构重组、技术升级和产业重构。在"破"传统产业与"立"新兴产业的过程中,深科技全方位参与技术改造和动能转化。深科技应用的过程,也是新旧动能此消彼长的过程,较平稳地实现经济增长速度变化和动力机制转化。

深技术创新与实体经济的新兴产业是一个彼此互动、相互交融的过程。深科技既包括自主研发出具有专利权的核心技术和产品,也包括传统生产过程的新工艺。每一次科技革命都催生了新兴产业及其产品和服务的快速发展,同时新技术对传统产业的技术改造也是革命性的。一方面,新技术产业生产要素大规模集聚,企业数量和利润不断提高;另一方面,传统产业结构逐渐升级,新旧动能实现创造性的更替。深科技创新与产业结构变化相辅相成,新技术带来生产效率提高、超额利润吸引劳动资本等生产要素大规模投入,使国民经济中生产要素的供求结构调整,最终影响到国家产业结构的重新布局。

深科技创新是实现产业转型升级和新旧动能转换的驱动力量。深科技创新过程可分为上游驱动、中游驱动和下游驱动,深科技创新在三个阶段有联动作用,形成经济增长新动能的爆发,每一个阶段的技术创新都会导致产业结构重组,进而完成"旧动能"改造和"新动能"培育双重任务。一方面,深科技创新把创新技术嫁接到传统产业中,实现产业链的提升满足市场对高质量高性能产品的需求;另一方面,创新技术会催生一大批新的产业,如3D打印、智能机器人和新能源等,形成经济发展的新动能。

2.4 深科技优化产业结构

党的十九大报告指出,必须坚持质量第一、效率优先,以供给侧结构性改革为主线，推动经济高质量发展。深化供给侧结构性改革是贯彻新发展理念、建设现代化经济体系的重要抓手，而落实供给侧结构性改革关键还是要靠技术创新。当前，我国经济运行面临的突出矛盾和问题主要表现为在实体经济结构性供需、金融和实体经济、房地产和实体经济这三方面的严重失衡。供给侧结构性改革的基本目标是优化产业结构，壮大实体经济，把供给侧改革和需求侧管理有效结合，实现总供给和总需求的均衡，进而培育和升级经济持续增长的动力。无论是提高供给质量，还是优化需求结构，深科技创新为供给质量提高和需求结构升级提供了技术支撑，尤其是满足我国经济供给质量不足引起的需求外溢、以更好的国内产品和服务满足人民群众日益增长的美好生活的需要。

1. 我国经济供给体系质量亟待提升

经过改革开放40年的发展，我国社会生产力水平总体显著提高，经济增速在世界主要国家中名列前茅，对世界经济增长也做出了突出贡献。在全球产能中，中国工业体系供给能力十分强大，目前中国220多种主要工农业产品生产能力稳居世界第一位，是名副其实的世界工厂。一方面，是供给总量的迅速增长；另一方面却是供给质量不足，供给结构不适应需求新变化，有效供给严重不足。我国生产能力大多数只能满足中低端、低质量、低价格的需求，导致生产能力中有大量过剩产能，而关键核心技术长期受制于人，一些重要原材料、关键零部件、高端装备、优质农产品依赖进口，高端旅游、体育、健康、养老、家政等供给无法满足社会需求。新常态下，我国经济面临的结构性、体制性、不均衡性的矛盾日益突出，供给侧结构性改革以结构调整为着力点，体制机制改革为核心，促进产业结构均衡和可持续发展，基本目标是从根本上改变我国发展的质量和效益问题。

推进供给侧结构性改革是解决中国中长期供给质量不足的根本举措。当前，我国经济发展呈现"三期叠加"现象，经济下行压力加大，主要表现为经济增长速度减缓；产能过剩，表现为钢铁、煤炭、水泥等基础产业严重过剩；供需失衡，以我国第二产业的发展为例，第二产业是国民经济的骨干产业，但是现阶段第二产业的产能严重过剩，第二产业产能过剩根本原因不是产能真正过剩，很大一部分原因是重复建设、无效产能、僵尸企业。国内存在大量的过剩产能无法使用，但是我国工业企业急需的原材料、关键设备、生产工艺却无法自足，长期依靠外部进口满足国内工业化升级需要，工业急需升级优化，但是国内供给无法满足。

生产端供给质量严重不足，使得中国对国外技术产生了巨大依赖。大量工业化产能无法完成升级改造，对高端工业产品的需求源源不断，使得供给侧结构性改革首要问题是要解决供给质量问题。与需求侧管理注重出口、投资、消费不同，供给侧结构性改革强调从生产领域发力，集中力量解决供给端存在的问题，具有长远性和根本性。深科技及其创新，是深化供给侧结构性改革、建设现代化经济体系的重大举措，必须利用科技创新的力量从质量、效益入手，提高工业部门的生产效率、着力做强做精实体经济，为社会主义现代化经济体系打牢基础。

深科技在解决供给质量、全面提高工业部门的生产效率，全面改进第二产业的供给能力上具有至关重要的作用，离开了科技创新而依靠外部技术供给来实现产业升级是不可能的。这样不仅会造成国内产业处于国际产业价值链的低端水平，而且容易带来产业安全风险。外部技术供给一旦中断，便会对内部产业形成巨大冲击，中兴通讯事件就是一个教训。

2. 我国经济无效供给过多，有效供给不足

长期以来，我国经济整体供给能力上升，广大居民日常需求得到满足，但是我们忽视了经济需求的升级换代，中国经济面临的消费需求正在发生巨大变化。我国经济无效供给过多，有效供给不足。无效供给是指有供给无需求和有需求无供给同时存在，市场上供需错配的现象持续存在，随着经济增长供需矛盾不是降低而是增加。近年来，海外淘、代购充斥着国内市场，从生活日用品到奢侈品和各种电子产品，以及小到口红、马桶、奶粉，大到汽车、家用电器到处充斥着国外品牌身影，中国国产品牌在供给中处于不利地位，导致大量海外购物存在。

我国经济无效供给过多从三大产业来看表现差异较大。第一产业从总量表现为"三量齐增"，即粮食生产量、库存量、进口量增加，但是农产品存在着"洋货入市、国货入库"的现象，长期以来我国农业生产重数量轻质量，大量农产品的安全性并没有解决，导致奶粉等大量进口。第二产业主要是表现为产品价值较低、附加值低的中国产品在世界上处于产业链的下游，中国更多是以"中国制造"占据产业链的地位而不是"中国创造""中国品牌"，中国产品没有较好的定价权，获利较少。第三产业基本是全军覆没，我国教育、医疗服务需求跟不上

经济社会发展需求，仅仅是高层次教育每年就有上百亿美元流入美国和欧洲。

我国实施的"供给侧结构性改革"这一理论扎根于我国实践，与西方以供给学派为理论基础的"里根供给革命"有着本质区别。供给侧结构性改革强调从供给端入手，通过经济体制的改革进行经济结构的调整，重点是调整产品供给结构、增加有效供给、消除无效供给，并不仅仅是利用市场力量推动经济活力提高。里根的供给革命主要是利用市场力量来增加产品供给，而不涉及供给结构和质量调整，充其量只是起到了短期调控作用，用短期的平衡掩盖了长期矛盾。"里根供给革命"主要的政策手段就是减税，减少政府对企业的干扰，而我国围绕供给侧结构性改革提出了一整套政策，减税只是其中之一。

3. 深科技创新支撑、引领供给侧结构性改革

深科技在供给侧结构性改革中发挥着重要作用，对于全面提高供给质量、增加有效供给、促进经济持续健康发展作用巨大。一个国家经济发展可以有许多动力，如人口红利、资本的原始积累等等，但随着经济的纵深发展，技术创新都会成为一个最主要的因素。我国当前经济发展最大的问题就是经济发展过程中创新驱动力不足，长久以来我国科技对经济增长的贡献率远远低于一些发达国家。经济创新力不够，导致重复建设、过剩产能问题突出，产业结构不合理、资源浪费现象大量存在。目前农业现代化的水平还有待提高，农业产品加工能力较弱、高端农产品较少；以工业为主的第二产业长期以来都处在一个被动地位，呈现两头在外、大进大出的进出口格局，核心技术和品牌为外国控制；第三产业最直接体现为教育水平和创新能力不够，使得服务类产品长期缺乏竞争能力。适应和引领经济发展新常态，推进供给侧结构性改革，根本要靠科技创新。

深科技可以从两方面推进供给侧结构性改革：一是深科技创造新供给带来新需求，即以创新的供给产品形成新产业，拓展深科技企业发展的新市场空间；二是产业升级满足消费需求"增质提效"，深科技企业顺应中国巨大的市场需求、以创新提升产业供给质量，延伸和扩大高端消费市场。

广泛应用深科技，可以创造众多全新的经济增长点，以人工智能、基因技术、虚拟现实、光通讯、基因工程、云计算、航空航天、脑科学、新材料等为代表的深科技，强势突破现有的实体经济产业分工格局，推动实体经济产业组织模式创新，打造与现在的技术状态和经济结构完全不一样的优势产业。

深科技产业会带来巨大的新需求。深科技提升现有的以化石能源为基础的传统产业的生产销售及其消费模式，以深科技提升技术和产品的绿色生产和消费品质，实现消费产品的跨代更替，极大地提高产业的市场竞争能力，满足人民群众日益变化的物质需求和精神需求。深科技技术引导现有产业的"转型升级"，企业实现满足消费需求的"提质增效"。

深科技会提升中国产业结构整体水平，增加企业效益，以新增量化解旧产能过剩。众多民族企业掌握和应用深科技，拥有自主创新能力和自主知识产权及核心技术，从产业链低端提升到中高端、从微笑曲线低端延伸到微笑曲线的两端，优化产业结构和社会资源配置效率，不仅能够明显地提高企业效益，而且，产业升级会产生新的社会需求吸纳社会过剩的总供给，从源头上消弭产能过剩。

中国已经实现了高铁、卫星、航天行业的自主创新，然而与社会需求增长相关产业仍然处于产业链低端，中国制造业大而不强，制约了中国经济的发展。通过自主创新的深科技提升处于产业链低端且社会需求巨大的手机、计算机、电视机、互联网、数码相机、汽车、飞机、船舶、机床等产业的产业链，不仅使得产业链延伸，而且带动更多与之相关联产业的发展，从而形成新的经济增长点，极大利用现有产业和产能，促进产业结构调整的平稳过渡，为中国智能制造和二次制造提供机遇。

深科技完善环保、能耗、技术等标准，催生发展新动能，通过加快科技成果转化，带动"双创"蓬勃发展，形成新产能。深科技创新不仅仅是技术革新，还通过强化协同创新机制、深化科技管理改革，提升创新产出绩效，服务国家发展战略，从根本上发挥科技创新对供给侧结构性改革的支撑引领作用。

第 3 章

深科技推进"旧改经济"

"旧改"是城镇老旧小区改造的简称。"旧改经济",是城镇老旧小区改造经济的简称。城镇老旧小区是指 2000 年之前建成城镇居民小区。而城镇新小区,是指 2000 年以后建设的城镇居民小区。城镇老旧小区改造,以加平层入户的电梯为核心对老旧小区进行综合改造。城镇老旧小区改造所形成的经济扩张及产业联动效应,被称为"城镇老旧小区改造经济"。

"旧改经济"是大势所趋。主要发达市场国家的城市住宅建设大体经历了三个阶段,展示国际建筑业发展规律:第一是大规模新建阶段;第二是新建与改造并重阶段;第三是对旧住宅现代化改造阶段。20 世纪 90 年代以后,在国际建筑业新建市场进入萎缩的情况下,对旧住宅的现代化改造逐渐成为"朝阳产业"[1]。发达市场经济各国政府在不同的时期根据国情,出台不同的老旧小区改造的政策[2]。

德国政府主要是制定法律法规、政府提供资助。

英国根据规划,设立特殊的老住宅改造区,制定有针对性的政策。

法国制定法律法规,利用政府行政力量和调动民间的积极性改造老旧住宅区,取得良好的效果。

荷兰政府则采用物质干预、经济手段和社会手段共同改造老旧住宅。改造资

---

[1] 司卫平. 国外旧住宅更新改造和再开发的政策和再开发研究 [J]. 河南建材,2015 – 1 – 19.
[2] 聚文慧. 国外旧住宅改造的经验 [J]. 园林规划,2011 – 4 – 14.

金来源多元化，参与改造的主体多元化、改造方式市场化。

中国目前的人均住房面积已超过 40 平方米，加上农村的住宅，据说已足够 40 亿人居住①，表明中国城市住宅建筑在经历了大规模新建后，正在迅速跨越新建与改造重并阶段，已经进入旧宅现代化改造阶段。因而老旧小区改造是房地产业发展的必由之路，旧改经济是经济新常态中自然而然的新增长点。

以深科技推进城镇老旧小区改造，形成为"旧改经济"服务的、高质量和高效率的创新型深科技产业园区，可以收"一箭十雕"之功：一是贯彻落实党的十九大会议精神；二是提高保障和改善民生水平；三是落实中央城市工作会议精神；四是老年社会的重大民心工程；五是供给侧改革的有力抓手，形成经济新常态的新增长点；六是有效化解产能过剩；七是促进房地产发展方式转型；八是节能降耗，发展低碳经济；九是行政体制改革的突破口；十是增强社会财富存量，彰显国家治理能力。

3.1 深科技与"旧改经济"及其原则

1. "旧改经济"是实体经济新增长点

"旧改经济"，是以房地产存量形成新的实体经济增长点，迅速扩大内需，增加投资、消费和就业。在经济新常态中，宏观经济稳中有进，然而，还存在着经济下行压力大、消费市场疲软、投资增幅下滑、产能过剩等问题，亟须寻找新的经济增长点。创新创业、经济结构调整和产业升级都是未来的经济增长点，然而，都不能收一蹴而就之功，需要假以时日才能形成新的经济增长点，因而，是"远水难解近渴"，亟须寻求新经济增长点。老旧小区改造，将房地产增长方式从增量外延式发展转向内涵集约式发展，房地产存量直接快速刺激中国实体经济增长，扩大社会投资，刺激居民消费，增加对钢铁、水泥、玻璃等传统产业的需求，有效化解产能过剩。

"旧改经济"，不仅以激活房地产存量形成新经济增长点，而且给传统产业

---

① 刘全. 中国房子够 40 亿人住，为什么还有这么多人买房？[EB/OL]. 搜狐网，2018 – 5 – 17.

升级、经济结构调整和企业自主创新留出时间和空间。

"旧改经济",刺激有支付能力的社会需求,放大政府扶持老旧小区改造效应。老旧小区改造与棚户区改造(以下简称"棚改")最大的不同点:"棚改"后难以带动个人消费,政府支持"棚改"的资金几乎没有放大效应;而老旧小区改造能够带动巨大的个人消费,政府扶持老旧小区改造资金有极强的放大作用。市场消费需求是有支付能力的需求,保障房和棚户区改造的居民收入较低,消费支出少。与之相反的是:老旧小区的居民绝大多数都有相当的收入和储蓄,消费和投资能力强,得到适当的激励就会产生巨大的消费,进而会极大地放大政府扶持老旧小区改造资金的效应。与政府扶持保障房和棚改房引致的消费和投资较弱不同,政府扶持老旧小区改造的资金引发的社会消费和投资将会是扶持资金的数倍甚至数十倍。

2. 深科技推进"旧改"是实体经济发展创新,高质量、高效益发展实体经济

以深科技推进老旧小区改造,形成实体经济发展的新动力,能够营造实体经济发展的蓝海,承担老旧小区改造的深科技企业实现高质量、高效益、低碳环保发展。

(1) 应用深科技推进老旧小区改造,促进发展方式的转变。深科技具有超越性,因而应用深科技推进老旧小区改造,能够促进发展方式的转变。深科技超越高新科技,凝聚硬科学和软科学精华、吸纳虚拟世界科技精髓的物理世界突破性创新,遍及老旧小区改造及相关联的众多产业,辐射领域广阔,创造众多高质量高效益的经济新增长点,优化产业结构和经济结构,超越现有房地产业外延、粗放式增长,形成内涵集约式增长,进而推动经济增长由投资驱动向消费驱动转变,从外需增长型转向内需增长型,实体经济从资源耗费增长型向资源集约型的可持续增长,突破经济增长的瓶颈,彻底消弭经济下行压力,实现经济发展方式的根本转变。

(2) 深科技推进老旧小区改造,化解产能过剩。众多应用深科技的企业,从产业链低端提升到中高端、从微笑曲线低端延伸到微笑曲线的两端,创造新的产业和产品满足老旧小区改造的需要,不仅能够明显地提高企业效益,而且优化产业结构和社会资源配置效率,产业结构优化升级会产生新的社会需求吸纳社会

过剩的总供给，从源头上化解产能过剩。

（3）深科技推进老旧小区改造，可以创造众多的实体经济增长点，创造广阔的新市场。深科技推进老旧小区改造，既带动钢铁、水泥、铝材、玻璃等传统产业，也带动节能保温、污水处理、环境保护等新兴产业，依托深科技推进老旧小区改造，引领相关传统产业和新兴产业突破性创新，制造出"人无我有，人有我新，人新我特"的新产品，构建全新的产业链，创造广阔的新市场，形成实体经济增长的新源泉，参与城镇老旧小区改造的企业获得技术进步溢出效应，增强市场竞争力，提高产品质量和收益，降低企业杠杆率，提高职工收入和增加就业。

（4）深科技推进老旧小区改造，有利于发展低碳经济。深科技崇尚自然理念，深科技产品以人为核心，追求品质、安全、卫生、环保、美观，实现人类与自然的和谐共生共存。以深科技推进老旧小区改造，不仅深科技产品生产过程绿色低碳、节约能耗和减少排放，而且在改造过程中应用节能环保产品和注重自然生态技术，还关注改造后的小区生态文明和可持续发展，从而全方位地促进低碳经济发展。

3. 深科技推进"旧改经济"的思路

李克强总理在2019年政府工作报告指出："城镇老旧小区量大面广，要大力进行改造提升，更新水电路气等配套设施，支持加装电梯，健全便民市场、便利店、步行街、停车场、无障碍通道等生活服务设施。改造后，新型城镇化要处处体现以人为核心，提高柔性化治理、精细化服务水平，让城市更加宜居，更具包容和人文关怀。"

深科技推进城镇老旧小区改造分为改造前、改造中和改造后三个阶段（见图3-1）。

改造前：深科技统筹老旧小区节能环保改造方案 → 改造中：深科技提升老旧小区质量功能适老宜居 → 改造后：深科技提供老旧小区综合服务柔性治理

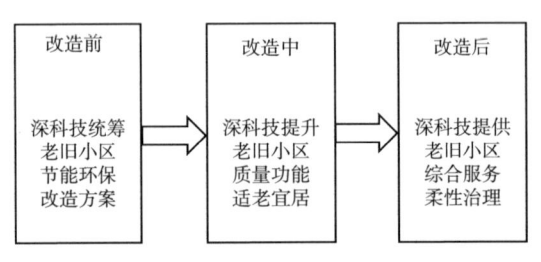

图3-1 以深科技推进老旧小区综合改造

（1）改造前，深科技统筹谋划制定改造方案。以深科技统筹谋划老旧小区综合改造，制定老旧小区电梯平层入户、水电气暖路更新，以及构建地上地下停车位和线上线下结合的便民市场等综合改造方案，根据方案选择低碳节能环保的深科技材料和产品落实方案，促进房地产存量改造中技术更新，以深科技实现低成本高效率的综合宜居改造。

（2）改造中，应用深科技，低成本高质量地提升老旧小区的功能，实现房地产存量市场的高质量、高效益、可持续发展。在老旧小区改造中，将优质低成本深科技建筑材料和产品应用于老旧小区综合项目实施过程中，重点是保证改造的质量和安全，尤其是老旧小区改造进程中房屋安全和施工安全，减少对居民的干扰。以深科技加装平层入户的电梯，应用节能环保的深科技产品改造供电、供水、供气、供暖、排水及污水处理等地下管网设施，以深科技产品补建社区养老、医疗、健身、文化、停车位等配套设施设备，以深科技产品完善电信、邮政等城镇基础设施及消防、技防等安全防护设施，以深科技提升景观环境绿化水平和居住质量，提供以人为本，功能便捷，环境优美，可持续的低碳，智慧型宜居社区，使改造后的老旧小区环境整洁、配套设施设备完善、管理有序、生活便捷，老楼旧貌换新颜。

（3）改造后，将深科技与社区治理相结合，实现改造后居民小区适老宜居、可持续发展。负责实施改造项目的企业，以深科技产品及技术提供小区综合服务平台，此平台以深科技产品及技术将社区的每个事项及流程都纳入"信息收集—案卷建立—任务派遣—任务处置—结果反馈—核查结案—综合评价"闭环结构。居民参与共建共治共享小区综合服务平台，能够实现居民小区柔性化治理和精细化服务。一是建立平安社区，形成社区安防、电梯安全、楼宇安全、食品安全、家居安全、饮水安全等技术防护体系，保障社区平安。二是实现社区一门式服务，切实推动社区党建、民生保障、文化、健康、社保、医疗、教育及呼应民情等社区治理能力和水平的提升。三是商业服务便捷化。将互联网与传统社区商务活动结合，扩大社区电子商务服务范围，实现居民"小需求不出社区，大需求不远离社区"。

4. 深科技推进城镇老旧小区改造的原则

（1）电梯平层入户。

城镇老旧小区加装的电梯要坚持平层入户。现有老旧小区改造过程中，经常加装半层入户的电梯，当前看来是做好事，但实际是好事没有办好。俗话说，人老先老腿，对腿脚不便的老人而言，半层的几级台阶，仍然是居住在高层的悬空老人们上下楼的巨大障碍。随着独生子女一代的父母们快速进入老龄化，独生子女们没有时间全天在家照顾老人，背着老人上下楼，那半层的几级台阶将会成为这些老人们难以逾越的"山"。因而，加半层入户的电梯，短期受居民表扬，长期会遭遇居民的抱怨甚至责骂，损害了政府的公信力。

电梯平层入户，能很好地解决悬空老人们的垂直交通问题，即使老两口中有一个人行动不便，另一个人也能推着轮椅上下楼，减轻独生子女家庭负担，实现居家养老，让这些独生子女更好地为建设现代化强国而努力工作。

（2）坚持"政府引导协调、居民自主参与、市场推进"三位一体。

一是政府引导协调。政府根据相关的法律法规制定老旧小区改造的规范，对老旧小区改造的项目招投标、实施、改造后小区的运营与维护及综合服务进行管理和监督，协调改造前和改造中街道社区、居民和企业之间关系，适当给予老旧小区改造资金支持。

二是居民自主参与。坚持以人为本，以"共同缔造"理念，激发居民群众热情，调动小区相关联单位的积极性，共同参与老旧小区改造，实现决策共谋、发展共建、建设共管、效果共评、成果共享。由能代表居民利益的主体自主地向政府部门提出老旧小区改造的申请，申请被批准后，代表居民利益的主体全程监督本小区改造项目的实施和验收，参与改造项目完成后社区治理。

三是市场导向推进，便民化改造与长远运营相衔接，改造项目与改造后的治理相结合。代表居民利益的主体或其委托的机构，选择承担实施老旧小区改造项目的市场主体，承担改造项目的市场主体全程负责老旧小区改造项目的实施，以及项目改造后的运营和维护。市场主体在改造后运营和维护中，应该与社区治理相结合，形成一次改造、长期保持的管理机制，以智慧化服务平台实现柔性化治理和精细化服务，在健全医养结合、平安健康、商业便捷、和谐包容、适老宜居社区的进程中，为居民提供新的收入和就业源泉及社会福祉。

（3）坚持综合改造。

综合改造对居民生活的最小干扰，可以获得最大的经济效益和社会效益。老旧小区改造要综合推进，统筹老旧小区平层加装电梯、气电暖水路、环境优化、微电、停车位等改造。

摒弃分项改造，切忌一事一议一办（例如：今年入户改造下水道，明年又入户改造暖气设备，后年又给居民更换门窗，大后年再给居民加电梯等），既浪费资源，又引起居民反感，政府花钱落居民埋怨。

（4）坚持一个实施主体。

老旧小区改造应该选择唯一的实施主体，这个实施主体全程负责综合改造工作的实施以及后续的运营和维护更新等，是整个项目实施的核心和项目顺利推进的执行者。坚持一个实施主体的优势：一是明确项目实施的责任主体，充分保证深科技材料和技术在施工过程应用，有利于降低成本和提高质量，也便于政府相关部门监督管理。二是能够落实统一规划、统一设计、统一施工的责任。三是单一的实施主体，可以减少扯皮等交易成本，节约老旧小区改造的经济成本和社会成本，如期或提前完成改造项目。

3.2 城镇老旧小区现存的问题

与新小区相比，城镇老旧小区居民生活质量下降。随着老龄社会的到来，城镇老旧小区不仅宜居性差，居民饱受上下楼行动困难、购物容易回家难、患病愁就医、公共设施老化之不便，而且制约了居家养老，加重了4-2-1家庭年轻人养老的精神和经济负担。

1. 上楼下楼困难，行动不便

人老先老腿，随着年龄的增长，即使老人身体健康，也会出现随着年龄增长老人的双腿膝盖越来越僵硬，走平路没有问题，但屈腿爬楼梯就不行，老人担心"下去了上不来"而不敢下楼。出现"以前说'蜀道难，难于上青天'，现在蜀道不难了，难走的是老旧居民楼的楼梯"的现象。如果老人腿部有疾或有居住在楼上的老人腿部受伤，需要坐轮椅出行，则没有子女扶助根本就"下不去"，自然也"上不来"。对于年逾六旬的老人来说，从5~6楼一步步上下楼是一件很困难的事，一级级楼梯在老人面前就像一座座高山，稍不留意就会摔倒，为此，老人们常常不敢独自上下楼，每次上下楼时，都需要有人陪伴。老人们多么希望自己居住的老旧小区房子有电梯，"我们老年人真的很羡慕那些有电梯的房子，电梯房对老人来说很方便。"① 借助电梯轻轻松松地回家和出门，对于城镇老旧小区里的老人们来说，是个日思夜盼的梦想。

2. 购物容易，回家困难

现在城市购物有大卖场，有购物中心，有超市和便利店，然而，将物品用小推车拉到家门口后，上楼就成了难题。有人说网购发达，可以请人送上门，可是，网上能看到物品与实际物品差异较大，送来的物品常常既不称心更不如意，而且，频繁出现的送货上门后入室抢劫盗窃案令老人心生疑虑。老人们宁愿自己购物后拿上楼，以避免无妄之灾。因而，出现了带小推车购物容易，上楼回家难。

3. 患病就医发愁犯难

城镇老旧小区居民生病受伤行动不便时，不仅是老人，对于患病后行动不便的年轻人和小孩上下楼延医就药，都需要依靠亲属好友帮助背扶。子女如果年龄较大没办法背扶老人上下楼的话，只有想法请邻居帮忙送医院或直接拨打 120。有慢性病人的家庭常常变成"急诊室"，需要在家准备很多急救设备和简易的医疗器械，以应对突发的"人有旦夕祸福"。

出现意外更觉困难。城镇老旧小区出现停水、停电、停暖等意外情况，居民生活更困难。例如某市城镇老旧小区停水 4 天，停水第一天晚上紧急供水车就来了，然而尽管有了水，但对于 70 多岁的老两口来说，一个更头疼的问题出现了：单是上 6 楼就已经很费力，装满水的桶几十斤重，拎在手里上楼更是难上加难。一对正从紧急供水车前接水的老夫妇说"我们家住在 6 楼，我和老伴儿每天要下来接 4 次水，洗菜做饭都要省着用，所有能用的锅碗瓢盆都拿来了。我们俩今年都 70 多岁了，身体实在是吃不消。孩子们离得又远，我和老伴儿只能自己来接水，累也没办法啊！""这辈子什么苦没受过，身体都没事，我看这回啊，倒是要毁在这打水拎水上了！"②

---

① 左学佳，夏体雷. 昆明老旧小区老人爬楼梯困难又危险 加装电梯是难题 [N]. 春城晚报，2013 - 10 - 13.
② 李青，林建树. 石家庄老旧小区又停水 居民拎水爬楼很吃力 [N]. 燕赵晚报，2014 - 8 - 2.

4. 居民安全存在隐患

许多城市的城镇老旧小区进入"质量报复周期"。城镇老旧小区楼房多建于20世纪80年代和90年代,全国城市化建设提速,大批居民小区楼房密集建成。那时市场经济刚刚起步,规范标准跟不上建设速度,给工程质量留下隐患。不仅建筑业"快餐化",而且与此相关的房产交易也是"快餐化",刚需购房者关心区位、价格等因素,投资购房者则更关心增值空间,在交易过程中,房屋设计寿命等关键数据并没有体现。加之,政府土地财政、"拆迁经济"的惯性思维,因而,政府和居民都对建筑质量不够关心。政府关心建房产生的GDP,忽视住房建设质量和住房管理,导致居民楼提前老化,产生安全隐患。如今,许多城镇老旧小区楼房的建设年龄已经陆续达到20年或30年,城镇老旧小区楼房的"快餐"落肚后,令人担忧的良莠不齐的住房建筑进入"质量报复周期"。

随着城镇老旧小区楼房的进入"质量报复周期","居住安全"已成为悬挂在所有城镇老旧小区居民头上的"达摩克利斯之剑"。20世纪80年代和90年代建设的楼房频频成为楼房坍塌事故的主角:2014年4月4日,浙江奉化一幢只有20年历史的居民楼如麻将般突然倒塌,造成1死6伤[1];同年4月28日一幢建好25年的常熟居民楼在经历了墙体开裂、地基下沉后、部分楼体坍塌[2];2009年8月4日,河北石家庄市一座建于20世纪80年代的二层楼房在雨中倒塌,17人遇难;2009年9月5日,宁波市锦屏街道南门社区的一幢5层居民楼突然倒塌;2012年12月16日,交付20余年的宁波市江东区徐戎三村2幢楼发生倒塌,造成1死1伤;2013年3月28日,浙江绍兴市越城区城南街道外山新村,建于20世纪90年代初期的一幢4层楼的民房倒塌[3]。这些"夭折"的楼房很大程度上源于"快餐化"的建筑业。

5. 公共设施老化

城镇老旧小区普遍存在公共基础设施陈旧老化现象,导致一系列问题:一是

---

[1] 施宇翔,李鹏,倪雁强,柳蓬. 浙江奉化民房倒塌一死六伤 记者亲历9小时生命接力[EB/OL]. 浙江在线奉化,2014-4-4.
[2] 刘婷婷. 常熟25年居民楼坍塌 每户救助2000元[EB/OL]. 中国江苏网,2014-4-29.
[3] 段菁菁,裘立华. 新华调查:浙江奉化居民楼坍塌事件追踪[Z]. 新华社杭州,2014-4-6.

电力设施老化，电力线路消耗大，供电负荷不达标，居民大负荷用电时经常跳闸停电；二是供水管道陈旧，有的城市供水管道浪费惊人，甚至出现用一半水，漏一半水，城镇老旧小区水压低导致中高层住房经常停水；三是排水设施满足不了排水需求，有时还会堵塞，臭水漫流，污水外溢现象普遍，雨水多了老旧小区就洪涝，导致小区内道路被洪水浸泡毁坏，小区行路艰难；四是供暖管道老化，居民冬天常常挨冻，室内温度很少能达到16摄氏度，如果供暖温度提高，老化的供暖管道会爆裂，不但小区无法供暖而且还要对马路"开膛剖肚"；五是城镇老旧小区楼房顶层大多是平顶，冬天渗雪水夏天漏雨，冬冷夏热，进而导致住户能源消耗巨大，还容易出现入室盗窃等问题；六是存在环卫基础设施不达标，卫生死角多以及消防设施建设不到位，火灾事故隐患突出等等问题。

城镇老旧小区已历经二三十余年，陪伴着楼宇中的居民一同进入迟暮之年，越来越难承载居民吃力的步伐，影响了小区居民的生活质量，城镇老旧小区的公共安全连着千家万户，事关人民群众生命财产安全，亟须进行抗震加固宜居节能改造。

3.3 以深科技推进"旧改"收"一箭十雕"之功

1. 贯彻党的十九大会议精神

以深科技改造城镇老旧小区，是贯彻落实党的十九大会议"提高保障和改善民生水平"精神。保障和改善民生要抓住人民最关心最直接最现实的利益问题，既尽力而为，又量力而行，一件事情接着一件事情办，一年接着一年干。坚持人人尽责、人人享有、坚守底线、突出重点、完善制度、引导预期，完善公共服务体系，保障群众基本生活，不断满足人民日益增长的美好生活需要，不断促进社会公平正义，形成有效的社会治理、良好的社会秩序，使人民获得感、幸福感、安全感更加充实、更有保障、更可持续。

从现在到2020年，是全面建成小康社会决胜期。要按照党的十六大、十七大、十八大、十九大提出的全面建成小康社会各项要求，紧扣我国社会主要矛盾变化，统筹推进经济建设、政治建设、文化建设、社会建设、生态文明建设，坚定实施科教兴国战略、人才强国战略、创新驱动发展战略、乡村振兴战略、区域协调发展战略、可持续发展战略、军民融合发展战略，突出抓重点、补短板、强弱项，特别是要坚决打好防范化解重大风险、精准脱贫、污染防治的攻坚战，使全面建成小康社会得到人民认可、经得起历史检验。

2. 落实中央城市工作会议精神

以深科技改造城镇老旧小区，是落实 2015 年 12 月中央城市工作会议"加快城镇老旧小区改造"精神，以创新、协调、绿色、开放、共享的发展理念，顺应城市工作新形势、改革发展新要求，坚持以人民为中心的发展思想，坚持集约发展，盘活存量、做优增量、提高质量，立足国情，尊重自然、顺应自然、保护自然，改善城市生态环境，不断提升城市环境质量、人民生活质量、城市竞争力，建设和谐宜居、富有活力、各具特色的现代化城市，提高新型城镇化水平，走出一条中国特色城市发展道路。

城市工作是一个系统工程。做好城市工作，要顺应城市工作新形势、改革发展新要求、人民群众新期待，坚持以人民为中心的发展思想，坚持人民城市为人民。这是我们做好城市工作的出发点和落脚点。

推动城市发展由外延扩张式向内涵提升式转变。城市交通、能源、供排水、供热、污水、垃圾处理等基础设施，要按照绿色循环低碳的理念进行规划建设。

3. 老龄社会的重大民心工程

以深科技对城镇老旧小区进行改造，提高小区住房质量，是重大的民心工程，也是老龄社会颐养天年工程。幸福生活的基本要素是"安居乐业"，居住房屋的功能、质量与此息息相关。

（1）城镇老旧小区改造中的加固工程，让居民做安居乐业的中国梦。

从居民安全出发，采取楼房加固措施消除隐患，提高城镇老旧小区房屋质量，增加城镇老旧小区楼房的寿命。中国《民用建筑设计通则》的规定，一般性建筑的耐久年限为 50～100 年，然而，在现实生活中，很多建筑的实际寿命与设计通则的要求有相当大的距离，许多新建楼房却只能持续 25～30 年。当务之急是从居民安全出发，采取楼房加固措施消除隐患，防止更多的老楼提前寿终正寝，让城镇老旧小区的建筑平均寿命也达到美国的 74 年或者是英国的 132 年[①]，让广大居民踏踏实实地做安居乐业的中国梦。

（2）圆老龄社会颐养天年的老年梦。

中国已经迅速进入老年社会，根据民政部 2018 年 8 月 3 日公布的《2018 年社会服务发展统计公报》，中国 60 岁及以上老年人口超过 2.49 亿人，占中国人口的 17.9%，且在持续增加。

迅速到来的老年社会，面临中国的养老机构严重缺乏的现状，对老人的照料义务，更多是由家庭承担，然而，家庭形态的变化，使得家庭扶养能力几乎达到极限。

中国独生子女政策实施了 30 年。第一代独生子女的家长已步入晚年，中国正全面迎来"421 家庭"时代，一对夫妻赡养四个老人和抚养一个孩子的家庭格局日益成为主流，家庭负担极为沉重，解决老年人生活出行不便问题日益普遍和紧迫。

城镇老旧小区改造，特别是宜居改造，正是解决老人生活不便，让老人尽可能地自主行动，提升生活质量最有效的方法，奠定居家养老或社区养老物质基础。

城镇老旧小区宜居改造，主要是加装平层入户的电梯和底层加坡道和顶层平改坡。加装平层入户的电梯和底层加坡道，解决"悬空老人"、各年龄段行动不便的伤残病人员上下楼难和出行难问题，有效提升居民生活质量；增进公共服务的公平性和可及性，有效提升居民生活质量，带动老人消费。将城镇老旧小区平顶改成坡顶，解决冬天渗雪水夏天漏雨和冬冷夏热，既提升了居民生活质量，又有利于防盗，还有利于城镇老旧小区节能环保，促进新型建筑建材产业发展。

（3）深科技改造城镇老旧小区，显著改善民生。

以深科技对城镇老旧小区进行综合改造，以满足居民最基本、最迫切生活需求为原则，主要包括四方面的整治与完善。一是配套设施完善，主要包括旧住宅小区内损坏严重、急需改造的供电、供水、供气、供暖、排水等地下管网设施的改造；社区服务设施、文化体育设施、管理服务用房等配套设施设备的补建；电信、邮政等其他城市基础设施的完善；消防、技防等安全防护设施的完善。二是

---

① 段菁菁，裘立华. 新华调查：浙江奉化居民楼坍塌事件追踪 [Z]. 新华社杭州，2014 - 4 - 6.

环境综合整治，主要包括拆除旧住宅小区内违章建（构）筑物；清理房屋立面的破旧搭建物、广告牌，并与沿街市容市貌整治相结合；清理楼道内杂物；整理通信、供电、有线电视等各种线路；路面硬化，安装路灯，完善绿化，清除生活垃圾，治理环境卫生等。三是房屋整修养护，主要包括旧住宅小区内房屋主体结构加固、房屋部件构件修缮更新、屋面整修改造、外墙及楼梯间粉饰、房屋老旧管线更新改造等。有条件的小区按照"节能、节地、节水、节材、环保"的原则和要求，实施旧住宅小区既有建筑的节能改造及供热采暖设施改造，推广应用新型和可再生能源，推进污水再生利用和雨水利用。通过以上改造，使整治后的城镇老旧小区环境整洁、配套设施设备完善、管理有序、生活便捷。

以深科技综合改造老旧小区，将政府公共场所服务的洼地变为高地，改善智慧社区功能、增加休闲设施、养老健身设施、治安防护设施，完善垃圾弃置设施和消防设施，切实增强城镇老旧小区居民享受公共服务的获得感，提升居民的宜居舒适度，促进家庭养老和社区养老产业及银发服务业的发展。

4. 促进房地产增长方式转变，提升城市发展质量

以深科技改造城镇老旧小区，是立足国情，顺应房地产业从增量发展转向存量发展的趋势，提升城市发展质量。推进房地产业发展转型，即推进房地产业从增量外延式发展转向内涵集约式发展，实现房地产业盘活存量、做优增量、集约发展，提高质量；有利于城市建设尊重自然、顺应自然、保护自然，改善城市生态环境，提高城市发展持续性、宜居性。

提升老旧小区和城市发展质量。中国城市化建设的快速推进、居民物质生活水平的提高以及生活方式的改变，城镇老旧小区的基础设施落后和无法满足经济社会发展需要，落后的小区基础设施成为当地经济发展的主要障碍。以深科技改造城镇老旧小区，首先有助于提升城镇老旧小区的建筑的安全性、适老性和宜居性。第一，以深科技改造城镇老旧小区可以提升城镇老旧小区的建筑安全性，提升和完善城镇老旧小区的基本公共设施和基本的公共功能；第二，以深科技改造城镇老旧小区顺应了城市发展和居民的生活方式改变的需要，通过重新调整城镇老旧小区内部空间环境的整治和规划，提升城镇老旧小区公共面积的空间利用效率，改善了居民的舒适度；增加停车位，解决城镇老旧小区的停车难、行车难等突出问题；第三，以深科技改造城镇老旧小区满足了优化小区环境、提倡节能环保的要求，在提升居民的生活舒适性的同时，完善小区的功能，提升小区的生活品质。第四，以深科技改造城镇老旧小区提升了整个小区的生态价值，进而提升了整个小区的宜居性。第五，以深科技改造城镇老旧小区符合城市建设的未来发展需要。伴随城市建设进入存量优化和功能完善提升的新阶段，如何有效地促进城市的功能改造和完善，提升城市的宜居性，尤其是老城区和老旧小区的宜居性是未来一段时间内城市建设工作重要途径和努力方向。第六，积极借助以深科技改造城镇老旧小区，完善城镇老旧小区的管理运行体制，尤其是建立居民的小区主体意识，构建更加自主独立可持续的小区管理体系和社区自治的管理模式，推动构建更加社会化和市场化的城镇老旧小区运行管理方式等。

5. 培育中国经济新增长点

（1）城镇老旧小区改造是中国实体经济新增长点。

李克强指出："建设宜居城市首先要建设宜居小区。改造老旧小区、发展社区服务，不仅是民生工程，也可成为培育国内市场拓展内需的重要抓手，既能拉动有效投资，又能促进消费，带动大量就业，发展空间广阔，要做好这篇大文章。"①

城镇老旧小区改造是以房地产存量刺激中国经济增长。长期以来，房地产业是中国经济增长的最主要动力。中国很多产业都处于产业微笑曲线的低端，而房地产业能够遍及微笑曲线的高中低端。房地产业从微笑曲线高端的设计、关键建筑材料及部件的生产，到微笑曲线低端的建筑施工，再到微笑曲线高端的房地产营销和物业管理，绝大部分都控制在中国民族企业的手中。与房地产相关的房屋售后的家庭装修及装修材料行业、家具行业及家电大部分都由民族企业控制。因而，长期以来，房地产业成为中国经济增长的最主要动力，其兴衰与国民经济密切相关：房地产业兴，数十个产业兴，经济繁荣；房地产业衰，相关产业随之下滑，经济下行压力大。

虽然汽车、计算机、手机、飞机、船舶等在中国制造量大，消费量也巨大，然而，这些产业都处于产业微笑曲线的低端，利润率极低，依靠价格竞争和巨大的销售量增加利润总量。但严峻的现实是，由于利润率低下，员工收入倍增计划

---

① 王威，崔娴娴，常青. 李克强在浙江考察［EB/OL］. 新华网，2019－6－14.

成为空谈,在巨大的产量与销售量不对称时,还造成大量的产能过剩。

在中国没有形成完整独立的国民经济体系之前,城镇老旧小区改造具有其他产业无可比拟的优势。在房地产市场整体出现下行趋势之时,2014年棚户区改造拉动GDP增长0.21个百分点左右[①]。自20世纪80年代到20世纪末城镇老旧小区住宅建筑面积为803265万平方米。城镇老旧小区改造的建筑面积为棚改房的11.9倍,如此巨大的面积的城镇老旧小区改造对经济的推动作用非常显著,连续三年每年可以轻而易举地拉动GDP增长2.5个百分点,远大于棚改房对经济的拉动作用。

(2) 社会投资增加,促进实体经济增长。

对"未老先衰"的楼房进行全面加固,可以从多面增加有效需求,促进实体经济增长:一是按照住建部新安全标准全面加固城镇老旧小区楼房,直接增加节能环保建筑材料生产、加工、施工的投资需求;二是城镇老旧小区安装电梯,能够增加电梯行业生产、安装、维修的投资需求;三是城镇老旧小区平改坡和底层添加坡道,增加对防水防晒保温建筑材料行业的生产、安装、维修的投资需求;四是城镇老旧小区公共设施配套改造,能够推动供水、供暖、供气和地下管道等诸多行业的投资需求。

(3) 刺激社会消费,特别是居民消费,促进实体经济增长。

城镇老旧小区改造,能够带动室内装修产业增长。政府对居民小区楼房进行加装平层入户电梯为核心的综合改造后,居民必然会重新装修,而且2000年之前建成的城镇老旧小区楼房的内部装修已经达到20年,都已进入需要重新装修的周期。然而,限于城镇老旧小区的现状,居民有钱但不愿意装修。因而,城镇老旧小区楼房改造会重新激励和启动家庭装修业,居民的室内装修资金全部来自家庭收入或储蓄,此类居民消费增长必然直接带动室内装修业的投资和发展,促进实体经济增长。城镇老旧小区楼房改造和室内装修后,将会对家电、家具和文化饰品产生更新的需求,进而推动电子产品、家具产业和家庭文化饰品产业的增长。形成消费刺激经济增长的产业链。

就刺激居民消费而言,政府扶持城镇老旧小区改造资金有极强的放大作用。一是装修业迅速增长,城镇老旧小区居民大多有储蓄,这些储蓄相对于日益

---

① 王尔德. 棚户区改造可抵消房地产对GDP增长的负影响 [N]. 21世纪经济报道,2014-8-6.

上涨的新楼房价而言，购买新房几乎是可望而不可即的，然而，相对于城镇老旧小区改造后的装修而言，居民的储蓄无论是用于简装修还是精装修都绰绰有余，因而，家庭装修业会急速增长。

二是家电、家具和家庭文化饰品行业随之增长，居民家庭装修后，需要相应的家具和家电与之配套，此时，无论原有家具和家电已损坏或已到使用年限还没有损坏或没有到使用年限，仅是风格不符合新装修风格，家具和家电及装饰品都会被更换，从而促进这些行业增长。

三是这些居民所增加的有支付能力的消费，都切实增加实体经济的社会需求，社会需求的增加要求供求增加，从而引致投资增加，消费和投资共同增加促进实体经济增长。

6. 以深科技改造城镇老旧小区是供给侧改革的有力抓手

随着我国经济发展进入新常态，经济增长由高速向中高速换挡，经济结构与发展动力发生深刻转换，区域经济版图呈现加速分化的态势。在当前复杂严峻的经济形势下，面临产业层次低、生产方式粗放、矿产资源枯竭、产能过剩突出、环境污染严重等诸多问题。经济仍处于经济发展由"要素驱动"向"质量和效率驱动"过渡的阶段，未来的发展重点是提高要素利用和资源配置的效率。

以深科技改造城镇老旧小区能够发挥供给侧结构性改革的作用，为实现市场优化配置资源提供了良好的途径，也是供给侧结构性改革的有力抓手。对2000年之前建成的城镇老旧小区进行改造，不仅可以给产业升级、经济结构调整和企业自主创新留出时间和空间，更可以在短期内调整房地产供给结构，促进经济增长。

7. 切实化解传统产业过剩产能

以深科技改造城镇老旧小区能够刺激诸多行业的增长，形成刺激经济增长的产业链，迅速地解决传统产业的产能过剩。一是按照住建部新安全标准全面加固城镇老旧小区，将直接地增加钢铁、水泥、玻璃等传统产业的有效需求，显著地缓解这些产业的产能过剩。二是以深科技改造城镇老旧小区加装平层入户电梯和底层加坡道，刺激电梯及相关行业的发展。三是城镇老旧小区平顶改成坡顶，应用大量的节能环保绿色建材，促进与建筑相关的节能环保产业发展，缓解建筑材料过剩。四是城镇老旧小区加固和室内装修后，必然会对家电、家具和文化饰品产生更新的需求，进而推动目前已经处于停滞和过剩的电子产品、家具产业和家庭饰品产业的增长。

8. 有利于节能降耗发展低碳经济

以深科技改造城镇老旧小区从增量和存量两个方面都有利于节能减排。一是减少增量建筑能耗和排放，以深科技改造城镇老旧小区避免大拆大建的弊端，大幅降低能源消耗和碳排放，帮助各地实现节能减排的目标，实现低碳经济发展。二是采用新材料新技术减少存量建筑能耗和排放，城镇老旧小区经过加装外墙保温层等措施可以有效减少能源消耗，降低碳排放水平。三是有利于减少建筑垃圾，降低污染物排放。四是在危房拆除后，运用科技创新的手段，采用绿色建筑技术，实施装配式建筑，在缩短施工工期的同时大大提高了节能的效率。

9. 行政体制改革的突破口，具有典型示范作用

以深科技改造城镇老旧小区，利国利民，涉及政府政策、居民利益、企业盈利新模式、投融资体系等多个领域，需要政府行政体制深化改革，是行政体制改革的突破口。

在一些领域行政体制改革缓慢之际，在以深科技改造城镇老旧小区进程中，住建部等部门完善政府管理房地产业的体制、制度和机制，强化房地产业微观规制，克服市场失灵，保障从事高质量高标准的开发商和建筑企业在中国房地产市场如鱼得水，让无良开发商和建筑企业在房地产市场无机可乘，到处碰壁，彻底解决居住安全问题，打造全国城镇老旧小区皆安全、宜居、节能、生态的新风貌，住建部等部门就成为中国行政体制改革的典范和榜样。

10. 增加社会财富存量，彰显国家治理能力

首先，与城镇老旧小区拆迁不同，深科技推进城镇老旧小区改造增加了社会财富存量。如果对城镇老旧小区只是进行拆迁，虽然通过拆和建增加了当期的GDP，但是，不仅拆迁过程形成巨大的社会资源浪费，而且减少社会财富的存量，历年积累的社会总财富随着经济增长而递减。然而，城镇老旧小区改造不需

要大拆大建，不仅以节约社会资源的方式提升了城镇老旧小区住房的质量和价值，改善了居民的生活质量，让曾经风光无限的城镇老旧小区多层住宅重新焕发新生，而且城镇老旧小区改造在增加当期 GDP 的同时，增加了社会财富的存量，解决了经济增长重增量轻存量（即 GDP 增加社会财富减少）的现象，使得历年积累的社会财富随着经济增长而递增。

其次，深科技推进城镇老旧小区改造，彰显国家治理能力。对城镇老旧小区拆迁，需要大拆大建，由于居民对拆迁补偿不满意，或居民迁入到远离城市的社区感到生活、就医、上学不便，或居民不能顺利回迁等等现象，常常引发的政府与老百姓矛盾，甚至引发群体事件，损害了政府公信力，影响国家治理能力。与城镇老旧小区拆迁不同，城镇老旧小区改造增进了居民住房的质量和价值，改善而不是破坏原有的居住生态，地方政府在帕累托改进的基础上进行社区管理，而且，管理者熟悉当地社情民意，对社区的治理也驾轻就熟，因而，从源头上避免了大拆大建引发的社会矛盾，增强了政府的公信力，显著地提升了国家治理能力。

3.4 统筹谋划以深科技推进城镇老旧小区改造

1. 以"生命安全是最大的民生"理念实施城镇老旧小区加固工程

对居住在有安全隐患的城镇老旧小区住户来说，"楼房安全一分钟都不能等"。进入 21 世纪，随着建筑安全标准和建筑水平的提高，城市中的大部分商品房已采用抗震性更强的框架结构，也更加安全。但是，对于城镇老旧小区来说，很多居民住在 20 世纪八九十年代"快餐式"建筑的楼房里。"快餐式"建筑的周期性报复后果开始显现，近年来多起楼房坍塌事件足以让人警醒：政府要以杜甫的"安得广厦千万间，大庇天下寒士俱欢颜，风雨不动安如山"的胸怀为了黎民苍生的居住安全，尽快进行城镇老旧小区改造。

以"百年大计，质量第一"为导向强化城镇老旧小区改造的建筑规范。建立真正的建筑工程质量终身追究制，使城镇老旧小区居民的房屋重新焕发新生，具备"长命百岁"的能力，让老百姓安居乐业。

城镇老旧小区加固宜居节能改造中，深科技助力建筑材料的升级。如，采用自主创新深科技的竹缠绕技术，或轻钢结构加固城镇老旧小区的楼宇，以提高建筑材料质量延长房屋寿命。竹缠绕复合材料是以竹子为基，采用缠绕工艺加工而成的新型生物基材料。该材料将竹材轴向拉伸强度发挥至最大化，拉伸强度按面积比是钢材的 1/2，按质量比是钢材的 7 倍。竹缠绕复合材料具有重量轻，强度高，耐腐性好，保温性好，抗形变性好，成本低等特点。

刻不容缓地进行建筑业制度创新和提高建筑质量标准。建筑关乎居民生命安全，需要建立起针对设计方、施工方、监管方等各个主体的追责体系，并以此倒逼城市的规划建设更具稳定性和前瞻性。建立建筑质量安全终身追究制，必须是利益导向，利益和责任要对称。一定要明确谁得利谁负责：设计单位获得设计费，设计单位要对设计负责；建筑公司得到建筑费，建筑公司要对建筑质量负责；不论是开发商还是小区物业委员会指定或招标的物业公司，获得物业管理费，要对小区维修和装修负责；开发商要对设计、建筑负责，如果是开发商指定的物业公司，开发商要还要对物业维修与管理负责。

2. 以深科技培育全新的中国绿色建材、节能环保产业

2015 年 12 月中央城市工作会议提出，推进城市绿色发展，提高建筑标准和工程质量，高度重视做好建筑节能，节约能源是资源节约型社会的重要组成部分。采用新材料、新技术，减少存量建筑能耗和排放，城镇老旧小区经过加装外墙保温层等措施可以有效减少能源消耗，降低碳排放水平。

深科技提供新型建筑材料推进城镇老旧小区改造。作为深科技之一的中科靓建科学有限公司（简称"中科靓建"）研发的保温隔热涂层材料，依据辐射 4 大原理、以航天器保温隔热技术为基础，纳米级技术、性能指标技术测试，均达到或优于国家水性涂料优等品，以及反射隔热涂料标准的要求，改变了传统保温材料通过增加厚度来降低传热系数，达到了保温隔热目的。0.3 毫米厚度的保温隔热涂层材料的保温隔热效果，相当于传统的 10 厘米厚度的保温材料，直接在没有保温层的城镇老旧小区楼宇上使用，可以大幅度地节约能源。而且，中科靓建生产保温隔热科技涂层材料，产品绿色环保、安全无忧。

政府以制度创新促进深科技的绿色建材和节能环保等产业发展。深科技企业自主创新，是深科技产业发展的必要条件，良好的制度和市场秩序，是深科技产

业发展的充分条件。政府要制定合理的制度，防止市场无序竞争造成资源浪费。从当前的情况看，深科技节能环保产业制度建设明显不足，需要继续制定相应制度，特别是行业标准，规范产业发展。政府应该在深科技节能技术专利制度、发明成果转化等前期方面做好法律保障；在深科技节能环保知识产权保护中期方面做好规范；还要加强对节能环保产品的质量检测、效果检测，打击虚假的广告宣传，切实保障消费者的合法权益。

政府对于城镇老旧小区节能环保相关的深科技产业给予资金支持。由于这些产业在技术研发上需要大量投入，在企业技术成果转化成产品，以及产品营销方面更需要大量资金投入，尤其是我国的节能环保产业相对于国际先进水平还存在较大差距，可以借此机会开拓未来的广阔市场，政府对节能环保产业的资金支持，有助于民族企业在技术研发和品牌建设上赶超国际先进水平，树立真正的获得国内消费者认可的、具有国际市场竞争力的、能够参与国际竞争的自主品牌产品。

3. 以深科技改造、完善城镇老旧小区公共设施

以深科技对城镇老旧小区宜居节能改造并对城镇老旧小区供电、供水、供气、供暖管网改造，完善地下排水设施，能有效地提升居民生活质量。

以深科技对城镇老旧小区改造与城市供水、排水防涝和防洪设施改造，加快城镇供水、排水设施改造与建设，积极推进城乡统筹区域供水，合理利用水资源，保障城市供水安全。加快雨污分流管网改造与排水防涝设施建设，解决城市城镇老旧小区积水内涝问题。如，以深科技的竹缠绕技术制造的地下管道替代材质落后、漏损严重、影响安全的地下污水管，确保管网漏损率和使用寿命优于国家标准。

以深科技的稀土铝合金电缆，替换目前市场上流行的铜质、纯铝质、普通8000系铝合金材料制成的电线电缆，能够保障小区电网安全，居民安全地使用大容量电器。稀土铝合金电缆是在铝中加入稀土元素，其安全性能、节能性能、机械性能、防腐性能、连接性能、经济性能，以及延展性、柔韧性、还原性更优。由于"稀土铝合金电缆"主要成分为铝合金，比重比铜轻2/3，安装可以免电缆桥架，加上稀土铝合金柔韧性好、易弯曲、重量轻、成本低，施工时可节省人力，相对铜电缆，施工更加便捷，安装费用大为节约。

以深科技的生态能污水处理系统，明显改善城镇老旧小区污水处理能力。生态能污水处理系统，将微生物分解成有机物后转变成活性污泥，利用载体技术将生物酶和生物酸加入经过筛选的微生物体内，形成满足特定条件的中间微生物；在光生物活化器的作用下，提高中间微生物的活性及稳定性，连续分解剩余污水和污泥，微生物在分解污泥的过程中，产生数种高级酸可以直接转化为微生物的营养剂，促进水中微生物再生活化；被活化的微生物使有机物降解过程持续下去，产生活性平衡生物絮体、水中微生物食物链及生物链，因此构成了理想型回路。沉降分离高效迅速、出水清澈透明，臭味消除达到国标一级，系统运行稳定可靠，实现城镇老旧小区污水"全收集、全处理"。

4. 以深科技推进城镇老旧小区超低能耗及防霾改造

我国目前的住宅及一般公共建筑与发达国家相比，能耗较高，公共建筑高能耗，能耗浪费严重；节能建筑工程实际节能效果差；而城镇及农村建筑高能耗问题严重。传统低能耗建筑也依然存在过度依赖欧美国家的低能耗标准体系，专业人才匮乏，无法满足建筑、材料、能源、环境、智能、文化、艺术、经济等学科的交叉融合，相关技术创新力不足，创新积累不够，建筑本体占容积率太多、施工工艺不规范、费用较高等问题。

在城镇老旧小区改造中，深科技推进超低节能及防雾霾建筑改造。国欣深科技（北京）有限责任公司，坚持科技创新、绿色发展的理念，致力于深科技产业的发展，在顺应国家节能减排的倡导下，通过多年的产、学、研实践，整合多家科技引领的低能耗企业，正通过试点，建立起科技创新的超低能耗及防雾霾建筑标准体系。

低能耗及防雾霾建筑，有五大性能：低能耗、耐久、高科技、健康、人性化，更贴近百姓生活，更能够满足人民日益增长的居住和生活需求。低能耗及防雾霾建筑在依赖自然气候条件的基础上，采用科技的手段，利用保温性能更好、气密性能更优的围护结构、高效的新风热回收技术和可再生能源，使得建筑物即使在极低的供暖/制冷负荷下也能够保持一个空气清新舒适宜居的室内环境，以现有空调和暖气1/4~1/3的成本达到室内四季温度保持在22~24度之间。

应用深科技新材料的低能耗及防雾霾建筑，是将传统的保温材料，研发成集保温、隔热、装饰、防火、防水、防霉、装饰于一体的，安全、节能、绿色、环保、经济的深科技产品。采用深科技的新材料，可将250毫米厚聚苯乙烯泡沫板的墙体保温材料，缩减为20~30毫米厚的保温隔热墙体材料。通过深科技创新将建筑"瘦身"，从而提高了容积率，增加了建筑面积，大大减少了居民因为低能耗建筑占过多的建筑面积带来的困扰。施工工艺简单快速，大大缩短了施工的时间和周期，减少了很多的人工成本，从而大大降低了成本。

随着环境污染的加重，尤其是雾霾天气的肆虐，PM2.5知识的普及，人们的节能环保意识开始觉醒。节能环保产品开始进入寻常百姓的消费清单。但是，从网上商城的搜索可以发现，在节能环保产品的消费上，人们更倾向于购买国外品牌，比如空气净化器，韩国的LG、德国的摩瑞尔、瑞士的飞利浦受到追捧，而国内品牌只有"美的"单枪匹马与之抗衡。国内消费者选择国外品牌，说明国外品牌确实相对国内品牌有技术和品牌优势，国内消费者也有自由选择的权利。电梯也是如此，现在各大城市的居民楼，无论是新小区还是老小区，都是外国的电梯，尤以日本电梯为甚，几乎找不到国产电梯的踪影。因此，在节能环保产品和宜居产品选择上，政府应该帮助公众树立民族意识，以民族品牌为节能环保市场的主导产品，促进节能环保产业与国民经济的良性循环，持续地扩大内需。

3.5 以创新政策推进城镇老旧小区改造

以加电梯为核心的城镇老旧小区综合改造涉及社会居民、城市发展、基层政府管理的方方面面，是一项复杂的系统工程，不仅需要政府发展理念创新，更需要政府政策和行政管理体制机制创新。城镇老旧小区改造政策创新，主要为四个方面：一是设立专门的城镇老旧小区改造管理体系；二是创新行政管理体制，统筹推进城镇老旧小区改造；三是积极推动城镇老旧小区加装电梯安全责任险；四是试点与典型项目引路。

1. 创新行政管理体制，设立以深科技促进城镇老旧小区改造的管理体系

城镇老旧小区改造，利国利民，涉及政府政策、居民利益、企业盈利新模

式、投融资体系等多个领域，需要政府行政体制深化改革，调整政府相关部门职能，优化部门内和部门之间的行政流程，形成行政体制改革的突破口，切实统筹设计有序推进城镇老旧小区改造。

设置城镇老旧小区改造统筹机构，逐步建立专门的城镇老旧小区改造的行政管理体系。过去多年传统的既有建筑修缮主要是由政府部门统一协调和实施，诸如，城镇老旧小区节能环保改造、平改坡改造等，基本由住建部门设立专门项目展开实施，并未涉及多个部门的协调审批。随着城市建设由增量建设进入存量建设时代，城镇老旧小区改造将逐步进入存量房时代，城市的存量房的改造和维护将成为未来房地产业的建设的主要方式。针对城镇老旧小区加装平层入户的电梯及公共设施改造设立独立的管理体制及具有针对性的管理体系，这一管理体系不仅仅是满足城镇老旧小区改造的需要，而且是能够满足长远的存量建筑的综合改造的需求，为既有建筑的长远改造提供便利化政策支持。

立足于长远的城镇老旧小区的维护和改造，针对城镇老旧小区改造涉及业主主体的协商等事宜，建立面向城镇老旧小区改造的专门建设审批部门和政策协调部门显得尤为必要和重要。例如：香港特别行政区设有市区重建区，广州、深圳等地 2015 年相继成立了城市更新局。

2. 在以深科技推进城镇老旧小区改造中，政府推行"一门审批"

推进城镇老旧小区改造，需要深化行政体制，简化行政审批，实行"一门审批"。针对老旧小区试点的需要，可以实行区住建局负责的"一门审批"：由区住建局牵头，住建局负责受理辖区内所有产权的老旧小区改造项目的申请材料，协调城镇老旧小区改造项目实施中相关部门的审批文件和材料，并报规划部门备案。同时，区住建局负责协调统筹推进城镇老旧小区改造项目的审批及后续开工、施工、监督、与居民代表共同验收等工作。

"一门审批"的具体模式可有多种：如由区政府召开所有与城镇老旧小区改造相关的部门的联席会议，住建局会前将需要审批的材料给各部门审定，会议上一次审批，形成联席会议决议，决议报市规划部门备案，会后住建局即可发给开工证并牵头推进城镇老旧小区改造的具体方案；又如，住建局将需要审批的材料发给各部门审定并给出审批件，给出在规定的时间内不答复，即视为同意，然后，报市规划部门备案，会后住建局即可发开工证并牵头推进城镇老旧小区改造的具体方案。

在探索城镇老旧小区改造试点的基础上，为切实推进国家行政管理体制改革试验试点工作的扎实推进工作，可以探索针对既有建筑综合改造设立专门的行政管理部门——城市更新局，专门负责既有建筑，包括城镇老旧小区改造项目的相关的法律法规的制定和完善，并负责协调、实施和监管相关的城镇老旧小区改造项目的设施。构建全新的项目立项、审批、建设、监理、施工、验收的项目行政管理新体制和新模式，为全国的行政管理体制改革提供有益的探索和尝试，推动新常态下，政府管理和规制经济运行的体制机制创新。

3. 调整、制定符合城镇老旧小区宜居综合改造的规范和标准

在以深科技推进城镇老旧小区改造中，遇到的主要矛盾是规划指标的制约，其中最突出的是：容积率、楼间距和采光时间等问题。为推动各地改造项目顺利实施，建议在规划要求没有修订之前，由国家规划主管部门对城镇老旧小区改造中遇到的容积率、楼间距和采光时间等问题，先行以指标管理解释的办法加以变通解决，在其他技术标准不变的情况下，改造区域内的容积率可以增加，电梯平层入户所增加的面积视为不影响楼间距和采光标准，在此指标控制内的加梯、加面积等改造，按照《物权法》规定，只需2/3居民家庭同意即可。

研究实施宜居综合改造住宅建筑的安全指标。明确旧小区改造需要按照一类建筑标准（50年使用期）执行。

由住建部门牵头，在试点的基础上，制定城镇老旧小区改造的技术导则（指南）；建立城镇老旧小区改造专家库，对改造中存在的技术难题，组织专家论证并提出解决方案；组织技术研发，尽快实现关键性技术突破，收集和整理相关适用技术、设备和材料，由行业协会、产业联盟等进行新材料、新技术、新工艺、新工具等技术推荐。

为保证城镇老旧小区改造工程的安全和质量，由住建部门牵头，对城镇老旧小区改造相关的适用技术加快制定技术标准，让节能高效低成本的新材料、新技术进入市场。

同时建立包括浅基坑电梯，适用宜居综合改造的轻型材料，建筑承重、建筑加固等新技术，防水材料、新型节能涂料，以及建筑、管网等信息和数据收集与管理工作，完善建筑信息数据库。

4. 积极推动城镇老旧小区改造安全责任险

针对城镇老旧小区改造缺乏明确运营主体的情况，为了减少改造带来的风险，引入家用电梯安全责任保险等改造工程保险机制，对于保障城镇老旧小区改造后的安全和健康运营具有重要意义。城镇老旧小区改造涉及产权所有者、实际使用者、物业管理者、相应的总承包企业和代建企业等多个主体，因此，只有将相关责任具体化，才能明确责任主体，才能有助于防范城镇老旧小区改造的后续问题，保障政府改造政策得到切实可行的落实，居民得到实惠。从明确安全主体的角度，建立以城镇老旧小区改造企业为主体的改造、维护和保养体系，推动城镇老旧小区改造的安全责任保险机制，逐步引进信息化技术，完善城镇老旧小区改造体系建设。如电梯安装和运行引入保险机制，不仅提供了赔付保障，还引入了维保质量第三方监督，提高了安全系数，真正为电梯绑上了"保险索"。同时还可以有效发挥保险辅助政府进行特种设备安全管理的作用，有利于增强企业安全意识，预防和化解社会矛盾，维护群众利益。在投保方式上，城镇老旧小区加装平层入户电梯等改造项目可引入"投保代理人"制度，如电梯使用单位可委托电梯维保单位购买保险，电梯维保单位既是投保义务人，也是投保代理人。

5. 试点与典型项目引路

建设城镇老旧小区改造示范区，以点带面促进城镇老旧小区加固节能宜居改造。城镇老旧小区改造是一项新兴事业，也是一项民生工程，为了避免城镇老旧小区改造中可能出现的失误和损失，应该由地方政府进行城镇老旧小区改造的试点，通过城镇老旧小区改造的示范工程建设，推动城镇老旧小区改造的全面、有序展开，取得预期的成效。

积极开展城镇老旧小区加装平层入户电梯示范区试点，在建筑结构达到加装电梯的标准的基础上，根据小区内老年人覆盖率高的小区，优先开展老年社区加电梯试点，以点带面促进城镇老旧小区加装电梯，逐步完善城镇老旧小区加装电梯的运行和运作机制，建立起切实可行，可广泛复制和操作的城镇老旧小区加装电梯的运作模式。

6. 城镇老旧小区改造的筹资方式

推进城镇老旧小区改造的筹资方式为：居民出一点、政府补一点和社会筹一点。

一是按照谁使用谁享受谁付费的原则，个人出一点。居民作为房屋产权人，对自己的房屋本体负主要改造责任，居民分摊的资金可以是居民自有资金或个人贷款，也可以来自公积金贷款。

二是按照政府提供公共产品和服务的原则，政府补一点。由财政投入资金，主要用于小区水、电、气、热、通信等管网和设备等公共设施改造。无论是城镇老旧小区还是新小区的公共基础设施改造原本就需要政府投资，城镇老旧小区与公共设施改造相结合，提高政府资金的投资效率，减少二次投资和重复投资。因而，政府仅需在公共部分设施给予资助，如抗震加固、加装平层入户电梯和平改坡等公共设施改造及小区节能环保改造等方面予以部分的资金支持。

三是积极鼓励社会资金参与改造，社会筹一点。由政府运用政策来激活房屋维修基金和公积金等处于闲置状态的资金（实际上这些基金没有闲置，以5000亿的房屋维修基金为例，通过炒股、挪用、委托理财等各种方式沦为开发商、银行、证券公司、有关部门等利益集团的"生财工具"），使其用于城镇老旧小区改造。鼓励社会资金参与城镇老旧小区改造，这些提供资金的企业可以优先获得政府购买服务政策支持，优先参与小区新业态的商业活动，如"互联网＋生活服务＋养老服务＋医疗服务＋金融服务"等等。

四是老旧小区改造，可以采取多种模式引入社会资金：电梯平层入户，政府补贴装电梯的费用，居民自付增加的户内面积的费用，社会资金承担小区改造的其他费用、小区改造后的运营和维护费用，通过小区改造后的物业综合管理与服务平衡资金；引入社会资金对老旧小区加层加梯或片区改造，投入资金的企业承担加装电梯和所有的改造费用，居民承担增加户内面积费用，企业出售一部分新增住房面积实现资金平衡，企业还要将加层和片区改造所产生的另一部分新增住房面积交给政府，形成政府新资产。

第 4 章

深科技与全面开放新格局

当今世界正处于大发展、大变革、大调整时期，世界多极化、经济全球化、社会信息化、文化多样化深入发展，全球治理体系和国际秩序变革加速演进。

在中美贸易摩擦越演越烈、美国对全球挥动关税大棒的条件下，深科技在推动中国对外开放合作方面具有重要作用。深科技创新带来的产品和技术创新，以及商业模式变化，不仅可以较大提高中国产业和经济的整体竞争能力，还能推动与外部经济体的良好合作，开创对外开放的新局面，对中国经济开放形成新的支撑。深科技创新体现在节能减排、新型材料、交通运输、农业科技、生态保护、空气污染、人工智能等多个领域，不仅有利于提升内部经济增长动力，对推动国际经济贸易合作同样发挥着重要作用。

4.1 深科技颠覆国际竞争格局

近代以来，科技创新对社会影响越来越大，多次科技革命影响着世界经济和国际格局变化，决定着各个国家、各个民族的前途和命运。从全球大国崛起的经验来看，往往呈现"科技强国—经济强国—政治强国"的变动规律，历次工业革命深刻影响着国际竞争格局变化。第一次工业革命促进了英国的强大，第二次工业革命促进德国强大，第三次工业革命促进了美国强国地位的确立。

当前，新一轮科技革命和产业变革正在孕育兴起，全球科技创新呈现出新的发展态势和特征。新一轮科技革命和产业变革的方向日益清晰，全球创新竞争日趋激烈，人才、资本、市场、专利等成为科技竞争的战略性资源，科技创新与金融资本、商业模式紧密相连，世界各国科技创新和产业竞争不断重塑世界历史和国际政治。根据黄琪轩（2017）研究，重大技术变迁往往呈现周期性波动，重大技术变迁在不断重塑世界历史和国际政治，技术变迁在军事上会改变进攻—防御战略平衡，比如核武器出现使得大国之间防御获得了压倒性优势，建立了核威慑均势关系。

目前，经济全球化正面临着贸易增速放缓、地缘政治波动以及贸易保护主义抬头所带来的挑战，新一轮国际格局正在逐步形成，具有领先技术优势的国家正利用技术创新获得国际市场竞争优势。特别是美国特朗普总统上台以后，贸易保护主义和全球化受到挑战、新兴世界国家经济出现剧烈回调、货币贬值和经济衰落使得国际竞争变得更为激烈，世界各国都在努力寻找高质量发展的有效途径，摆脱自身面临的政治经济和社会困境，在全球化大变革的动乱时代获取生存和发展的机会。

这些年来，中国深科技不断发展，在吸收世界先进科学技术的过程中，中国自身的科技实力和水平也在不断提高，尽管与美国等发达国家在深科技上还有相当的差距，但出现了中国深科技创新后来居上的局面。一方面，深科技代表了技术上的先进性，对于颠覆性技术的开发具有引领作用；另一方面，深科技具有较好的产业牵引力，深科技在新材料、基础设施建设、通信器材、生物科技、生物医药、人工智能等领域持续发力，已经形成众多的新科学和技术，对于技术创新和产业发展起到较好的示范作用。

1. 美国"重振制造业"规划

2008年美国金融危机之后，美国将发展先进制造业提高到国家战略高度，出台措施促进先进制造业回归。2009年12月，美国政府出台《重振美国制造业框架》，为美国制造业回流提供战略指导，详细论证制造业回流的意义。2011~2012年，美国先后启动了《先进制造伙伴计划》和《先进制造业国家战略计划》，力求控制新时期制造业的战略主动权，强调先进制造业回归美国对于国家发展战略目标的作用。2012年3月，奥巴马政府推出国家制造业创新网络的计划

(NNMI),美国政府共出资 10 亿美元,打造包括 15 家全新建设的制造业创新研究所(IMI)、45 家创新研究中心、耗资 8500 万美金的"国家 3D 打印研究所"等高新技术研发机构,希望从纳米制造、生物制造、工业机器人、3D 打印、先进材料和国防科技等诸多领域促进美国制造业的全面复苏。2013 年初,奥巴马再次宣布投资 2 亿美元打造"轻质现代金属制造研究所""数字制造和设计创新研究所""清洁能源创新研究所"三大研究中心。

根据国际著名咨询公司波士顿(BCG)预测,美国"工业互联网"战略以及美国政府投资政策,可以诱导海外制造业从欧洲和其他新兴市场国家大规模回流。2016~2020 年,制造业回流可以增加美国经济的出口额大约 700 亿美元,共计拉动 GDP1000 亿美元,同时制造业回流可以增加 60 万~100 万人的就业,同时带动 100 万服务人员的就业问题。据麦肯锡全球研究所估计,如果知识型制成品贸易逆差占 GDP 比例能够从 2012 年下降到 2020 年的 1.2 个百分点,那么美国年度 GDP 增长值将达 2000 亿美元,同时新增加就业岗位将增加 60 万个。美国工业互联网联盟于 2014 年 4 月成立,创始成员企业包括通用电气(GE)、思科(Cisco)、IBM、英特尔(Intel)以及 AT&T 等,这些公司在工业制造领域拥有绝佳生产能力、服务能力和市场表现,绝大部分是跨国企业。GE 预测指出,美国坚持"工业互联网"生产范式,强化推动深科技创新,不仅仅是美国的机会,也会给全球经济体增加 10 亿~15 亿美元的经济体量。

美国先进制造业回归计划和工业互联网计划,对于全球深科技竞争和国际格局的变化具有巨大的刺激作用。美国先进制造业回归计划已经造成了企业的国际流动,引起其他国家的广泛担忧。美国在高科技领域的创新政策正被其他国家模仿,主要原因是美国扰动了全球的科技创新。为了在新一轮国际竞争中获取有利局面,世界各国不得不关注深科技创新及其产业竞争,抢占国际科技前沿和产业链的有利位置,推动深科技竞争的全球化。

2. 德国"工业 4.0"战略

德国制造业在全球享有良好声誉,长期以来关注深科技竞争,通过技术竞争奠定在世界制造业的地位。宝马、奔驰、保时捷、大众、奥迪、巴斯夫、拜耳、汉高、赫希斯特、西门子、菲尼克斯、默勒、博世、费舍勒、海德汉,德国有很多著名的制造业集团、拥有许多顶尖的、专业的中小企业,在先进制造业和跨国公司总部经济中居于重要位置。世界知识产权组织和康奈尔大学共同发布了《全球创新指数报告》，该报告将创新详细整合成了 79 项相关指标，对全球 141 个经济体进行了创新排名，系统科学的评估了所有国家的创新能力。德国创新指数一直稳定排名为全球前 20 位，2015 年和 2014 年同为第 12 位，2013 年和 2012 年同为第 15 位，而 2011 年为第 12 位。

德国制造的成就是通过制造业升级、深科技创新不断完成的。早在 2011 年，德国制造业成本上升，德国就提出"工业 4.0"思路，力求在制造业上保持全球竞争力。2013 年 4 月，德国在汉诺威工业博览会上发布了名为《保障德国制造业的未来：关于实施"工业 4.0"战略的建议》的报告，标志着德国工业 4.0 时代全面开启，并给出了工业 4.0 战略的基本特征：以物联信息系统（CPS）为基础，核心战略是为了实现产业的"智能+网络化"，工业化的目标是智能化、网络化和数字化的全方位实现，能够实现信息化、智能化、网络化的无缝衔接。德国"工业 4.0"拥有着三大主题，分别是"智能工厂""智能生产"和"智能物流"，工业 4.0 战略对生产周期进行全生命周期升级，促进产品的附加值增加，以更差异化的产品、更优质的服务保持自身在国际产业链中的优势地位，维持国家优势竞争力。

德国政府为了保持科技竞争实力，加大了对科技创新的可持续投入。德国联邦教研部和联邦经济技术部提出《高技术战略 2020》，政府出资 84 亿欧元支撑 2012~2015 年间高科技项目的研发，其中 2 亿欧元分拨给"工业 4.0"战略，政府的高投入确保科技创新的资金。据德国科学资助者协会统计，2014 年德国对研发的总投入高达 570 亿欧元，同比增长了 6.4%，成为欧洲对科技投入最多的国家之一。以汽车产业为例，德国将汽车行业的升级作为支柱产业，2015 年德国对汽车产业的研发投入排名仅次于美国，投资金额高达 150 亿美元，其研发投入最高。不仅如此，电子电气工业每年的研发投入也为 120 亿美元上下，占德国工业总投入的 20% 左右。德国深入推进深科技及技术创新，其效果也是显而易见的。

3. 日本人工智能（机器人）创新计划

在日本政府经济产业省领导下，日本成立了一个"日本版工业 4.0"（Industrial Value Chain Initiative，IVI）组织，100 多家企业成为日本工业 4.0 的主要参与者，以人工智能产业为发展方向，主要采用工业智能化解决劳动力断层问题、优化工业化生产线。日本汽车巨头本田公司采取机器人、无人搬运机、无人工厂等先进工业生产技术提高生产效率，另外通过减少喷漆次数、热处理工序等技术创新把生产线缩短了40%，通过优化车身结构设计方法把焊接生产线由原来的18道工序减少为9道，从而建成了世界最短的高端车型生产线。日本充分发挥工匠精神的作用，通过智能化与精细化加工一体化，推动制造业竞争力提高。

3D打印机等尖端技术是日本政府支持的重点领域，2014年日本经济产业省将3D产业作为重点产业优先扶持，实施"以3D造型技术为核心的产品制造革命"，旨在研发世界最先进的金属粉末造型用3D打印机。多年以来，日本积累了制造技术含量较高设计能力，包括零件、材料及设备的设计、制造与改进能力，拥有专业技术的高科技人才队伍。在数字化时代日本引入智能化，逐步稳定转化为"工匠高级技能的自动化"生产线。

近年来，日本制造企业有效借鉴吸收德国、美国的"工业4.0"、工业互联网经验，推动数字化车间建设，主要目标是生产流程清晰可视化，将生产流程与设计研发结合起来，对传统产业进行智能化改造。日本在无人驾驶汽车的巨额投入和强势领导，使谷歌和特斯拉等智能汽车巨头们倍感压力。日本丰田汽车公司（Toyota Motor Corp.）已对外宣布，到2020年，它将在AI领域投入高达1000亿人民币。日本软银集团（SoftBank Group Corp.）以320亿美元收购ARM控股公司，深耕物联网的关键材料半导体，力求在物联网领域控制全球生产技术。日本政府和企业在深科技领域的布局，已经有效地显示出科技竞争的效果，日本企业强有力的竞争力使其保持了较高的利润。

4.2 深科技创新推动国际合作新格局

在经济全球化快速发展的条件下，世界各国越来越成为你中有我、我中有你的命运共同体，经济、社会和文化发展相互影响越来越强，科技创新在国际合作中的作用和地位不断加强。当今世界各国科技创新必须具有全球视野，各国必须通过国际合作共同应对许多重大科技问题和挑战，一些复杂的科研项目需要国际社会通力合作才能完成。

各个国家科技进步越来越依靠国际合作，特别是前沿领域科技创新需要具有全球视野，以国际化的理念来制定科技创新政策，聚集全球创新资源，依靠全球科技人才合作。从科技创新本身来看，前沿领域、交叉学科、融合领域的科技创新越来越多，封闭科技创新越来越难，深科技等具有重大影响的科技创新往往出现在学科交叉领域，深化科技创新合作需要国家从制度上不断完善国际科技合作的布局，创新合作机制，提升合作水平。

科技合作是国际合作重要内容。科技无国界，科技创新较少具有意识形态的纠纷和阻碍，大多数国家对于国际科技合作都保留极大兴趣。一些国家纷纷支持国家科技创新，鼓励本国企业参与国际科技合作。深科技创新为国家合作提供了新路径，特别是在关系国计民生和经济发展的科技创新领域，深科技合作可以给双方带来实惠。比如在通航产业、地下管网建设、生物技术、农业技术等领域的深科技创新及其产业，对于一些发展中国家急需的交通、能源、农业基础设施建设具有非常重要的作用。中国与这些国家进行深科技创新合作，将给这些国家的技术进步和民生改善带来巨大的空间。

1. 以深科技合作打造对外开放新格局

科技合作是对外开放的重要领域，是进一步提升对外开放的新举措。深化深科技创新合作要以全球视野谋划和推动技术创新，提升国际科技创新合作水平，深度融入全球创新体系，有效运用全球科技创新资源，在更高层次上构建开放创新机制。作为对外开放的前沿领域，深科技创新的国际合作必将推动国际知识、人才、技术的双向流动，有利于打破目前发达国家的技术封锁，增加科技创新的普惠性，缩小发达国家与不发达国家之间的经济发展差距。

改革开放以来，中国科技创新的飞速发展得益于我国科技创新的全面开放，特别是全面引进吸收、消化吸收国外先进的技术成果和管理经验。可以说，改革开放在很大程度上是科技发展对外开放、技术创新的对外开放。充分利用全球智力资源发展中国经济，大大加快了中国经济、社会和文化的现代化进程。截至"十二五"末期，中国在科技创新开放与合作中取得了显著的成绩。根据科技部统计，我国目前已建立了包括国际创新园、国际联合研究中心、国际技术转移中心和示范型国际科技合作基地在内的国家国际科技合作基地549家，与全球158个国家和地区建立了科技合作关系，签订了111个政府间科技合作协定，加入了

200 多个政府间国际科技合作组织,[①] 形成了稳定的政府间合作机制,覆盖了世界主要国家、地区和国际组织。中国科技创新与合作的成果不仅加快了中国经济和社会的发展,也对合作伙伴特别是广大发展中国家和地区产生了积极影响。

中国的深科技创新已经在人工智能、节能环保材料、生物医药、通航产业等领域取得了突出成效,深科技的产业爆发力和冲击力将持续扩大。由于互联网广泛普及,中国在 5G 领域成为唯一能与美国匹敌的国家。信息技术的进步使得中国具备发展人工智能的先决条件,大数据和人工智能结合已经使中国人工智能产业在教育、医疗、卫生、金融等方面取得了长足进步。中国在新材料产业、生物医药产业也取得了显著的成绩,稀土铝合金、生物制药等已经成为国际制造业竞争中的重要产品。深科技竞争已经显著影响到国际竞争格局,对于推动国际技术竞争与合作、实现全球技术进步发挥了不可替代的作用。

未来,中国改革开放的步伐进一步深入,推动深科技创新为主的国际科技合作,对于中国改革开放和人类命运共同体建设具有重要意义。中国深入开展科技创新的国际合作,可以为应对人类面临的全球性挑战贡献力量,实现自身发展和全球发展的统一。科技合作是增量合作,各个国家参与科技合作的收益是互补的,科技创新能够为国际合作提供新动力,增强全球经济和可持续发展。国际科技创新合作是新形势下推动建立以合作共赢为核心的新型国际关系的重要路径,也是我国积极参与全球治理、融入全球创新网络、保障国家外交战略实施的有效途径。

2. 以深科技合作推动"一带一路"建设

当今世界,科技创新活动不断突破地域、组织、技术界限,科技创新要素在全球范围内流动,开放创新已经成为国际科技创新发展的重要模式。科技创新必须坚持互利共赢的开放战略,深度参与国际科技、经济合作与竞争,不断提升统筹和综合运用国际国内两种资源的能力。习近平总书记强调:"要最大限度用好全球创新资源,全面提升我国在全球创新格局中的位势,提高我国在全球科技治理中的影响力和规则制定能力。"[②] 在推动深科技创新合作的过程中,闭门造车

---

① 李秉新. 过去五年中国国际科技合作取得丰硕成果 [N]. 人民日报,2017 – 10 – 16.
② 习近平. 在中国科学院第十九次院士大会、中国工程院第十四次院士大会上的讲话 [N]. 人民日报,2018 – 5 – 28.

是不行的，中国要统筹运用好国际国内两种资源，促进国内外资源有序流动和互利共享，深度参与并逐步推动国际科技创新治理体系改革，从战略高度和长远角度看待国际科技合作。

当前，新兴经济体成为全球科技创新合作中不可忽视的主体，中国与广大的发展中国家在科技创新上具有共同利益，也面临着共同的挑战。面对发达国家的技术封锁和技术剥削，依托"科技伙伴计划"开展务实合作、拓展与发展中国家的科技合作可以有效应对发达国家的技术封锁，实现科技创新领域的自力更生能力，服务于国家"一带一路"建设的实施等。

"一带一路"建设是我国应对新时期国际形势重大变化、实现战略突围、谋求发展优势的战略性行动。"一带一路"倡议是我国发起的新型国际合作平台，具备促进国际创新合作、推动全球创新治理变革的巨大潜力。"一带一路"倡议除了经济上的联系之外，科技创新的合作必不可少。相对于这些发展中国家，中国在科技创新的国际合作方面具有较好的经验，可以帮助这些国家提升科技水平。在长期的国际合作中，中国的科技创新和服务已经为广大的发展中国家提供了不少的技术援助，帮助这些国家加强科技创新和技术应用能力，推动这些国家和地区主动融入国际科技合作、积极学习借鉴国际经验、利用外部技术加快自身经济和社会的全面发展。比如，中国常年对于非洲的一些国家进行农业、医疗等技术援助，帮助培训这些国家的技术人员、接受这些国家的留学生，帮助这些地区从技术上改进生活条件。

中国以"一带一路"建设为依托，建设"一带一路"协同创新共同体，将"一带一路"打造成创新之路，深科技合作将在其中发挥越来越大的作用。为了强化科技创新的重要作用，中国开展与"一带一路"沿线国家政策规划对接，推动建设科技创新基地、技术合作平台以及联合研究中心，扩大成熟适用技术培训和成果转移转化，为深科技创新合作提供良好的物理平台。在深科技创新合作中，中国实施与"一带一路"国家科技园区合作、技术转移合作、联合实验室等行动计划，以科技创新带动国际产能合作，助力传统产业转型升级、新兴产业加快发展，真正为推进"一带一路"倡议拓展合作空间，支持"一带一路"国家经济和社会的高质量可持续发展。

目前，深科技在与"一带一路"国家的合作中表现抢眼，例如欣意集团稀土铝合金电缆在中亚等国家深受欢迎，稀土铝合金电缆采用稀土原料和铝配合，有效节约了铜资源，并且大幅度降低了原材料的价格；竹缠绕复合材料在"一带一路"国家的地下管网建设中也发挥了重要作用，对于这些国家城市管网系统改造、新型建筑材料的节约利用、环保节能都有较大水平提高。

4.3 深科技创新化中美贸易战之弊为利

1. 中美贸易战及其影响

2018年中美贸易摩擦开始以来，美国对于中国科技实力担忧越来越多。中国面临的不是一场简单的贸易战，而是真真切切影响长期发展的技术战。特朗普出台了一系列政策措施，主要是针对中国技术崛起，尤其是对国有企业主导的高科技计划"中国制造2025"。美国进口限制也集中在高端制造业领域，包括航空航天、信息通信技术、机械等产品，其目的是促使相关产业重新转移回美国本土，打击中国制造业的快速发展。

随着中美贸易摩擦持续升级，贸易对中国经济的影响受到广泛关注。尽管中国经济的贸易依存度不断下降，但是中美贸易摩擦带来的贸易量下降，可能对中国经济增长带来不利的影响。同时，中美贸易摩擦不仅仅关注贸易逆差，美国对中兴通讯、华为公司制裁使得中国经济的科技安全受到威胁，贸易摩擦和技术摩擦联系在一起。如何降低中美贸易摩擦对中国经济造成负面影响，同时提升国内科技安全，是当前及以后相当长时间内中国经济和科技发展面临的重大课题。

（1）中美科技研发实力差距巨大。

中国贸易战爆发以后，《科技日报》连续报道了中国35项"卡脖子"技术，反映了中美之间巨大的技术差距。尽管中国制造业享誉全球，但是中国仍然面临着核心技术供给不足和基础研究困境。英国KHL集团旗下《国际建筑》（international construction）杂志公布了2016年全球工程机械50强，中国企业加起来销售收入占全球10.6%，位居美日之后的世界第3位，但是中国工程机械领域利润率很低，中国在全球贸易中处于价值链的下游。

以众所周知的芯片产业为例。在芯片设计环节，中国和世界第一的差距是3.5倍；在芯片制造环节，中国和世界第一的差距是10倍；芯片生产设备环节，中国和世界第一的差距是 63 倍①。2016 年，中国进口工业制品产值 11773.3 亿美元，占全部工业进口总额的 74.2%。2016 年集成电路进口总额 2271 亿美元，占整个工业品进口总额 19.3%。在芯片销售领域，2016 年，中国第一大半导体公司海思半导体销售额为 43.9 亿美元，而世界第一大半导体公司英特尔营业收入为 549.8 亿美元，相差 12.5 倍。在芯片设计领域，和世界纯 IC 设计企业第一名高通公司比较，高通公司 2016 年营业收入为 154 亿美元，是海思公司的 3.51 倍。在芯片制造领域，中国第一大制造商中芯国际公司 2016 年销售额为 29 亿美元，世界第一大制造商台积电公司 2016 年销售额创纪录为 297.65 亿美元，差距为 10 倍。在芯片封装领域，中国第一大封装厂长电科技公司 2016 年销售额 191.55 亿人民币，世界第一大封装厂日月光公司 2016 年营业收入为 628 亿人民币，差距为 3.28 倍。

根据海关数据统计，2016 年中国集成电路进口金额 2271 亿美元，液晶显示面板 318.5 亿美元，航空器 203 亿美元，汽车整车和零部件 746.1 亿美元，仪器仪表 449.6 亿美元，电子零部件 200.1 亿美元，医药品 220.9 亿美元，自动数据处理设备 278.3 亿美元。中国大量进口高端工业制成品，集成电路、汽车、仪器仪表、液晶面板四大类的进口金额遥遥领先，金额全部在 300 亿美元以上，分别占我国工业制品进口金额的 19.3%、6.3%、3.8%、3.5% 和 2.7%，合计高达 32.1%。我国仪器仪表国产化程度相对很低，医疗器械进口依赖度都在 30% 以上，大型民用航空器目前国产化率几乎为 0，而集成电路不仅进口金额最大，而且进口比例高达 90% 以上。虽然，国产仪器仪表近年来发展非常迅速，但是总体来说差距仍然非常大，实验室的高端科研仪器还是依赖进口。

根据中国和美国在 33 个工业领域科技实力对比，在家用电器、建材、铁路和高铁技术等少数领域，中国技术稍微领先，但是在商业航空器、半导体、生物机器、特种化工和系统软件等核心技术领域，中国远远落后于美国，技术差距估计在 20~30 年。在前沿研究领域差异更大，以 2015 年科学研究论文为例，世界科学研究前沿突破有八成基本来自美国，全球 100 个热点科学研究和 49 个新兴科学研究中，美国在 143 个前沿领域都有核心论文入选，且在 108 个前沿研究领域核心论文数都排名第一。在计算机、通信设备、半导体等核心高科技行业，美

---

① 宁南山. 中国哪些产业和世界制造强国差距最大 [EB/OL]. 知乎网，2017-6-1.

国专利密集度居前，高通更是凭借在宽带码分多址（wideband code division multiple access，CDMA）领域的研发布局在3G/4G时代大发横财，高通依靠核心专利授权收取的费用甚至被称为"高通税"。

（2）科技竞争成为中美竞争新常态。

科技实力是国家实力的关键。纵观近现代科技史与经济史，16～18世纪英国工业革命主要依托牛顿的经典力学理论与瓦特的蒸汽机发明；19世纪后半期德国内燃机车的发明促使第二次工业革命发生，德国国力迅速增强；第二次世界大战后，爱因斯坦提出相对论、普朗克奠定量子力学基础，大批德国科技人才移民美国，迅速引发第三次工业革命，美国成为世界科技发展的中心，也成为世界经济的霸主。从世界主要大国发展经验可以看出，不论英国、法国、德国、日本、美国，主要是依靠科技力量迅速实现工业革命，最终成为世界科技中心与经济中心。

历史学家把世界科学中心转移也称为"汤浅现象"。日本科学史学家汤浅光朝提出，当一个国家的科学成果数量占世界科学成果总量的25%就可以称之为世界科学中心，并依此将历史上世界科学中心转移分为5个阶段：意大利（1540～1610年）、英国（1660～1730年）、法国（1770～1830年）、德国（1810～1920年）、美国（1920年之后），平均维持时间为80年。世界科学中心的转移，伴随着世界权力的转移，也是国家实力的转移。

进入21世纪以来，全球科技竞争的激烈程度前所未有，世界各国特别是大国都在充分利用科技优势加强经济优势、增强国家实力。从全球新经济的独角兽企业来看，美国和中国科技竞争的态势相当激烈，中美独角兽企业（风险投资界术语，系指估值超过10亿美元的创业公司）总体占比70%以上，显示了中国科技创新的实力显著增强，预示着中国经济未来的勃勃生机。从2013年～2018年3月，全球共有237家独角兽企业，其中美国企业118家，占比49.78%；中国独角兽企业数量紧随其后，共62家占比26.16%；英国和印度分别有13家和9家，排名为第三和第四。随着中国经济实力不断增强，中国科研支出不断加大，吸引人才和技术创新的速度不断加快，中美科技竞争会越来越激烈。

在深科技竞争上，中国并不是完全处于劣势，尽管中国在现有的核心技术上处于明显劣势，但是中国深科技创新的潜力相对较大。一是中国具有雄厚的经济基础，支撑科技创新的市场广阔，能够为深科技创新提供需求支撑；二是中国工程师人数逐步上升，理工科毕业生逐年增加，中国从人口数量红利转向工程师红利，中国大量理工科人才为技术进步提供了人力资源，全球其他国家还没有中国如此丰富的人力资源，中国高等教育培育的工程师数量远远超过美国；三是中国高等教育规模庞大，尽管中国高等教育质量受到诟病，但是高等教育进步的速度很快，深科技创新所需要的人力资本源源不断，给中国深科技竞争创造了良好的环境。

深科技在中美竞争中发挥着重要作用，以华为的 5G 通信核心技术为例，中国成为极少数能在第五代移动通信领域与美国展开竞争的国家。此外，中国人工智能产业的规模已经在教育、医疗、金融科技等领域不断成长壮大。深科技在技术上的先进性已经使得中国的制造业具有较强竞争力，在生物制药、通航产业、复合材料、农业科技方面的技术进步将为中国科技竞争和产业竞争提供核心竞争力。

2. 深科技创新可以有效降低技术贸易逆差

长期以来，我国在商品贸易领域较强，在技术贸易领域较弱，只能以数量优势抵消技术优势，造成对外贸易依存度过大，主要依靠外部需求拉动 GDP，造成内外需求失衡和对外贸易关系紧张。根本原因是中国企业在技术领域属于跟跑者，享受不到技术贸易红利，不利于中国经济持续健康发展。

中国经济尽管在商品贸易领域积累了巨额顺差，由于科技创新不够，因而，在服务贸易和技术贸易上长期为逆差。根据国家外汇管理局数据，美国是全球服务贸易量最大的国家，中国在货物贸易上是顺差，在服务贸易上却是逆差。2018 年 1~8 月，中国货物贸易收入 14452 亿元、支出 12123 亿元、顺差 2329 亿元；服务贸易收入 1259 亿元、支出 3246 亿元、逆差 1987 亿元，货物贸易顺差几乎被服务贸易逆差抵消。服务贸易逆差中，很大的部分是知识产权进口费、出国游学和旅游支出，如果将留学教育也计算在技术服务支出中，中国在技术贸易上存在相当大的逆差。

中国技术贸易的巨额逆差，对中国的贸易结构产生了深刻影响。随着国际产业转移，中国制造业规模不断扩大，迫切需要大量进口国外先进的技术和管理经验，技术贸易的逆差在长时间不可能扭转。同时，大量廉价商品不断出口，形成规模巨大的贸易顺差，对技术贸易逆差形成财力支撑，用来购买更先进的技术支持制造业发展，形成了中国经济"大进大出、两头在外"的贸易格局，中国在这种"哑铃"形的经济发展模式中并没有获得大量的国际贸易利益和技术溢出效应。

深科技创新可以从技术层面降低技术贸易进口的需求，物理层面的技术创新带来更多专利和知识产权，实现核心关键技术的进口替代、自主可控，从而降低技术贸易逆差，助力中国从外向增长型经济转为内生增长型经济，提升内需增速降低外需增速，改变内外需结构失衡现状，优化内外需结构。摆脱依赖外需增长型的经济方式之后，中国能够掌握对外贸易的主动权。中国对外贸易有了主动权，可以极大减少国际贸易摩擦和技术封锁带来的经济风险。

3. 深科技创新可以有效维护经济主权

中美贸易战实质是美国打着贸易的旗号试图对"中国制造2025"为代表的高科技领域进行打压与遏制。《经济学人》指出，美国打击华为、阻碍博通收购高通的背后，是美国对中国科技发展前景担忧。特朗普对中国加征关税的清单，大多瞄准《中国制造2025》中十大重点领域，实际是美国针对中国一系列高科技行业的阻击战，根本目的在于阻止中国产业升级和技术进步，继续维持美国高技术产业在全球领导地位。

在中美贸易摩擦持续升级状态下，美国打着贸易保护主义旗号本质是遏制中国高新技术的发展。特朗普的重要智囊、美国前国家安全事务助理班侬认为，中共十九大报告实际上是在规划未来十年控制世界主导地位。他认为，一是中国制造业2025计划将使中国在21世纪里统治全球制造业；二是"一带一路"实为地缘政治扩张主义；三是5G网络企图在科技技术上占主导地位。尽管本轮中美摩擦外在表现为贸易冲突，但美国真实的目标是遏制中国科技进步和创新，努力保持美国在全球高科技行业的领导地位，打击中国挑战全球技术霸主的能力，以科技封锁遏制中国经济和技术的长远发展。

深科技创新为化解中美贸易摩擦提供了解决方案，以深科技创新提高中国企业自主创新能力，企业拥有自主知识产权的技术，不仅提高劳动生产率，降低资源消耗和保护环境，还创造出新的需求和市场。更为重要的是，深科技创新使得中国企业可以摆脱被动接受跨国公司安排的垄断产业链低端的现状，自主发展，自立于世界跨国公司之林。长期来看，决定国家经济实力和竞争能力的变量是科技水平，深科技创新带来的科技创新和技术突破，将极大提高中国科技安全，在对外竞争中处于更为有利、更为主动的位置，进而突破国外技术封锁，为建设经济强国提供有力的科技支撑。

4. 深科技扩大内需，掌握对外经贸的主动权

深科技创造出新内需。以深科技提高中国民族企业自主创新能力，企业拥有自主知识产权的技术，享受技术进步溢出的正效应，可以获得规模经济递增收益，不仅提高劳动生产率，降低资源消耗和保护环境，进而创造出新的需求和市场。

中国民族企业应用深科技，以自主创新的工艺和技术生产和销售新产品，那么，在广阔的国内市场上需求旺盛，根据内需确定进口与出口，中国经济增长就真正具有独立性和自主性，摆脱外需依赖型的经济增长方式之后，中国能够掌握对外贸易的主动权。

中国企业掌握了对外贸易的主动权，根据国内的需求自主发展国际贸易，对外贸易建立在真正互利互惠的基础之上，不再受制于人，可以极大减少国际贸易摩擦和技术封锁带来的经济风险，做到任凭国际经济风起云涌，中国经济岿然不动。

5. 深科技是有效应对贸易纠纷的举措

贸易逆差成为中美贸易摩擦的导火索，由贸易摩擦引起中美在技术、知识产权等问题上矛盾不断。导致中美贸易逆差的原因很多，但是最主要的原因是中国出口结构上存在问题，特别是中美贸易中存在大量的货物贸易顺差，而服务和技术贸易呈现逆差，美国不愿意放开高技术出口导致贸易逆差问题越来越严重。现阶段以全球价值链体系为主的世界贸易和投资体系正发生新变化，依靠外需来拉动中国经济增长的发展模式难以持续。客观来看，在对外开放机遇期，中国借助美欧等发达国家构建出来的全球分工与贸易体系建立了门类基本齐全的工业基础体系，迅速占据低端制造业的全球市场，成为"世界工厂"。继而，中国利用低端制造业的出口扩张机会、创新技术学习机会以及自身逐步成长的庞大规模内需市场拉动机会，一跃成为几乎与美国经济规模相当（按照 PPP 估算）的最大经济体以及拥有最大规模制造业的新兴国家后，以美日为首的发达国家深感经济竞

争威胁，由此引发全球经济治理权和价值观体系的竞争威胁，因而试图通过打造双边贸易体系以及自己主导的区域性贸易投资体系，对既有的全球价值链体系进行破坏和更替，遏制中国制造业的持续扩张，再通过实施各种类型的再工业化计划以及各种版本的工业4.0计划，阻滞中国制造业向高端化方向转型升级，从而遏制中国经济可持续增长的内生动力。

深科技创新可以极大改变我国对外贸易的出口结构。在新材料涂层技术、竹缠绕管道、农业深技术、环保节能等领域的产品，可以在广大的发展中国家、发达国家开辟新的市场，代替原先对于劳动密集型产品的出口，特别是替代钢铁、水泥、纺织、初等机械等产品的出口，将低端制造的产品转移到其他发展中国家。中国深科技创新的技术和产品，可以极大满足发展中国家基础设施建设、农业生产、环境保护、空气净化、烟尘净化等需求，同时降低中国的对外贸易顺差。中国对外贸易顺差很大程度上是因为出口商品过多造成的，但是在技术贸易和服务贸易具有较大逆差，深科技创新刚好可以从服务贸易上提升中国的出口结构，降低商品贸易顺差对国际贸易带来的不利影响。

中 编

深科技与创新型国家

本编论述深科技与创新型国家建设之间密不可分的关系,深科技推动创新型国家建设促进经济高质量发展,增强我国国际竞争力;分析了以深科技推进创新型国家发展的现状和存在的问题及解决对策;建议创新科研管理体制,以BON法考核深科技科研项目,促进深科技应用于实体经济。

第 5 章

深科技与创新型国家建设

创新是立国之本，科技是强国之路，深科技是科技创新之基。党的十九大报告指出，创新是引领发展的第一动力，是建设现代化经济体系的战略支撑。加快创新型国家建设被纳入两个一百年的宏伟蓝图之中。在国际竞争日益激烈的条件下，必须加快创新型国家建设，着力推进深科技发展。

2016 年 5 月，习近平总书记在全国科技创新大会上发表重要讲话，强调"必须坚持走中国特色自主创新道路，面向世界科技前沿、面向经济主战场、面向国家重大需求，加快各领域科技创新，掌握全球科技竞争先机"。推动深科技创新，对于建设创新型国家、推动经济高质量发展、增强我国国际竞争力，具有重要的现实意义和长远的战略价值。

5.1 创新型国家建设的内涵和目标

1. 创新型国家的定义和内涵

迈克尔·波特（1990）提出了创新型国家的概念，认为创新导向型经济是一国经济发展的重要阶段，处在创新导向型经济发展阶段的国家就是创新型国家。创新型国家是对以创新为经济社会发展主要驱动力的国家的概括，是一种国家发展模式与道路。创新型国家，是以创新为基本发展驱动力的国家，创新型国家必然是科技强国。

关于创新型国家本质内涵的表述，不同的学者从不同角度进行了研究。苗东升（2006）认为，创新型国家的特征是创新意识成为民族文化的基本成分，形成国家创新意志，国家体制能够自动促进创新。段培君（2008）提出了创新型国家的实践内涵，即创新型国家中，提高自主创新能力是发展科学技术的战略基点，是调整产业结构、转变经济发展方式的中心环节，提高自主创新能力作为一项国家战略，贯穿于国家现代化建设的各个方面。刘建生、玄兆辉等（2015）认为，创新型国家是指研发资源基础雄厚、创新环境良好、知识创造与扩散应用能力高、企业创新能力强、社会经济发展主要依靠知识创造、传播和应用来驱动的国家。在创新型国家的评价指标上，不同国家衡量指标版本也各有不同，如世界经济论坛（WEF）用人均GDP达到1.7万美元和矿物产品出口占国家总出口比例低于70%两个指标判定经济体国家是否进入创新驱动阶段，而美、英、德、法、日等国以《国家创新指数报告》和《全球创新指数报告》为参考，认为哪个国家两个指数均名列前茅便是典型创新型国家。此外，也有学者从宏观的国家发展战略论、中观的国家发展阶段论和微观的国家特征等角度分析创新型国家建设的理论与实践内涵。

虽然学者们的表述、指标不尽相同，但创新型国家共同的特质明显：即以技术创新作为经济社会发展核心驱动力，经济社会对创新活动具有较高的资源投入，重要产业具有较强的国际技术竞争力，同时具有较显著的投入产出的绩效，在产业发展和国家的财富增长中，科技进步和技术创新起到了至关重要的作用。以创新是否成为经济增长的内生要素、是否成为经济发展的主要驱动力来判定一国是否可以称为创新型国家，已成为普遍的共识。

2. 建设创新型国家的中国道路

加快建设创新型国家是一项系统工程，旨在以科技创新引领全面创新，实现科技创新与制度创新、管理创新、文化创新相结合，打破阻碍创新发展的各种藩篱和障碍，推动经济社会持续健康发展，不断增强国家综合实力。

从中国建设创新型国家的战略选择来看，在2006年全国科技大会上党中央首次提出建设创新型国家的重大战略目标。其核心是把增强自主创新能力作为发展科学技术的战略基点，走出中国特色自主创新道路，推动科学技术跨越式发展；把增强自主创新能力作为调整产业结构、转变增长方式的中心环节，建设资源节约型、环境友好型社会，推动国民经济又快又好发展；把增强自主创新能力作为国家战略，贯穿到现代化建设各个方面，激发全民族创新精神，培养高水平创新人才，形成有利于自主创新的体制机制，大力推进理论创新、制度创新、科技创新，不断巩固和发展中国特色社会主义伟大事业。此后历届党的代表大会均对建设创新型国家的目标和任务进行了与时俱进的延伸和发展。

党的十七大提出，到2020年国家自主创新能力显著提高，科技进步对经济增长的贡献率大幅上升，进入创新型国家行列。党的十八大提出，实施创新驱动发展战略，坚持走中国特色自主创新道路。《国家中长期科学技术发展规划纲要（2006~2020年）》提出，到2020年我国进入创新型国家行列，21世纪中叶成为世界科技强国。科技规划明确了到2020年建成创新型国家的4个评价指标，分别是R&D经费支出占GDP比重2.5%以上、科技进步贡献60%以上、对外技术依存度30%以下、发明专利年度授权量和国际科学论文被引用数世界前5位。

党的十九大进一步提出加快建设创新型国家，这是在社会主要矛盾发生转变的背景下党中央做出的重大战略决策，其实质是依靠创新推动经济发展动力转换，切实解决当前发展不平衡不充分的问题，具有明确的目标指向和完善的构建框架。

党的十九大报告详细阐述了创新型国家建设的战略地位、目标方向，为新时代加快建设创新型国家指明了方向。一是明确创新的地位，指出创新是引领发展的第一动力，是建设现代化经济体系的战略支撑。二是指明建设方向，即要瞄准世界科技前沿，强化基础研究，实现前瞻性基础研究、引领性原创成果重大突破。三是提出建设目标，要面向世界科技前沿，面向经济主战场，面向国家重大需求，实现科技强国、质量强国、航天强国、网络强国、交通强国、数字强国、智慧社会的创新型国家建设目标。四是加强国家创新体系建设。包括在重大创新领域布局国家实验室，以突破型、引领型、平台型一体化，成为具有全球影响力的科技创新中心。聚焦能源、生命、粒子物理等领域建设一批重大科技基础设施，以重大科技任务攻关和国家大型科技基础设施建设为主线，整合全国创新资源，建立新型运行机制。建立一批世界一流科研机构、研究型大学、创新型企业，为国家持续涌现重大原创性科学成果拓展创新主体。优化整合国家科研基地和平台布局，推动科技资源开放共享，形成国家实验室同其他各类科研机构、大学、企业研发机构功能互补、良性互动的协同创新格局。五是深化科技体制创新，全面优化科技创新环境，切实加强政策支持，制定和落实以鼓励企业技术创新为主的政策体系，推进科研项目评审、人才及职称评价、机构评估改革；不断完善国家技术转移体系，打造链接国内外各类创新资源的技术转移网络。六是大力营造创新文化，以创新型国家建设的实施营造全社会的创新氛围，以科技成果的实际运用彰显创新魅力，弘扬创新文化。七是培养造就创新人才，通过以"高精尖缺"为导向，推进创新型科技人才结构战略性调整，努力造就一大批能够把握世界科技大势、研判科技发展方向的战略科技人才，培养一大批善于凝心聚力、协调各方、自身科研实力强劲的科技领军人才，造就一大批热爱创新、勇于创新、善于创新的青年科技人才。创造创新人才培养和造就的良好环境，为创新型国家建设提供源源不断的人力资源和智力保障。

5.2　深科技促进创新型国家建设

创新不仅是经济发展的灵魂，更是国力昌盛的源泉，可以全面推动科技发展、社会进步和经济腾飞。而深科技兴起和发展可以筑牢创新发展之魂，拓宽国家动力之源，是创新型国家建设的基础条件和重要保证。纵观世界政治经济格局变迁的历史，深科技是国家间硬实力竞争的决胜之地。

1. 以前瞻性实现创新型国家建设的方向引领

深科技概念的提出，预示着中国科技历经跟踪、模仿与集成创新，现在到了比拼核心技术的新时代。深科技创新具有高度的前瞻性和战略性，可以成为对创新型国家经济发展方式、产业结构转型的目标指向和方向引领。随着我国人口红利、要素红利、开放红利的逐步减退，过去低附加值、低技术含量、高劳动力需求的产业结构正面临转型困境，而深科技所引导的新型技术产业的产出效益与资本和技术投入量成正比，具有高附加值、高回报率的特点，以深科技为创新发展导向，可以引领经济结构向高端化、集群化方向发展，整体提升国家经济水平，推动创新型国家建设。

从产业迭代角度来看，深科技发展有利于催生新兴产业。深科技是基础研究和原始创新的叠加，具有深层创新性，因此深科技为基础的产业大多属于新兴产业。以发展中国家、工业化国家、发达国家三类国家战略定位的差异来分析，一般科技创新型国家的发展战略常常定位在高端化、全球化。因此，深科技的兴起可以推动国家实现世界科技引领地位，逐渐完成国家高端定位战略，实现传统产业逐渐向新兴产业的转型升级，推动产业综合竞争实力的提升。

2. 抓住新一轮科技和产业革命机遇，助力中华民族伟大复兴

从历史上看，每次科技革命和产业革命都会带来世界经济快速增长，导致世界各国间国力和地位对比的重大变化，为新兴大国崛起提供难得的历史机遇。如果制度安排和发展战略得当，就能够抓住机遇实现科技创新能力跨越式发展，成功崛起为新兴大国。

当前，新一轮科技革命和产业革命正在孕育兴起，与我国全面建成小康社会、实现中华民族的伟大复兴形成历史性交汇，是我国和平崛起难得的历史机遇。新一轮科技革命和产业革命的内容从技术基础上看主要属于深科技的范畴，集中在新一代信息网络技术、生物、新能源新材料、智能制造等领域。与发达国家和其他发展中国家相比，我国具有技术的后发优势，还可以发挥国内市场规模、基础设施建设、现代企业体系构建、科技教育发展、战略规划措施和资源动员能力等经济优势和制度优势。世界历史及我国近代发展历史证明，科技革命和产业变革深刻改变世界发展格局，深远影响每个国家的生存与发展，我国要像一些成功崛起国家那样后来居上。抓住深科技创新的"牛鼻子"，就能牢牢抓住科技革命机遇，引领产业变革潮流，增强国家综合经济实力和国际影响力。

3. 促进实体经济发展，提升供给体系质量

深科技植根和成长于实体经济，能够有效地提升供给体系的质量和效益。深科技创新不仅引领众多实体经济产业实现优化升级，使其能够如同高铁一样拥有自主创新技术、像航天一样具有自主创新能力，而且能够带动与之相关的上游和下游产业的发展。在产业联动和技术外溢的影响下，投资和消费迅速增长，从而形成实体经济发展的蓝海。深科技发展可以大幅提高企业利润率，深科技产品能够产生高利润回报。深科技兴起的一般情况下聚集了较多的新产品研发优势，由

于研发阶段一般具有技术垄断性，加之深科技产业本身的特征决定了新产品的研发不易进入，必然使其能够具有高利润获得优势，推动国家整体经济实力的提升。深科技所创新营造的实体经济的蓝海，从根本上打破经济对低端产业的依赖，缓解经济增速下行压力，促进实体经济结构优化，推动实体经济重新进入高速增长的轨道，开启中国经济可持续增长的新时代。

4. 促进民族企业和民族产业发展，提升国际竞争力

民族企业研究和应用深科技，制造出"人无我有，人有我新，人新我特"的产品，形成新的产业链，形成以中国技术为核心和基础的产业体系，实现国家产业安全的基本目标。"人无我有"就是民族企业通过研究开发深科技，创造新产品，掌握新产品的产业链技术，特别是新产业关键零部件生产的核心技术，逐渐创造出发达市场经济国家产业缺乏或没有的技术，创造出新产品甚至是新产业。"人有我新"是指深科技可以帮助民族企业逐渐缩小与发达市场经济国家的现代产业和国家技术体系的差距。帮助民族企业不仅拥有发达市场经济国家产业的低端技术，而且拥有发达市场经济国家产业的高端技术和核心技术，在传统产业中创造出功能更强、价格更低的新产品。"人新我特"是指应用深科技的民族企业，不仅能够制造发达市场经济国家传统产业的产品，而且能够制造发达市场经济国家高新产业的产品，还能够在传统和高新产业的研发、制造、营销中创造性地形成"中国方式"和"中国独品"。深科技创新以技术优势极大提高中国产业体系在国际分工和价值链上的地位，推动中国企业从微笑曲线的底部向两端转移，增强中国产业体系在国际经济中的主动权，推动现代化经济体系的建设。

5. 奠定创新根基，夯实创新基础

按照联合国"三元创新环境评价系统"，国家创新能力体现在"塔形创新体系"结构上，即"塔基（创新基础）+塔身（创新主体）+塔尖（创新方向）"三位一体的塔形创新结构体系。而深科技是创新型国家建设最重要的"塔基"。一是深科技可以加快培育市场主体在创新中的作用。在深科技创新中，企业要加大研发投入力度，建立企业之间、企业与大学、科研院所之间的合作创新，处理好技术引进与自主创新的关系，不断提高自主创新能力，企业创新的动力、方式、制度均有所提升，有利于实现企业在技术创新中的主体作用。二是有利于打

造高素质科技和创新人才。高素质人力资本是开展深科技研发的主体队伍，深科技对创新人才提出在专业知识、理论素养、实践能力方面的更高要求，可以为建设创新型国家打造一支主力军。三是有利于培育创新文化。深科技创新往往涉及重要的基础研究领域，需要敢于冒险的精神与"敢为天下先"的勇气和品格，这是一种创新观念的力量，更是一种创新文化的力量，对整个国家创新氛围和创新文化的形成起着不可估量的示范作用和引领作用。四是形成要素市场和中介市场。深科技创新会带动各类孵化器、生产力促进中心的发展，形成技术市场、人才市场、信息市场、产权交易市场等在内的生产要素市场体系，形成咨询服务、信息服务、商标和版权代理中心的中介服务机构，并强化各类中介组织的联动集成作用，形成有利于创新的市场体系结构，为技术创新提供集中高效服务，提高技术创新成功率。

5.3　创新型国家为深科技发展创造良好的环境

加快创新型国家建设为深科技发展创造良好的制度环境和文化环境。历史上科技大国崛起都是较早建立了一套比较完善的激励创新的制度，包括知识产权制度、教育制度、反垄断制度、投融资制度等，以及在全社会形成了尊重知识、尊重科学、尊重人才、崇尚成功、宽容失败的文化氛围。

1. 优化创新制度环境，降低深科技创新的制度成本

制度创新是创新型国家建设的一项重要内容，可以形成有利于深科技创新的体制机制和制度环境，可以降低交易费用，减小制度成本。作为创新活动的重要主导者，政府最重要的职能是提供制度保障，营造良好的创新外部环境。

第一，制定国家科技战略规划，发展需求导向型科技创新。战略是一个国家筹划和指导全局的竞争方略，决定了全局的发展方向和发展定位。目前主要发达国家都将创新驱动发展作为国家发展的核心战略，并根据国内国际形势对创新驱动发展战略进行宏观的长期部署以及分阶段战略规划。将创新驱动发展战略作为中心出发点，理清创新驱动发展战略的演变历程，明确创新驱动发展的战略定位，制定科学的发展规划和顶层设计方案，有利于企业把握国际创新发展趋势，做出及时的创新战略和企业发展调整。

第二，完善法律法规体系，为深科技发展提供法律保障和稳定预期，尤其是可以通过强化知识产权保护制度，保护创新者利益，激发创新主体的积极性。

第三，创新型国家建设可以形成结构合理、运行高效的国家创新体系，使各类创新主体的作用得到充分发挥。国家创新体系学派将国家创新系统内涵概括为各创新行为主体、主体间互动形成的网络系统以及维护网络关系的体系规则和制度路径，并认为创新体系规则的建立会影响创新行为主体及其关系网络和运行机制。此外，创新型国家建设有利于优化科技资源配置。科技资源是一种特殊的资源，不仅需要自然资源作为载体，更需要凝聚人类长期以来的智慧。同其他资源相比，其稀缺性更为明显，客观上要求对其进行优化配置。合理分配与使用有限的科技资源可以使其产生最大的效益，通过配置效率来描述和反映科技资源配置结果，深科技在创新型国家目标体系下必将成为科技资源配置的重要方向。

第四，重大科技设施建设对深科技发展至关重要。《"十三五"国家科技创新规划》提出，"依托高等学校、科研院所布局建设一批重大科技基础设施，支持依托重大科技基础设施开展科学前沿问题研究"。国家重大科技基础设施、国家科学中心和国家重点实验室等科学研究基地将集聚世界级科学家和顶尖人才，对深科技发展具有重要意义。

2. 发挥政策体系导向作用

政策体系对深科技创新起着重要推动作用，在创新型国家建设中要充分重视政府的政策和投入的导向作用。技术创新具有一定的公共品性质，完全由市场配置是低效的，这就决定了必须由政府参与其配置。通过公共政策的引导和调整来纠正市场失灵，促使技术创新的正外部性内部化，激励企业技术创新，为我国深科技的萌芽和成长营造良好政策环境，尤其需要改革税收政策，完善财政激励政策。

政府可以通过税收政策的调节，弥补企业的深科技创新成本，分担创新带来的风险和收益不确定性。税收优惠支出对企业技术创新的激励效应高于直接财政支出，而其执行成本低于直接财政支出。税收优惠制度鼓励企业科技创新的最终目的是促进经济发展方式转变，为人类社会持续健康发展奠定技术基础。可以明确享受技术转让减免企业所得税的相关优惠规定，完善技术先进型服务企业所得税税收优惠政策，完善企业所得税过渡期优惠政策，完善国家鼓励的战略性新兴产业的企业固定资产加速折旧政策，对进出口税收政策进行调整。

当前，我国可以参考创新型国家的成功经验，完善和加强财政激励政策，以加快创新集群的形成和发展。加大政府的科技投入，调整财政投入在基础研究与应用研究、大学科研院所与企业之间的分布结构，科学制定和实施政府采购政策，可以有效激励企业深科技创新。建立中小企业科技开发准备金制度，建立科技开发准备金制度，允许企业特别是有科技发展前景的中小企业，按其销售收入一定比例提取科技开发基金，规定准备金必须在规定时间内用于研究开发、技术更新和技术培训等与科技进步有关的投入。

3. 推动创新平台和创新网络的形成

创新型国家建设将推动全社会创新驱动基本格局的形成，包括创新驱动主体系统和创新驱动协同系统，进一步明确政府、企业、研发机构、高校的职责作用，建立创新主体之间的协同运作网络，实现创新驱动的效用最大化。以产业为切入点，通过汇聚整合知识、信息、技术、政策等创新资源与要素构建技术创新支撑体系，为深科技创新完善构建良性互动的创新资源平台，包括产业集群创新平台、国际合作创新平台等，是充分利用和激活各类创新资源、集聚创新要素的重要载体。创新网络是指创新主体之间建立的长期信任与合作关系，可以降低创新活动中的谈判费用、简化协调过程，加快创新资源在集群内部的自由流动。例如，产学研战略联盟是一种重要的创新网络，国家可以通过科技计划、重大科技产业化项目、重大科技专项等，对产学研战略联盟给予优先支持。一方面，注重跨区域、产业的协同发展，从横向合作领域宽度和纵向合作领域深度延伸整合创新资源；另一方面，建设创新型国家与开放发展紧密相连，会进一步加强国际科技合作，积极主动融入全球创新网络，加强对国际科技创新资源的整合，为深科技发展提供全球化创新网络资源。

4. 形成支持创新的多层次资本市场

金融是经济的血液，也是创新活动的资本来源，创新型国家建设将促进多层次资本市场的形成，为深科技创新提供更加多元化的融资渠道，充分发挥创业板和"新三板"及科创板的作用，使更多具有创新能力的优质企业与资本市场对接。明确服务定位、强化监督管理、完善市场环境，将使创业板切实起到不断孵化科技成果、推动创新型企业成长的作用。随着全国性的技术产权交易市场管理机构、技术产权交易市场和产权交易信息共享平台的建立，技术产权交易市场的发展将助力深科技创新。积极发展面向科技型企业的债券市场，将改变千军万马靠银行过"独木桥"的融资格局。在支持风险投资的发展上，资金来源将进一步拓宽，投资主体更加多元化，民间资本流向风险投资业，保险资金、银行资金、社会资本都可以参与创业投资基金，更加健全科学的风险投资企业制度，可以保证风险投资的高效运作。

5. 提高全民族科学文化素质，营造有利于技术创新的文化环境

《国家中长期科学和技术发展规划纲要（2006~2020年）》中首次写入了科学普及和创新文化建设等重要内容。在创新型国家建设过程中，配合重大科技项目和工程项目的实施，政府将积极开展相关领域的各类科普活动。通过培养专业化的科普工作者队伍，建设科普场馆、科普网络平台等措施，有效提高我国的科普能力。创新文化环境建设成为创新国家建设的重要内容，在深入发掘和继承我国传统文化创新价值观的基础上，研究借鉴国外创新文化及其成果，构建和倡导中国特色的创新文化价值体系，通过宣传教育、树立榜样、推广先进经验等方法，在全社会积极宣传创新思想，大力倡导敢为人先、敢于攻坚的精神，倡导敢于创新、勇于竞争和善于探索的精神，增强全社会的创新意识，树立民族自信心，增强社会责任感，为推进深科技创新营造良好的社会氛围和长期基础。

5.4 深科技与创新型国家发展的趋势

全球科技创新呈现出新的发展趋势和特征，对中国而言，建设创新型国家必须牢牢抓住深科技这个"牛鼻子"，准确把握前沿发展态势，紧紧跟随科学前沿。在深科技前沿领域超前规划布局，全面增强自主创新能力，在重要领域实现率先突破，掌握新一轮全球科技和产业竞争的战略主动权。

1. 多学科协同创新和交叉融合趋势显现

深科技创新通过打破原有的生产边界，对原有的要素资源进行新的系统整合，带来了新的技术和组织形式，促进了生产力的发展。与应用型、集成型创新不同，深科技带来的是物理世界的改变而不是简单的虚拟世界的改变，更多地聚焦尖端核心科技的技术；比高科技更胜一筹，它是以工程技术和科学研究为驱动的创新。伴随着物联网、云计算、大数据、第五代移动通信技术等新一代信息技术与开放创新、协同创新、产消融合等创新模式和商业模式结合，当今全球科技创新已经由持续性创新进入颠覆式创新的新阶段，不断孕育出新的经济增长点。

人类对能源、资源、环境、健康、娱乐等诸多需求的提升催生相关领域的科技突破，对跨界推动多科学领域的协同创新和交融发展提出了新要求。深科技创新催生产业创新、产品创新、市场创新、业态创新、组织创新、管理创新等多种创新并举，形成融合创新和群体跃进的发展态势。

深科技不仅关乎经济发展，更与军事、国防息息相关，已成为考核世界各国综合实力的重要指标。深科技通过融合创新可以化科技为产业，带动科技、资本和产业的集聚。同时，深科技创新与金融资本深度融合，可以推助新兴产业快速成长，改变产业组织、收入分配和需求模式，正在成为全球经济增长的新引擎，成为后发者实现弯道超车的制胜法宝。

2. 更加注重标准创新

标准是科技创新成果的载体，标准化与科技创新互为支撑、协同发展，深科技发展进一步推动标准创新。通过制定标准抢占技术制高点，是企业和国家参与全球竞争的重要途径。纵观人类社会发展历程，就是一个技术不断创新的过程，随之产生了一代又一代的标准，集中了人类社会的知识、经验和智慧，反过来推动科技、经济和社会的发展进步。标准滞后将会严重影响产业发展和科技创新。标准化水平不仅是衡量一个企业核心竞争力的重要指标，也是衡量一个行业乃至国家核心竞争力的重要指标。随着我国的深科技创新能力不断提升，新能源、高铁、特高压、智能电网等技术发展走在世界前列，这些技术标准正逐渐成为国际标准，将助力中国在国际市场的竞争中获得主动。创新型国家建设要紧密围绕国家重大战略需求，进一步增强标准意识，抢占事关长远利益和发展全局的深科技标准制高点。标准化建设是一项基础性、战略性、长期性工作，需要形成国家意志，在国家层面对深科技的标准化工作进行统一部署。

3. 企业的创新主体地位愈发凸显

与在凝聚共识基础上形成的、具有计划性的战略规划不同，深科技创新虽然需要雄厚的技术积淀，但也具有很强的不可预见性甚至是随机性，非战略引导下的自发式创新频繁涌现。创新轨迹呈现出一种非线性特征，很多科技领域的重大创新发生在规划领域之外，正如爱迪生的电灯试验成功是被偶然事件触发一样。例如，隐性知识和暗知识的转移已被公认为科技创新快速发展的重要因素。

计划外的知识转移和扩散可能具有某些模仿的特性，但从实际效果来看确实提升了社会的创新能力与科技水平。一些重大技术突破不一定来自国有部门，而是由民营企业实现的，如华为的5G技术、百度的人工智能、小米的节俭型创新等。随着改革开放的深入发展，社会主义市场经济释放出巨大的创新活力，大量科技创新人才离开了国有企业或其他公共部门，在私营部门工作或者自主创业。外资企业在中国的扩张也使得隐性知识得以广泛传播并成为创新的源泉。因而，中国深科技发展需要优化战略框架，既强调目标路径的统一，又为创新的自发性预留空间，尤其是鼓励私营部门的创新发展，夯实企业创新主体地位。

4. 创新集群将加快发展

1999年，经济合作与发展组织（OECD）出版了《集群——促进创新之动力》研究报告，提出了"创新集群"（innovative clusters）思想；2001年，OECD在另一份研究报告《创新集群：国家创新体系的推动力》中，对发达国家的"创新集群"进行了实证分析，研究了创新集群的竞争力、创新集群模式、创新集群发展政策、创新集群与国家创新体系的关系。所谓创新集群，是指由企业、研究机构、大学、风险投资机构、中介服务组织等构成，通过产业链、价值链和知识链形成战略联盟或各种合作，具有竞争优势的集聚经济和大量知识溢出特征的技术—经济网络。与普通产业集群不同，创新集群是一种"以创新为目标"的集群（OECD，2001）。

从结构和功能看，创新集群具有五个典型特征：一是以企业为主体，研究机构、大学、政府和中介组织等共同参与了创新活动；二是企业、研究机构、大学和消费者在创新活动中形成了各种战略联盟与合作关系；三是高强度的研发经费投入，其中大型创新企业的研发投入起举足轻重作用；四是大量的知识转移和知识溢出，其主要形式是专利和将新知识物化的新产品；五是快速增长的集聚经济。深科技具有很强的基础性、原创性和学科交叉性，需要不同类型创新主体之间的配合，需要价值链条不同节点的协调，需要公共部门和私营部门的共同努力，对于创新集群的发展起到重要的推动作用，大大提高全社会协同创新能力。

5. 新的政府—市场互动结构和制度优化逻辑逐步形成

在深科技的催化下，政府和市场关系将更加协调，自发地形成"制度供给—市场机制—创新行为—创新绩效"的发展范式，政府和市场之间实现信息传递和制度供给的良性互动结构，让科技创新的个体价值实现在推动社会制度变迁与创新的过程中上升为公共价值。在信息传递机制方面，将实现进一步的扁平化，自上而下和自下而上的信息传递机制有效互补，加快信息在市场之间、政府之间，尤其是市场与政府之间的传递速度。

深科技带来市场主体潜能与创造力的自由释放，在提出对正式制度需求的同时产生着诱致性制度创新，为快速发现和解决问题、准确实现制度供给、破解深科技创新的体制机制障碍、推动新技术的自由发展和新动能的有效转换提供了健康有序的社会运转机制保障。创新主体可以进行不同路径的尝试、探索，为破解制度难题提供多样化的选择方案。

深科技发展的制度和政策需求也使政府获得更多的改革信息，推动政府简政放权改革和职能部门联动，依据市场需求选择最佳的制度供给方式，为深科技发展扫清障碍、提供制度和体制环境。在制度变迁的演进中自发地构成社会内在机制的技术创新与制度创新互相促进的发展路径，同时也形成信息对称、价值包容性、绩效显著的可持续的制度变迁模式。

6. 国际技术合作与竞争同时加强

当前，国际合作与竞争逐渐从军事领域、经济领域扩展到科技领域。科技成为各国除政治经济领域之外的又一个重要的合作领域，与此同时也伴随着日益激烈的国际科技竞争。在创新型国家建设进程中，中国正逐渐向科技强国迈进，尤其需要加强国际科技交流与合作，提高中国的科技发展水平与国际竞争力。只有突破发达国家技术垄断壁垒，进入全球技术前沿，才可能从技术标准的遵守者和跟随者变成制定者甚至主导者。从这个角度讲，中国与其他发达国家甚至新兴经济体正在产生强竞争关系，尤其是要在引领性发展目标下实现深科技创新。

与模仿和学习追赶阶段相比，引领性发展阶段的深科技创新及产业化过程往往要经历更长的时间、增加更多的投入、面临更多的不确定性。这就需要中国保持战略定力和耐心，扎实开展基础性、前沿性、创新性研究，掌握深科技源头，就不会受制于技术路径依赖和先行者的技术垄断，可以获得更广阔的发展空间。但这也意味着会与原有技术垄断者发生激烈的研发投入竞赛、技术标准竞争和产业市场竞争。要获得竞争优势需要改变过去长期存在的技术依赖，在精准、密集、高效的技术研发及产业化中建立自己的技术标准，进而主导国际标准制定，掌握发展主动权，增强国际竞争力。与此同时，竞争加强并不意味着要抵制合作，深科技创新的基础性和前沿性决定了合作的必要性，尤其需要创新网络和创新链条的建立，需要与占据国际深科技技术前沿的机构和企业保持信息沟通、加强创新合作，换言之，深科技的竞争从某种意义上讲也成为创新生态圈的竞争。

第 6 章

深科技与创新型国家发展的现状和问题分析

深科技创新能力是创新型国家发展之根,是经济持续健康发展的不懈动力。要实现中华民族伟大复兴,必须依靠深科技创新,必须充分激活和发挥十几亿国民巨大的创新潜力。

6.1 中国深科技与创新型国家发展的现状

创新型国家建设目标提出以来,在政府创新战略规划引导下,在坚持市场在资源配置中的基础作用下,政、产、学、研紧密结合,科技创新、制度创新、管理创新协同并举,自主创新、引进消化吸收再创新等多种创新模式综合应用,强化科技与经济对接,深科技的创新和应用日益活跃,并不断推动制度创新和管理创新。

1. 创新型国家建设成就显著

第一,制度创新与管理创新水平不断提升。制度创新与管理创新是科技创新的重要保障。近年来,从创新型国家建设的顶层设计到微观基础,从中央到地方政府不断深化体制机制改革,政府加强战略规划与引导,将市场强大的激励机制引入国家战略引导的框架下,为创新型国家建设营造了良好的制度环境。如2006

年2月，国务院发布《国家中长期科学和技术发展规划纲要（2006~2020年）》，为中国创新型国家建设提供了战略指导；2008年国家相继出台了一系列科技企业、产业与产品的税收优惠政策，包括对结构调整、产业升级、企业创新有积极带动作用的重大技术装备关键领域的进口税收优惠，对科技园、科技企业孵化器的税收优惠，对创新型企业所得税的优惠以及对科技开发用品免征进口税等税收优惠；2007年修订了《科技进步法》以及科技相关政策法规，国家科技计划体系、国家创新体系、军民两用技术创新体系、科技中介服务体系、区域创新体系和创新生态系统建设取得了新的突破；高等学校、科研院所不断深化科技管理体制改革，在科技成果评价、科研项目和资金管理、科技管理信息以及科技发明奖励等领域不断深化改革。在企业所有制改革方面，国家不断完善企业管理者、科研人员的创新激励与约束机制，修订了《中央企业负责人经营业绩考核暂行办法》等指导性文件。2015年以来，国资委对中央企业实施市场化选聘经营管理者，推行职业经理人制度和兼并重组等试点，激发中央企业管理者的企业家精神，提高中央企业创新能力。可见，创新型国家建设的十几年时间里，中国科技发展的制度环境质量与管理水平不断提升，科技创新、制度创新与管理创新的协调性增强，国家创新体系与创新生态系统建设不断取得新的进展。

第二，深科技产业发展水平大幅提升。随着创新型国家建设的深入推进，深科技创新水平不断提升，中国产业发展实力也在逐渐增强，一些产业已经具备了较高的科技创新水平和国际竞争力。目前，中国产业正向着技术复杂化、高度信息化、智能化和服务化方向发展。例如，中国高铁实现了"中国制造"向"中国标准"的华丽转身，在世界市场上具有绝对优势；航空航天事业保持世界领先水平，继2003年神舟五号载人航天飞船将杨利伟送上太空后，2005年、2008年、2012年、2013年和2016年又先后将数名航天员送上太空，刷新世界航天纪录；石墨烯、纳米材料等新材料工业不断发展，2015年中国发布了全球第一份超材料领域的国家标准，奠定了中国在超材料研究领域的国际领先地位；信息产业发展迅速，智慧城市、物联网、人工智能等不断引领技术变革。总体而言，深科技产业与战略性新兴产业发展一直保持较高的增长势头，产业规模不断扩大。

第三，科技创新对经济社会发展的拉动作用明显增强，创新水平不断提高。经过十几年创新型国家建设，中国创新能力和国际竞争力显著提升，对经济增长作用明显增强。在深科技领域，超级计算、中微子振荡、量子反常霍尔效应、基因测序等取得重大突破。2016 年世界知识产权组织发布的全球创新指数中，中国排名第 25 位，成为首个跻身前 25 名的中等收入经济体；2016 年全球创新指数显示，中国创新型国家排名第 21 位；欧洲创新积分榜（EIS，European Innovation Score board）的数据显示，若将欧盟看作一个整体，2016 年中国创新指数排名全球第 7 位。中国创新指数居金砖国家首位，虽然与世界发达国家相比有一定差距，但增长率远高于所比较国家中排名第二位的韩国，中国与发达国家的创新水平差距正逐步缩小。

2. 中国发展深科技、建设创新型国家具有比较优势

中国社会主义制度具有政治优势。这种政治优势表现为强大的组织动员能力，即可以集中资源，实现跨越创新突破。20 世纪 60~70 年代，我国在极为困难的情况下取得了"两弹一星"的辉煌成就，成功实现了人工合成胰岛素，发展了长期稳产、高产的石油工业，这在其他国家是难以想象的。我国完全能够通过制度安排，围绕创新型国家建设的总目标，集中科技和经济资源实现技术攻关。

中国经济发展奠定资金优势和技术基础，研发投入不断加大。经过 40 年的改革开放，我国经济规模已跃居世界第二，涌现了一批知名的创新型企业，如华为、海尔、腾讯等，在产学研合作和企业战略联盟方面有多年的实践经验，这些都为创新型国家建设提供了经济基础和技术基础。近年来，我国不断优化财政性科技投入结构，基础研究经费投入持续增长。纵向来比，2017 年中国研发经费投入总量比上年增长 11.6%，增速较上年提高 1 个百分点；横向来比，中国研发经费投入总量目前仅次于美国，居世界第二位。2017 年，中国研发经费投入强度（研发经费与国内生产总值之比）为 2.12%，较上年提高 0.01 个百分点。

3. 中国离真正的创新型国家尚有差距

衡量一个国家是否属于创新型国家，不能单纯以拥有多少科技人员、发表多少学术论文、取得多少科技成果等等为依据，更重要的是要看创新在国家的发展中是否起到主导作用。目前，世界上公认的创新型国家创新综合指数明显高于其他国家，科技进步贡献率在 70% 以上，研发投入占 GDP 的比例一般在 2% 以上，

对外技术依存度指标一般在30%以下。此外，这些国家所获的三方专利（即美国、欧洲和日本授权的专利）占世界数量的绝大多数。

从创新型国家应当具有的共性基本特征看，2017年我国研究与开发经费支出占GDP比重为2.12%，中国核心期刊被引数排名世界第四位，符合创新型国家的部分特征。与此同时，每万人发明专利拥有量为9.8件，科技进步贡献率为57.5%，技术对外依存度远超过30%，尚未步入创新型国家门槛。

值得注意的是，也有部分创新指数评估认为中国已迈入创新型国家行列。例如，《2017全球创新指数报告》显示，2017年中国位列世界最具创新能力经济体第22位，排名较2016年度上升了3位，成功跻身全球创新型国家行列。报告显示，中国成为与发达国家经济体创新差距不断缩小的唯一中等收入国家，其成就开始向发达国家创新集群靠近。2017年报告首次使用基于专利分析的"区域创新集群"指标（clusters of inventive activity），中国深圳—香港、北京、上海进入前20强榜单。

从创新成效来看，相对于创新环境的年均增长和创新产出的年均增长而言，我国创新成效的年均增长仅为4.10%，增长速度较慢。我国目前多数行业的关键核心技术与装备基本上是依赖国外，特别是信息产业、核心部件和系统软件大量依赖进口。许多在国民经济中发挥主导作用的产业及主导产品的生产，往往依靠外国技术和装备进行生产。例如：作为装备制造业核心的数控机床，我国大多数控机床的研发主要集中在经济型和普及型数控机床方面，高档数控机床自给率不到5%，我国的高端数控机床95%以上被国外品牌占据，尤其关键技术与核心技术高度依赖国外。

以上结果表明，我国现阶段尚未成为被普遍承认的创新型国家，加强以深科技为代表的原始创新任重而道远。

6.2 深科技与创新型国家发展面临的主要问题

虽然近年来我国深科技与创新型国家发展取得了一定成效，但仍面临着原始创新能力较差、创新主体发育不健全、政策激励不充分、人才储备不足、产学研联动不够等问题和挑战。

1. 原始创新能力亟待提高

我国科学技术研究基础和研究水平与发达国家存在很大差距，核心关键技术对外依存度高，拥有自主知识产权的技术与产品少，"卡脖子"技术比比皆是，在整个世界产业分工格局中处于价值链低端。多年来的技术后发地位也使得企业更倾向于引进跟踪模仿国外技术、低水平复制生产能力，而不愿意走具有市场风险的自主创新道路，这对于快速提高我国的整体自主创新能力非常不利。科技投入产出效率不高，新产品的产值、销售收入、出口以及高科技产业增加值占制造业增加值比例及其出口额占比不高，创新产出和创新效率与创新型国家之间差距依然很大。我国总体仍处在以引进技术的消化吸收再创新和集成创新为主的时期，还没有真正进入原始创新为主的阶段，必须更加注重实用性原始创新，紧紧围绕我国经济社会发展的重大需求，发展有战略目标导向的深科技，更有效地推进全面创新和加快先进技术产业化。

2. 创新主体发育不健全

当前，我国企业多依赖自然资源和低劳动力成本形成竞争优势，企业研发投入偏低，专利申请量和自主知识产权的产品和技术较少，自主创新能力普遍不强。由于市场竞争环境不完善，行业利润率差别很大，自主创新存在较高机会成本，弱化了企业自主创新的内在动力。由于缺乏公平竞争的市场环境和市场导向，企业难以真正成为主导产业技术研发创新的决策主体、产学研合作链接主体、研发投入主体和成果产业化主体。一方面，大多数企业缺乏创新意识，创新投入不足，市场竞争力薄弱；另一方面，企业尤其是中小企业又面临人才匮乏、资金不足、信息不对称、在金融市场融资困难等问题，难以抵御市场风险，在高技术产业和战略性新兴产业缺乏话语权与竞争力。

不同所有制企业公平分享科技创新资源的机制并未形成。国有企业的科技创新效率和效果较低，与其占有的资源非常不相称。由于国有企业产权制度改革不完全，仍然与政府保持着紧密的关系，并且或多或少地替政府分担了许多社会责任，再加上考核体系和任期制等因素的影响，造成国有企业在科技创新中的惰性。中小企业因其体制灵活、具有很强的市场意识和危机意识，具有较强的创新意愿。但目前民营中小企业与国有企业相比，很难获得政府研发资金、银行贷款、税收优惠等技术创新政策的支持。

3. 创新人才资源不足

"创新驱动实质上是人才驱动"。习近平总书记强调，我国要建设世界科技强国，关键是要建设一支规模宏大、结构合理、素质优良的创新人才队伍，激发各类人才创新活力和潜力。科技人才是我国实施创新驱动发展战略、建设创新型国家的核心要素。当前，我国科技人才数量虽在持续增长，但擅长深科技创新的科技人才仍然缺乏。

第一，基础研究的高端人才储备严重不足。目前，我国大量科技人才都集中在传统工业领域，而从事基础性和科技关键领域及前沿技术研究的高层次科技人才严重不足。在各类科技人才中，中低层次工程技术类人才占比较高，具有较强创新能力的研发人员数量偏少。

第二，科技人才引进政策有待完善。当前，人才政策主要围绕补助科研经费、提供工作条件和生活待遇等内容，形式较为单一。多数地方的人才引进工作行政主导特点十分明显，市场与社会力量参与不足，引进人才缺乏可持续性，短期化倾向明显，各地区之间存在引才政策的恶性竞争，严重影响了人才政策的实施效果。

第三，科技人才培养力度不强。中国高校专业设置整体落后于社会需求，对新兴产业急需的深科技人才很多高校没有设置相应专业。科研单位倾向于招聘具有相关经验的科技人才，缺乏人才培养动力，对科技人才重使用、轻培养。

第四，科技评价导向不合理。片面追求短期效果的考核评价机制不利于科学研究中基础理论的探索和公共知识的创造；唯中国核心期刊论，"以论文论英雄"情况严重。大量科研人员为获得晋升、项目经费，将大量精力用在发表论文上，难以潜心做科研。

第五，对创新的人才激励不充分。人是科技创新活动的第一要素，但现行制度未能充分体现对人才要素的足够补偿和有效激励，缺乏对科技人才的税收激励机制。如我国现行个人所得税优惠政策多针对科研单位和高等院校的个人，对于企业的科研人员的激励，如个人所得税专项优惠制度、股权、期权制度等还未健全，这种覆盖的不充分必然影响企业科研人员创新的积极性。财政、税务、人事等部门在人才政策实施过程中往往存在利益冲突，使部门之间相互牵制，导致政策落实难、不到位，进而影响其最终实施效果。科研单位内部管理体制和人才激励机制仍然比较僵化，科技人员普遍存在收入少、待遇低的问题。

4. 产学研联动机制不健全

创新集群理论认为，创新型国家的内部结构可分为创新组织、创新集群和创新经济三个层次；企业、大学、研究机构、政府和中介服务等创新组织构成了创新集群，创新集群成长、壮大后就演化为创新经济，当一个国家的创新经济在国民经济中占主导地位时，这个国家就是创新型国家。在我国，创新集群规模小、缺乏竞争优势，整个国民经济属于"制造经济"，离"创新经济"有很大距离。

在创新集群中，产学研战略联盟是重要的代表。中国科学产出与技术创新两个环节之间缺乏有效衔接，突出表现为大学和科研院所与产业界之间的相对脱节，导致相关科学产出难以迅速有效地配置到产业发展的应用领域。高校、科研院所和企业之间的壁垒尚未从制度上真正破除，合作还停留在相对低层次，产学研战略联盟的建立只是趋于表面化和形式化。三方之间没有建立一种长期、稳定、制度化的利益共同体。完善的利益和风险投资机制尚未建成，这不利于产学研战略联盟的微观机制和政策环境的形成。由于产学研各主体定位不清，政府、企业、高校和科研机构在技术创新中的协作关系失调。产业链上下游之间的技术创新结合不够紧密，同时高校、科研院所与企业缺乏对接，大量科技成果束之高阁，不仅未能及时有效地转化为社会生产力，而且造成了严重的科技资源浪费。据统计，中国高校、科研院所的科技成果转化率大约在20%~30%，真正实现产业化的成果不足5%，与发达国家70%~80%的转化率和20%~30%的产业化率相比相去甚远。

5. 政策支持力度不足

（1）财政研发投入不足。一是基础研究支出占 R&D 经费比例较低。2017 年中国研发经费投入总量为 17500 亿元，其中基础研究经费为 920 亿元，基础研究占研发经费的比重仅为 5.3%。而国际上科技发达国家基础研究投入占 R&D 投入多在 15% 到 20% 之间，即有近五分之一的科技投入都放在基础研究上，与之相比，我们的不足显而易见。二是企业研发投入增长较快，公共部门增长较慢。从研发活动主体看，2017年企业研发经费为13733亿元，比上年增长13.1%，连续2年实现两位数增长；而政府所属研究机构和高等学校研发经费分别为2418.4亿元和1127.7亿元，分别比上年增长7%和5.2%。三是基础研究投入以中央财政为主，地方财政对基础研究的投入总量较低。根据财政部公开的2016年国家财政支出决算，科学技术科目下基础研究支出569.7亿元，其中中央本级财政支出518.1亿元，地方财政支出51.6亿元，仅占9.1%，地方政府投入有待进一步增长。

（2）税收政策支持科技创新不足。现行税收促进创新发展的制度体系系统性不强，存在诸多不完善之处。如增值税一些抵扣链条还未打通、税率等级较多等，均不利于企业的创新发展。一是与典型创新型国家相比，我国创新企业的税负水平仍然较高，降低了中小型企业的创新能力。现行税收制度对高新技术企业的认定严格，更偏爱于研发强度水平较高、实力较强的大型企业，最需要支持的中小型创新企业往往由于会计核算水平、信息资源和谈判能力等资质的限制而"失宠"。二是对创新创业的风险投资激励不充分。已经得到市场认可、盈利能力强、处于成熟期的科技企业更容易享受优惠，而初创期的企业却很难获得优惠。而且，政策规定有限合伙企业的合伙人不享受股息红利减免，并比照个体工商户的生产、经营所得适用5%~35%的五级超额累进税率，税负较高，抑制了合伙制风险投资企业的发展。三是当前税收优惠制度与典型创新型国家相反，主要以减免税额、降低税率等直接优惠方式为主，而在加计扣除、加速折旧、税收返还和延期纳税等方面呈现弱化现象。如加计扣除不合理、加速折旧容易引发"税会差异"导致企业面临涉税风险、当下亏损企业难以享受加速折旧的优惠等。四是税收激励重结果轻过程。在研发活动、科技成果转化、产业化及规模化链条中，现行的税收激励政策偏重链条中后端，这种导向不利于我国自主创新的累积，企业更热衷于引进国外技术、设备。五是针对区域、基于企业资质认定等的税收优惠偏多，而聚焦企业创新活动的税收支持不足。在多年税收优惠政策陆续推出累积而成的税收优惠支持格局中，针对不同区域（如各类高新区的批复认定）、不同企业资质认定（如是否取得"高新技术企业"认定）的税收优惠偏多，但聚焦于企业创新活动、特别是中小企业创新活动进而有效行使税收手段的支持政策不足。

（3）税费体系规范性程度不够。除了企业所得税外的收费、罚款等负担还存在过多、过滥、随意性大等问题，虽经多年整顿清理有所改进，但还不能令市场主体十分满意。政府制定和改革税收政策的同时，需要配套规范对企业的各项收费，真正减轻企业创新创业的压力。

6. 市场经济秩序混乱，假冒伪劣产品屡禁不止

（1）企业诚信意识淡薄，假冒伪劣产品屡禁不止。由于市场监管不到位，因而企业重利润轻诚信，市场经济秩序混乱。市场经济秩序混乱的表现形式繁多：生产假冒伪劣产品屡禁不止；不按照合同履约，拖欠货款，或收到货款不给货；等等。

假冒伪劣产品扰乱了科技市场秩序，既侵害了消费者权益，也干扰了奉公守法企业的正常经营，影响了科技市场健康发展。假冒伪劣产品的表现形式多种多样：假冒名牌商品；无视知识产权法，模仿名牌产品；以劣充优，以假充真；以旧冒新，收购旧货包装经清洗或修理后，换上新产品的外包装，冒充新品；等等。生产和销售假冒伪劣产品的违法企业，大赚黑心钱，获取高额非法利润，损害消费者利益，甚至危及消费者的健康和生命安全，导致奉公守法的科技企业生存困难，既造成社会资源的浪费，也严重破坏公平竞争的市场经济秩序，市场资源配置效率低下，还导致中国的创新型科技产业缺乏国际竞争力，在国际竞争处于劣势地位。

市场经济秩序混乱，消费者搜索货真价实的科技产品的实际成本很高，消费者对国内科技市场产品信任度下降、缺乏信心，转而将有支付能力的需求转向国外，导致国外消费增速高于国内消费增速。

（2）"山寨"产品横行，企业创新难。中国政府微观规制政策不健全，导致市场秩序不规范，知识产权保护不力，消费产品山寨盛行，企业自主创新能力弱。中国号称世界工厂，然而，由于中国企业创新能力弱，核心技术都被跨国公司掌握，因此，称中国为"世界加工厂"更为贴切和准确。"世界加工厂"的明显特点之一是"山寨"。

"山寨"，企业仿造品牌产品、以廉价优势占领科技市场。"山寨"产品往往打着"假冒不伪劣的"旗号盛行于科技市场，严重挤压了创新企业，特别是以自主知识产权创新企业的市场空间，削弱了企业自主创新的动力，销蚀了消费者

对国内消费品市场的信心。企业创新是一项高投入高风险且耗时长的投资，在"山寨"产品的冲击下，自主创新的企业也必须进行价格战，导致投资效益低，利润微薄，高额研发资金难以为继，甚至在与"山寨"产品的低价竞争中败北，从而，打击了科技企业研发和创新的积极性，强化了消费者对其产品不信任感，激励消费者出国购买货真价实的产品，极大地挤压了创新企业的产品、特别是深科技创新企业产品的市场空间，抑制了深科技企业的成长。

6.3 深科技与创新型国家发展面临问题的成因

中国在深科技和创新型国家发展过程中面临的一系列问题和挑战，说明更高层面的制度体系、法律体系、体制机制以及更深层面的文化、教育都需要进行适应性变革，为促进深科技发展奠定最坚实的制度基础和社会基础。

1. 政府与市场关系未理顺

近年来，中国的创新能力不断提高，但在创新驱动发展道路上还面临着诸多障碍，究其原因主要是政府与市场的关系没有理顺。多年的计划经济体制影响仍然存在，从政府的职能来看，政府在创新资源配置方面权力过大、干预过多，而在构筑有利于技术创新的基础制度与市场环境方面着力过少，政府越位与缺位、政府与市场错位的现象大量存在。因此，在中国社会主义市场经济尚未成熟的情况下，深科技和创新国家发展过程中必须处理好政府干预和市场起决定性作用之间的关系，政府将主要精力放在完善法律法规、健全体制机制、制定激励政策、维持市场秩序方面，尽可能减小创新的制度成本。

2. 科技体制机制不完善

当前的科技创新体制机制与国家创新驱动发展战略还存在着许多矛盾，科技管理体制不顺、创新动力机制缺失、利益分配机制不健全等体制机制障碍依然存在。宏观科技管理体制没有理顺，调控能力明显不足。中央与地方之间、科技相关部门之间、科技部门与其他部门之间的沟通协调机制不畅，出现政出多门，科技资源重复部署，未能集中高效利用。条块分割、交叉重叠、重复立项甚至互相掣肘的现象严重制约了微观主体的创新活动。科研经费分配机制不合理，科学研究和技术研究的分配比例不合理，科学研究的投入比例过小，无法对从事深科技等原始创新的市场主体形成正向激励。在做好顶层设计规划时，也要借鉴其他发达国家的做法，破除目前体制机制存在的障碍和现实约束，设计出一套与深科技发展需求相匹配的科技创新体制机制。

3. 法律支撑不足

法律是经济社会发展的基石，也是深科技与创新型国家发展的保障。从事科技成果研究与开发的私人收益小于社会总体效益，也就是存在通常所说的"外部性效应"，在得不到正向激励的情况下，外部性效应可能会抑制创新主体的积极性，这就要求政府必须建立完善的法律来保证科技创新主体的利益。中国的科技创新制度体系中法律建设严重滞后，从基础层面上对科技成果所有权、占有权、使用权、收益权、处置权等基本权利缺乏明确界定和保障，从应用层面上对成果转化中的收益分配机制、税收优惠措施等重要问题也未能给予明确的规定，难以从法律的高度构建推动科技成果转化发展的制度环境，难以给科技创新主体稳定的权利保障和未来预期，难以真正激发内生动力。

4. 教育理念亟待改革

在深科技领域，创新正在经历从主体外生型到主体内生型的转换，持续不断地创造和产生原创性技术、想法和模式，成为创新驱动发展的根本特征。创新主体的转变考验着一个国家的教育体制和教育质量。目前，分科教学仍然是当前我国科技教育的主流。分科教学在我国有着悠久的历史传统，现代学校教育制度被引入我国后，尤其是在诸如高考、中考等分科考试的推波助澜下，分科教学的地位在我国教育领域十分牢固。这种教学模式固然巩固了学生的学科知识，但从深层次来看，不利于学生采取更宏观的视角来理解科学技术的整体意义，也人为设置了学科交叉融合的障碍，局限了学生用多学科知识解决具体问题的可能性。同时，受制于考查形式，我国的教育更加重视学生的知识习得，而对实践能力的关注力度、培养力度则明显不足，即便在物理、化学、生物等学科中实验能力、实践能力也往往处于配角的地位，学生利用所学知识在真实世界中发现问题、分析问题、解决问题的能力亟待提升。此外，中国教育理念强调对规矩的遵循，也就是说对"听话"的学生青睐有加,对批判精神、质询精神的强调和引导严重不足,抑制了学生科学精神的发展。

5. 缺乏创新文化

创建创新型国家与建设创新文化密不可分。尽管中华文化包含着"兼收并蓄""人本""和谐""辩证"思维等有利于创新的积极因素,但是也存在"小生产意识""过分迷信权威""一元化评价标准""诚信文化缺失"等阻碍创新的不良因素。与美国、德国、日本等发达国家相比,中国还存在着严重的创新文化缺失和创新精神弱化等问题。因此,在开放环境下,我们必须学习发达国家在创新文化中的可取之处,在整个社会中营造出创新驱动的氛围,打造公平竞争市场,积极建立并优化创新驱动的软环境。

6. 政府市场监管滞后与缺失

(1)政府监管滞后,管理方式被动。政府市场监管缺乏主动性,监督管理滞后,许多受到公众关注的市场监管事件,已陷入了媒体发现曝光、监管部门事后补救的怪圈之中。假冒伪劣、虚假宣传等事件常常是毫无悬念地得到平息,然而,按下葫芦浮起瓢,要不多久,相似的事件又会跃入公众的视野,政府市场监管总是采取救火式处理方式而非"防火预警机制"来处理此类事件,此种"马后炮"式的执法如何能真正地监管那些利欲熏心的侵犯知识产权的违法企业?又如何让黑心的违法企业家的血管中流淌着"道德的血液"?市场秩序如何得到规范?

在电子商务中,缺乏网络安全监控机制。加之网络运营商管理不完善,在病毒、非法存取、网络资源非法占用或控制、网络黑客攻击等因素,很容易导致个人信息和交易敏感数据泄露,损害自主创新的深科技企业的权益,扰乱市场秩序。

(2)违法成本低,企业逆向选择。目前,国内关于侵犯知识产权的法律过于宽松、对无良的侵犯知识产权企业和销售"假冒不伪劣产品"的违法企业的处罚太轻,自主创新企业和消费者的权益受到侵害后,违法企业赔偿太少,给予侵犯知识产权和制售假冒伪劣产品企业以可乘之机,形成了逆向激励机制,违法的企业会打"小九九":既然赔偿远小于收益,提高产品质量将增加成本,还不如等自主创新企业或消费者提出维权要求后再进行赔偿，反正也赔不了多少。由于企业违法成本低导致企业逆向选择：违法企业忽视创新企业和消费者权益，导致创新企业和消费者维权难，原本应该保护奉公守法企业和消费者权益的法律反而保护了违法企业。

第7章

深科技与建立创新型国家的政策建议

7.1 建设国家创新体系，构建产学研融合体系

以深科技推进创新型国家建设，需要加强国家创新体系建设、构建产学研融合体系，以基础研究奠定创新型国家和深科技发展的基石。

1. 瞄准世界科技前沿，强化基础研究

创新是引领发展的第一动力，是建设现代化经济体系的战略支撑。要瞄准世界科技前沿，强化基础研究，实现前瞻性基础研究、引领性原创成果重大突破。加强应用基础研究，拓展实施国家重大科技项目，突出关键共性技术、前沿引领技术、现代工程技术、颠覆性技术创新，为建设科技强国、质量强国、航天强国、网络强国、交通强国、数字中国、智慧社会提供有力支撑。

瞄准国际科技前沿，以国家目标和战略需求为导向，布局一批高水平国家实验室。加快能源、生命、地球系统与环境、材料、粒子物理和核物理、空间和天文、工程技术等科学领域和部分多学科交叉领域国家重大科技基础设施建设，依托现有先进设施组建综合性国家科学中心。依托企业、高校、科研院所建设一批国家技术创新中心，支持企业技术中心建设。推动高校、科研院所开放科研基础设施和创新资源。

2. 深化改革，构建产学研融合的创新体系

（1）中美科研管理体制比较。

综观中国科技体制，1978年邓小平在全国科学大会开幕式讲话中全面阐述了科学技术的重要性，鲜明提出"科学技术是生产力"，标志着中国科技体制的重大转折，"科学的春天"正式到来。2012年党的十八大明确提出实施创新驱动发展战略，强调"科技创新是提高社会生产力和综合国力的战略支撑，必须摆在国家发展全局的核心位置"。在创新驱动发展战略的指引下，2015年我国开始科技体制改革，重点解决资源碎片化和战略目标不够聚焦等问题。

改革主要分为两方面。一方面，是对科技计划体制的改革。改革前，40多个政府部门管理着90多个资助项目，存在着重复、分散、封闭的特点；改革后，中央深改组领导、科技部牵头，财政部、发改委、工信部、教育部等部门参与形成科技计划管理部际联席会议制度，并将资助项目合并成国家自然科学基金、国家科技重大专项等5大类科技计划，由不同部门代表组成的部际会议来共同讨论决定资助项目的优先级和资金分配。改革前，政府部门既有权分配研究资金，也负责项目管理、资金用途监督与评估；改革后，政府部门不再介入研究项目的管理工作，这部分工作将外包给专业的独立机构，机构之间通过竞争来获得政府部门的服务合同（见图7-1）。另一方面，顶层设计与立法工作进一步加强。近年来，国家陆续发布《深化科技体制改革实施方案》《国家创新驱动发展战略纲要》等系列政策文件，提出了一系列战略目标与实施方案。2015年全国人大常委会通过《中华人民共和国促进科技成果转化法》修正案，降低了大学所有的知识产权转让及销售过程中的法律风险，为促进技术转移与转化、鼓励研发人员创业创新，创造了制度环境。

而美国之所以能不断孕育伟大发明和伟大公司，科技体制发挥了重要作用。我们可以通过中国美国科技体系（见图7-2）对比取长补短，促进中国科技体制进一步适应深科技发展需求，奠定创新型国家建设的体制基础。

与美国科技体制相比，中国科技体制主要有四点不同：

第一，中国科技体制下权力高度集中，政府以自上而下的方式制定政策、目标与战略；美国科技体制权力更为分散，行政部门与立法部门均负有责任，甚至司法部门也可以通过司法解释对科技领域造成影响。这是由中美政治体制差异决定的。

126 深科技推进中国创新型国家建设

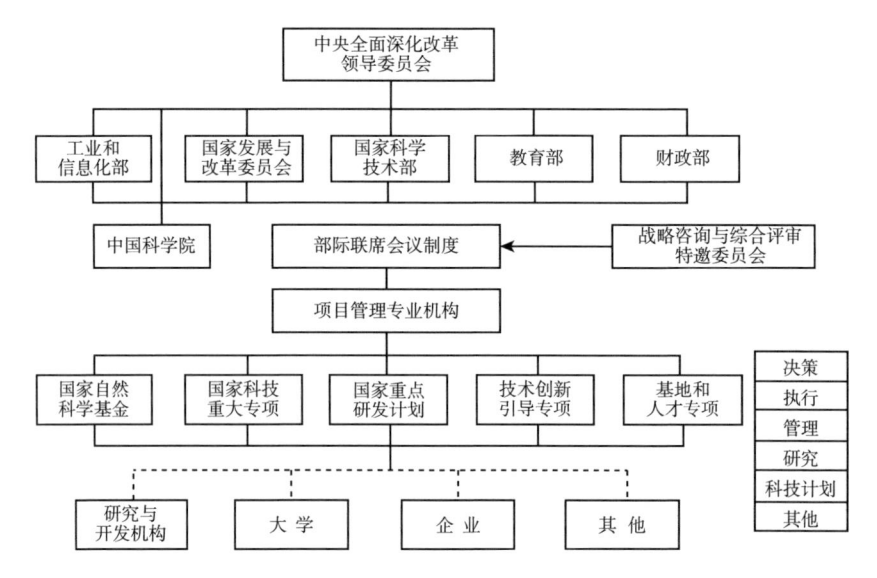

图 7-1 中国的科技体系

资料来源：清华恒大研究院 2015 报告 [EB/OL]．清华恒大研究院网站，2015-4-8．

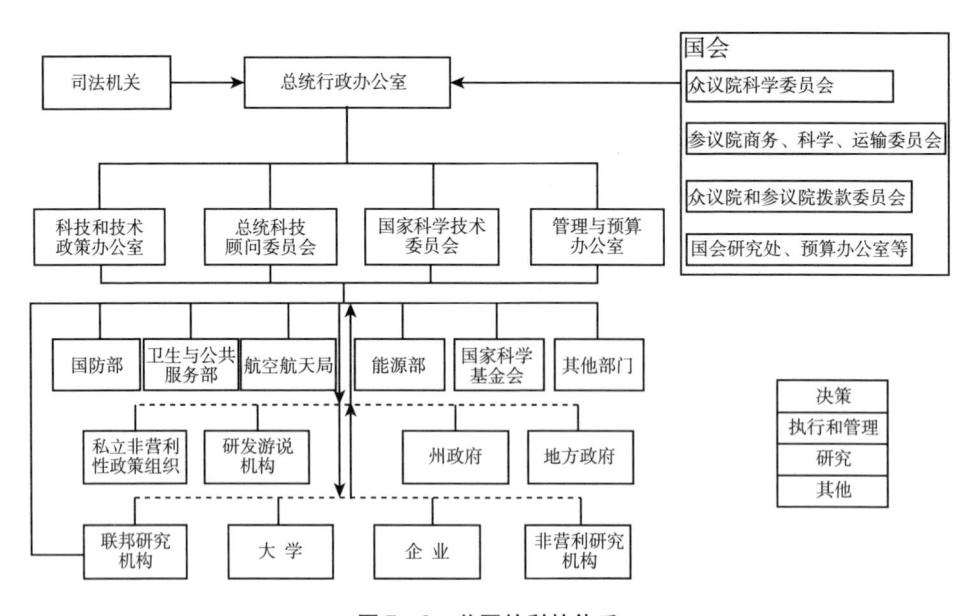

图 7-2 美国的科技体系

资料来源：清华恒大研究院 2018 年报告 [EB/OL]．清华恒大研究院网站，2018-4-9．

第二，美国的联邦资助体系更加多元分散，中国在科技体制改革后通过部际联席会议制度对项目进行集中资助。美国目前处于全球科技探索的前沿，更需要对科研项目与方向给予更多自由度，虽然可能造成重复浪费，但美国的立法者更注重研究的"溢出效应"，而且这套体系在历史上也确实取得了许多成功的案例，如促成了互联网、全球定位系统的简称（global positioning system，GPS）的发明。中国目前仍处于加速追赶的阶段，集中资源和力量对特定领域进行攻关更有效率，也更符合当下国情。

第三，美国非常重视立法工作和对专利的保护，中国近年来也意识到制度环境的重要性，但相关法律制度、专利制度仍需长时间的迭代和完善。美国对科学和创新的鼓励在立国之初就被写入宪法，1980年的《拜赫—杜尔法案》允许大学和其他非营利组织获得政府资助项目的发明专利，对科研成果的转化起到非常大的作用。其中一个著名的例子就是拉里·佩奇在斯坦福大学就读期间曾经获得国家科学基金会数字图书馆计划（DLI）的资助并开发了PageRank算法（佩奇排名，又称网页排名），最终凭借这一算法创立了谷歌。而国内前几年的"褚健案"，作为浙江大学副校长的褚健创立了国内自动化领域的领军企业中控科技，却因涉嫌"贪污、挪用公款"等罪名被判处三年有期徒刑。在学习如何建立更合理、更完善的法律与专利制度方面，我国还任重道远。

第四，相比中国科技体制，美国科技体制更注重预算、项目竞争和评估。行政部门设有管理与预算办公室（OMB），项目管理方面大多采用有组织的和竞争性的同行评议程序来授予研究经费，即基于申请书的价值（merit）授予资金，由相关领域的专家评估决定，以确保质量最高、最有前景的研究得到联邦支持。在立法部门，审计总署还会对联邦部门的政策和项目进行评估与监督，确保资金使用的高效、正确。相比来说，中国目前在预算分配时主要依靠中央机构的集中决策，部委之间、项目之间的竞争性不足；对科研项目的评估则主要依赖科技部下属的国家科技评估中心，主体相对单一。

通过对比发现，我国需加大科技体制、教育体制改革力度，进一步营造良好的政策环境与制度环境。中国目前的科技体制权力更加集中，在政策制定方面应充分咨询科技界相关人士，形成良性互动。在经费分配和科研项目管理方面可以借鉴美国的"同行评价"模式，加强对项目的内部竞争、事前筛选和事后评估，确保经费得到高效利用。进一步加强立法工作，注重对专利的保护、对中小初创企业给予税收优惠等政策支持。建立多层次、多元化的产学研协作体系，促进科研成果转化。集中优势资源打造一批国际一流的大学,加强师资的引进与建设,同时丰富对科研成果的评价体系,除了科研论文的发表也应适当参考技术转化的实际成果。学习斯坦福大学技术授权办公室的成功模式,完善对内对外的技术转化服务体系,并鼓励大学与企业开展多层次的合作模式,给予大学教职人员在创业、兼职、咨询方面更大的自主权,给学生创造更好的学习、创业和交流环境,形成良好的创新氛围。

(2) 改革中国的科技体系,构建产学研深度融合的创新体系。

改革中国的科技体系,明确各类创新主体功能定位,构建政产学研深度融合的创新体系。强化企业创新主体地位和主导作用,鼓励企业开展基础性前沿性创新研究,深入实施创新企业百强工程,形成一批有国际竞争力的创新型领军企业,支持科技型中小企业发展。推进科教融合发展,促进高等学校、职业院校和科研院所全面参与国家创新体系建设,支持一批高水平大学和科研院所组建跨学科、综合交叉的科研团队。在重大关键项目上发挥市场经济条件下新型举国体制优势。实施国家技术创新工程,构建产业技术创新联盟,发展市场导向的新型研发机构,推动跨领域、跨行业协同创新。

改革中国的科技体系,构建产学研深度融合的创新体系,要破除束缚创新和成果转化的制度障碍,优化创新政策供给,形成创新活力竞相迸发、创新成果高效转化、创新价值充分体现的体制机制。

首先,尊重科学研究规律,推动政府职能从研发管理向创新服务转变。改革科研经费管理制度,深化中央财政科技计划管理改革,完善计划项目生成机制和实施机制。建立统一的科技管理平台,健全科技报告、创新调查、资源开放共享机制。完善国家科技决策咨询制度,增强企业家在国家创新决策体系中的话语权。市场导向的科技项目主要由企业牵头。扩大高校和科研院所自主权,实行中长期目标导向的考核评价机制,更加注重研究质量、原创价值和实际贡献。赋予创新领军人才更大的人财物支配权、技术路线决策权。支持自主探索,包容非共识创新。深化知识产权领域改革,强化知识产权司法保护。

其次,实施科技成果转化行动,全面下放创新成果处置权、使用权和收益权,提高科研人员成果转化收益分享比例,支持科研人员兼职和离岗转化科技成果。建立从实验研究、中试到生产的全过程科技创新融资模式,促进科技成果资本化、产业化。实行以增加知识价值为导向的分配政策,加强对创新人才的股权、期权、分红激励。

改革中国的科技体系，构建产学研深度融合的创新体系，要引导创新要素聚集流动，构建跨区域创新网络。充分发挥高校和科研院所密集的中心城市、国家自主创新示范区、国家高新技术产业开发区作用，形成一批带动力强的创新型省份、城市和区域创新中心，系统推进全面创新改革试验。支持北京、上海建设具有全球影响力的科技创新中心。

最后，改革中国的科技体系，构建产学研深度融合的创新体系，还要充分发挥产业政策的作用。美国20世纪60年代在半导体产业发展初期，政府采购集成电路的产品数量一度占到企业全部产量的37%~44%，这对创新企业、中小企业带来巨大的帮助。在80年代后期半导体产业面临日本挑战时，美国由国防科学委员会和美国半导体协会共同牵头建立半导体制造技术科研联合体，由联邦政府提供联合体一半的经费，研究成果由政府和企业共享，最终夺回半导体企业世界第一的位置。对于中国来说，应该灵活运用多种产业政策，如设立产业基金、加强政府采购等形式，对关键技术领域尤其是中小创新企业加大研发投入与扶持。

3. 实施人才优先发展战略

实施人才优先发展战略，促进创新型国家建设和深科技发展。把人才作为支撑发展的第一资源，加快推进人才发展体制和政策创新，构建有国际竞争力的人才制度优势，提高人才质量，优化人才结构，加快建设人才强国。

推动人才结构战略性调整，突出"高精尖缺"导向，实施重大人才工程，着力发现、培养、集聚战略科学家、科技领军人才、社科人才、企业家人才和高技能人才队伍。改革院校创新型人才培养模式，引导推动人才培养链与产业链、创新链有机衔接。

营造良好的人才发展环境。完善人才评价激励机制和服务保障体系，营造有利于人人皆可成才和青年人才脱颖而出的社会环境。发挥政府投入引导作用，鼓励人才资源开发和人才引进。完善业绩和贡献导向的人才评价标准。保障人才以知识、技能、管理等创新要素参与利益分配，以市场价值回报人才价值，强化对人才的物质和精神激励，鼓励人才弘扬奉献精神。营造崇尚专业的社会氛围，大力弘扬新时期工匠精神。实施更积极、更开放、更有效的人才引进政策，完善外国人永久居留制度，放宽技术技能型人才取得永久居留权的条件。加快完善高效便捷的海外人才来华工作、出入境、居留管理服务。扩大来华留学规模，优化留学生结构，完善培养支持机制。培养推荐优秀人才到国际组织任职，完善配套政策，畅通回国任职通道。

7.2 打造"产业公地"，促进深科技发展

所谓"产业公地"，就是能够对多个产业的创新提供支持的技术能力和制造能力的集合。事实上，对产业发展起到支撑的是一系列技术和制造能力的集合，其中一些能力被多个企业甚至产业共享，我们将这些共享的能力称之为"产业公地"。"公地"根植于供应商、消费者、合作伙伴、技术工人和机构（如大学）中。"产业公地"能够推动多产业融合发展，实现深科技产业快速成长。

美国一直在科技创新方面引领全球，其"产业公地"发展值得我们借鉴。19 世纪末至 20 世纪初，美国"产业公地"的重大进展是企业实验室的建立，杜邦公司、通用电气公司、美国电话电报公司和西屋电气公司都建立了实验室。这些企业遵循的是德国一些大型化学和制药公司的发展路线。尽管在此期间也涌现了一批个体发明家和独立实验室，如爱迪生门罗帕克实验室，但这些企业建立实验室是为了更好地整合研究和商业活动，它们开始将研究当作竞争中的一项防御武器，比如美国电话电报公司建立实验室是为了应对无线电对其电话业务的威胁。越来越多的美国企业将创新作为企业战略的重要组成部分，杜邦公司等企业甚至已将科学研究能力视作企业的核心基础能力。

到第二次世界大战爆发，美国企业已将其大规模的生产能力，现代化的组织形式和科学研究相结合，这造就了美国独一无二的全球竞争地位。这是企业组织能力、管理能力以及大规模利用发明和创新能力的反应。在化学工业和电气工业领域更是如此，杜邦公司、通用电气公司、美国电话电报公司和西屋电气公司等企业能迅速将其实验室的科研成果商品化进而赚取高额利润进行再投资。

第二次世界大战是美国"产业公地"发展的一个重要分水岭。一方面，战争推动了美国公共部门和私有部门对美国国内生产能力和技术能力的大规模投资；另一方面，毁坏了欧洲和亚洲大量的产业基础，这让美国在很长一段时间都

处于世界经济的主导地位。第二次世界大战给美国对待科学的态度带来了革命性的影响。美国国内大多数科学和技术资源都在支持战争的情况下动员起来，高校学者和来自产业界的科学家及工程师并肩工作。这一时期的创新产品包括雷达、近炸引信、抗生素、电子计算机和原子弹。科学家对战争的胜利起到了关键作用，美国公众将他们视作英雄。

在战争结束前一年，美国总统罗斯福要求担任战时科学研究局（the Office of Scientific Research and Development，OSRD）主任的范内瓦·布什为战后和平时期的科学研究任务制定发展计划。在后来出版的名为《科学：无尽的前沿》报告中，布什称战争期间形成的研发能力不应荒废，联邦政府应继续支持基础研究。在战争结束前，罗斯福总统不幸去世，但他的继任者和国会注意到了布什的建议。在战争结束后的几十年间，联邦政府对基础科学和应用科学研究的资金投入大幅增加。这些资金或是流向已经存在的部门，如五角大楼，其中大部分被用于同苏联之间的军备竞赛，或是用于支持新设立的机构，如美国国家科学基金会（NSF）。

战争结束后，美国经济欣欣向荣，在《退伍军人安置法案》的作用下，美国大学毕业生人数增加。得益于大学科研系统的扩张和政府研发扶持力度的加大以及企业新建或扩建研究课题的需求增长，美国国内科学家和工程师群体急剧扩大并无须担心就业问题。

军工需求推动了美国技术能力进入了一个全新的领域。例如，洲际弹道导弹的开发需要高可靠性的电子元器件，这成为德州仪器等企业开发集成电路的关键拉动力。宇宙卫星的供电需求推动了太阳能电池板的前期开发。另外，B-1轰炸机使用的F101喷气发动机的设计向CFM56系列商用发动机的核心"高温部件"的开发提供了技术来源，如今CFM56商用发动机被用于波音737和空客A320。

第二次世界大战后的30多年间，产业研究帮助美国制造在全球独领风骚。在先进科学技术领域，美国企业遥遥领先于竞争对手，而且它们的海外子公司在当地也处于主导地位。毫无疑问，这是属于美国竞争力的时代。

综观美国这轮再工业化，并非由政府发起，而是由企业主导，行业协会推进，政府顺应需求为其提供战略和政策支持，其自下而上的需求传导机制值得关注。如美国通用电气（GE）公司提出工业互联网的概念，并联合其他企业共同组建了美国工业互联网联盟，推动政府出台了国家战略和产业政策。

为了实现再工业化战略的目标，美国联邦政府选择的路径是致力于"产业公地"建设，采取的做法是"1+5"。

1. "1"指的是建设创新中心

2013年1月，美国发布了《国家先进制造创新网络：初步设计》，提出设立制造业创新中心，以解决与产业联系密切的技术问题、缩短新的制造技术从基础研究到产业化应用的过程，推动和加快产业升级。根据该报告，奥巴马政府拟在任期内成立15家创新中心，形成国家先进制造创新网络，确保美国在高科技领域的绝对优势。2014年2月，美国又提出进一步计划，在未来10年中将创新中心增至45家，该计划也获得国会通过。

创新中心的工作重点是攻破产业化潜力大的关键技术，并将其投入市场化应用或产品生产。研究方向和重点的提出并不是由政府确定，而是一个"自下而上"的过程。即申报组建创新中心的团队根据产业需求、新技术可能带来的效益、先进制造国家项目办公室的需求等提出具体研究方向和重点。创新中心的研究方向主要涉及以下方面：一是先进制造过程技术，包括3D打印、先进连接技术、高分子加工等。二是先进材料研发，包括轻质材料（如低耗碳纤维复合材料）、太阳能新材料、下一代集成电路等。三是智能技术，如物联网技术等。四是行业技术，如医疗器械和生物材料制造升级、下一代汽车、航空制造技术等。

创新中心的业务内容包括：一是针对可降低市场化成本和风险，或可解决制造业共性难题的关键技术，开展应用型研究与示范项目。二是开展多层次教育与培训。三是开创创新方法并进行示范，实现技术辐射和整合能力提升。四是开展与中小企业的合作，包括为其提供技术发展趋势信息以助其发展主流技术，提供高效的专业设备进行产品设计、模型制作和测试等。对于没有专业技术人员的中小企业，为其提供技术咨询和服务，帮助创业初期小公司实现研发成果市场化。五是提供基础设施共享服务，如为当地企业（尤其是中小企业和创业初期企业）提供实验室等基础设施。

创新中心的牵头单位为独立的非营利性机构。中心的组成机构涵盖联邦、州和地方三级，包括各类规模的制造企业、研究院所和机构、国家实验室、政府部门、职业技术培训机构、联邦/州/地方各级产业集群促进机构、其他非营利组织，以及普通民众等。同时，创新中心还是一个开放式系统，允许不断吸收合适的新机构和成员。该模式具有突出的优点：能够协调统一主管部门和资助机构，打破部门间的分个壁垒，避免资金的分散和重复投入。资助对象不再是具体项目，而是政产学结合的创新中心，以助于研究的稳定性和可持续性。

以美国北卡罗来纳州创新中心为例。由北卡罗来纳州立大学领导的"下一代电力电子制造业创新中心"是奥巴马宣布成立的第二家创新中心。该中心瞄准的是宽带隙（简称WBG）电力电子产业，其使命是加快推进以氮化镓和碳化硅为基础的电力电子器件（也就是宽带隙半导体）的商业化，将其制造成本降下来，以取代目前广泛使用的硅基半导体。通常来讲，大学的科研和企业适用技术之间存在间隙，制造业创新中心的功能就在于成为从科研到制造业之间的桥梁。北卡罗来纳州立大学之所以被选中，一方面是因为其在相关技术和工程领域有长期的研究，另一方面是因为其和私营部门有非常好的合作伙伴关系。目前，在联合体中有包括北卡罗来纳州立大学在内的5所大学、2家美国国家实验室，以及18家企业。这18家"产业伙伴"，涉及电力电子产业链中的各个环节，既有美国本土的公司，也有外国公司在美国的分公司，既有大型企业，也有员工不到5人的初创企业。这符合美国对外资开放以及美国政府扶持小企业的原则。该创新中心5年内的总预算是1.46亿美元。美国能源部承诺提供7000万美元，其中6000万将来自于"产业伙伴"，北卡罗来纳州政府和有关大学投入1600万美元。该中心具体开展四项工作：第一，开发关键的宽带隙电力电子技术；第二，促进该技术在高端市场的早期应用；第三，支持和发展制造业基础；第四，通过教育和培训项目，培育宽带隙半导体产业所需人才，计划创设新的电力电子专业硕士研究生学位，同时与社区大学合作，培养和训练劳动力。

2. "5"指的是5个支持性政策导向

（1）加快中小企业投资。

制造业的"产业公地"建设，需要中小企业进行精耕细作。中小企业的灵活性和能动性使得整个"生态系统"更具生命力。《先进制造业国家战略计划》中提出，中小企业占美国制造业的86%，从业人员占制造业劳动力总量的41%，凡与"产业公地"保持紧密联系的中小企业，往往具有很强的技术创新能力，同时许多大企业依赖于中小企业的供应，因此中小企业对于繁荣美国的制造业极为重要。

联邦政府大力鼓励中小企业投资，并促进公共和私营部门联合投资。联邦政府降低企业所得税至25%及以下，对美国企业的境外收入实行公平税收政策，制定针对个人及小型公司的永久性低税收政策。2011年颁布的"先进制造伙伴计划"，目的就在于明确中小企业在研发领域的投资机会以及共享科研基础设施等。

联邦政府还将加强对制造商产品的采购。联邦政府是先进制造商生产产品的主要买主。通过这一途径可以扩张经济的规模与范围，特别是对于那些要进入新市场并在国际上进行有效竞争的中小企业来说，这一作用将更明显。现在，联邦政府在很多行业领域进行早期采购。在能源领域，诸如生物燃料、先进电池等生产企业以及许多的中小企业，都通过政府早期的采购获取了规模经济和生产经验。

（2）提高劳动力技能。

"产业公地"的一个关键要素就是专业人力资本。和其他国家相比，美国本土的科技人才数量并不乐观。目前正从以下几方面做起：一是鼓励更多的美国本土学生获得科学、技术、工程和数学（STEM）领域的学士和硕士学位。通过提供更多的奖学金，吸引更多STEM大学毕业生留在本领域，而不是进入投资银行或管理咨询公司。改革移民政策，增加颁发H-1B签证，力争留住在美国攻读理工科学位的外国留学生。

二是针对制造业一线工人制定合适的培训政策。奥巴马总统2013年的财政预算案，建议为教育和劳动部门提供80亿美元，支持国家和社区学院与企业的伙伴关系，并以此来提高先进制造业的工人技能。通过由联邦政府支持的国家与地方职业教育和学徒培训计划来增强工人的技能。联邦政府还通过支持新型的制造业前期学徒计划，加强现有的社区学院和当地产业之间的教育合作等措施，帮助国家和地方发展应用型专业知识。

三是改善美国的K-12教育体系，对中小学生进行更好的数学和科学教育。奥巴马一直呼吁美国中小学生应提高自身的计算能力，为此美国中小学校显著提高了数学等课程在教学中的重要程度。

(3) 建立健全伙伴关系。

《先进制造业伙伴计划》高度重视官产学研的合作。该计划不是由政府机构具体组织实施，而是由美国陶氏化学公司董事长兼 CEO 和麻省理工学院院长共同领导实施。该计划要求美国国家经济委员会、科技政策办公室以及大量企业共同实施，广泛联合美国主要制造商与顶级的工程类大学。该计划实质上由美国制造业发起和推动，美国政府鼓励和引导，相关大学支持和配合，以重振美国在全球制造业的领导地位为目的的计划。

联邦投资大力支持构建包括学术机构、制造商、行业协会以及相关组织的合作伙伴关系，更有针对性地增强"产业公地"。联邦政府鼓励中小企业参与合作伙伴建设，这样有助于支持广大企业的商业化和规模化活动。

联邦政府还鼓励加强基于集群的伙伴关系。目前，联邦政府正在进行集群投资，目标是将教育和研究机构汇集，将国家、区域经济发展相关职权部门和进行商业化活动的私营部门聚集在一起。通过创建区域集群，来实现战略规划的协调、互补性的资产采购和集群内的风险共同分担，以及供应链的协同作用。

(4) 调整优化政府投资。

一是加大联邦政府对于关键领域的高风险投资。这些领域主要指可以广泛应用、商业化发展以及能够满足国家质检总局所确定的国家安全需要的新兴技术领域，具体包括以下四类：先进材料、生产技术平台、先进制造工艺及设计与数据基础设施。对这四大领域的投资，将应用于生产新产品以及企业流程材料的全部内容。协调横跨这四个领域的联邦政府投资组合，将增强美国制造业的全球竞争力，并有助于创造良好的国内创新环境。

二是对基础设施的投资。包括对高速铁路、道路桥梁、智能电网、清洁城市基础设施以及下一代航空管理系统的投资。联邦政府还积极促进跨领域的机构投资。机构共同资助能够大大缩短先进材料和新型设计方法的创新时间及其进入市场的时间。

(5) 加大研发投资力度。

联邦政府主要通过支持研发而不是支持项目来促进创新。采取了以下做法：

首先，进一步加强对研究和试验的税收减免。当今世界，企业研发投资已成为国际竞争的重要手段，相应的激励将措施愈发重要。因此，奥巴马总统的 2013 年财政预算案提出要加强并永久化研究和试验税收减免。

其次，联邦政府对制造业的研发直接进行资助。2013年财年财政预算案报告指出，通过美国国家科学基金会、能源部、美国国家标准与技术协会和其他机构为联邦先进制造业的研发提供22亿美元资助，比2011年增长50%以上。《2014财年预算案》投入29亿美元用于先进制造研发，支持创新制造工艺、先进工业材料和机器人技术，将美国打造成制造业"磁石"。在第一批15家创新中心的建设中，每家创新中心创立伊始5~7年里，联邦政府向其提供7000万~1.2亿美元左右的资金支持，同时创新中心内的产学研部门将相应地配套投资。

7.3 发挥互联网+制造业优势，推动深科技发展

从价值链全流程的角度看，互联网是"工业4.0"的一部分，"制造业"和"互联网"分别是"工业4.0"的后端和前端。没有在线化的销售模式，如何倒逼出在线化、数据化的制造模式？在中国这样一个电子商务和制造业的大国，我们的制造业完全可以实现弯道超车。

"工业4.0"近期成了业界炙手可热的概念。很明显，德国"工业4.0"是在以移动互联网、云计算和大数据为主的新一轮通信技术革命的大背景下提出来的，与之前的IT革命浪潮有本质的区别。

从生产制造的角度看，"工业4.0"实现了广泛的连接，把设备、生产线、工厂、供应商、产品、客户紧密地连接在一起。连接的背后是全流程，或全网络数据和信息的流动和共享。

从实现的效果看，"工业4.0"是为了实现柔性化生产，甚至大规模个性化定制。汉诺威工业博览会负责人克科勒尔指出，全球的生产必须越来越强调个性化、柔性化，同时保持竞争力，而数字化就提供了最佳条件，使生产线拥有足够的灵活性，不局限于只固定生产一种产品，相关信息就存于初产品内，并对机器发出加工指令，比如："周一和周二用不同喷漆"。柔性化生产可以减少市场风险，降低资金、库存压力；市场反应快就可以及时把握市场机会，实现更高毛利水平。所以，德国"工业4.0"的最终目的是给企业带来更高的盈利水平，是由市场需求倒逼的"技术改造"，是打造上下游紧密结合的供应链。

德国人向世界展示了其工业领域的积累和竞争优势，但是德国制造不会成为

世界制造的中心。德国工业的体量也决定了德国和整个欧洲目前的制造能力根本不能满足世界的产品需求。满足世界产品需求的中心还是在中国。中国相对德国或其他发达国家的优势在于：中国不仅是全球制造业大国还是网络消费大国，大数据与制造业的结合有可能让中国走出一条不同的"工业4.0"道路。

既然"工业4.0"或制造业的转型升级是基于市场需求的拉动式、柔性化的供应链，那么基于电子商务的大数据优势再加上庞大的制造业资源，中国有可能在未来弯道超车或变道超车。

首先，中国已经是世界第一大电子商务市场，2020年会超过10万亿的交易规模；网民数会达到10亿。这意味着巨大的市场消费数据也自然沉淀和积累。同时，中国的电商平台正积极向全球拓展。例如，阿里巴巴的"速卖通"平台已经是俄罗斯、巴西等国的第一大电商平台。每月登录全球"速卖通"服务器的俄罗斯人近1600万。这意味着中国的电商平台可以沉淀、使用全球的消费数据，并为本国制造业所用。同时，中国在100多年后再次成为世界第一制造业大国。美国人认为，中国制造的成功"秘诀"在于产业集群。中国的产业集群以大量中小微企业集聚而著称，与欧美大型制造业企业相比，天然具备柔性化的集体产能。产业集群几乎可以保持与市场需求同比例的扩张、收缩，以应对外部市场波动。

在互联网时代，连接的低成本使得信息、数据快速分享和使用，产业集群内企业间的学习、模仿加速，将推动产业集群的整体转型。例如，在杭州、东莞等服装产业集群，受服装类电商迅猛发展和市场化愈加"小批量、多款式、快速反应"需求的带动，原来的批发市场正在转型为淘宝店铺提供"网供"的电商园区；越来越多的服装、鞋帽、箱包等生产制造企业开始往柔性化生产、拉动式供应链转型。电子商务就像一张大网，把越来越多的零售、批发、制造企业连接在一起，通过数据协同的方式促进它们整体转型。

在互联网条件下，制造业的转型升级不是独立发生的，而是呈现营销—零售—批发—制造的一个倒逼过程。在这个过程中，C2B（消费者对企业电子商业模式）的商业模式逐渐清晰，而柔性化生产正是在制造端的主要转型方向。在互联网出现之前，很多大型企业已经在探索大规模个性化定制、拉动式供应链，并取得了卓越的成绩。但是互联网和电子商务的出现加速了这种进程，更多的中小企业以大规模、产业集群的方式正在进行这种演变。"工业4.0"的上半身是电子商务，下半身是柔性供应链，而中国作为全球最大的网络消费市场和制造大国，具备世界上任何一个国家都没有的双重优势，这是中国的绝佳机会。互联网带来了新的竞争空间和新竞争规则，如果政策得当，中国在"工业4.0"领域完全可以走出一条独特的道路。

7.4 创新科研管理体制，以 BON 法考核深科技项目

1. 现行国家应用型科研管理体制的特点

目前，国家财政资金支持的应用型科研项目管理的明显特点：申请难，结项易。每年此类项目招标公告发布，都会有全国各地的大学、科研院所和企业参与投标，一个招标项目有多个投标单位（机构或个人）。为此，项目管理部门设立匿名专家评审和会议专家评审等环节对多个投标书进行评审，最终选出1或2家投标单位作为项目的立项单位，承担该项目的研究。因而，国家财政资金支持的应用型科研项目投标时竞争激烈，申请立项难。然而，项目一旦申请立项成功，结项则容易得多，结项的主要方式是专家委员会会议，参与结项会的委员是同行专家，与项目研究者往往有交集，结项验收会的委员们通常提出一些意见和建议后，会愉快地形成项目验收结论："该项目的研究成果已达到预期目标，研究成果已达到国内一流水平、国际先进水平。"但是，这些研究成果没有通过现场验收，无法判断这些成果能否应用于生产和市场，因而国家财政资金支持的应用型科研项目成果的产业转化率很低，每年万亿级财政资金支持项目的科研成果转化率仅为10%。

创新国家财政资金支持的应用科技项目的立项申请和项目验收、考核办法，改变目前以"专家委员会"会议的方式对项目研究成果进行考核、验收的方法，以"BON"法对财政资金支持的科研项目进行考核、验收。

2. "BON"法的源起和要点

（1）"BON"法源起。"BON"法，是 best or nothing 的缩写，意为"最好或全无"简称"好或无"法。此法思路源于美国空军验收降落伞的办法。这是第

二次世界大战中期，美国空军和降落伞制造商之间的真实故事。在当时，降落伞的安全度不够完美，经过厂商努力的改善，使得降落伞制造商生产的降落伞的良品率已经达到了99.9%，应该说这个良品率即使现在许多企业也很难达到。但是，美国空军却对此公司说No，他们要求所交降落伞的良品率必须达到100%。于是降落伞制造商的总经理便专程去飞行大队商讨此事，看是否能够降低这个水准？因为厂商认为，能够达到这个程度已接近完美了，没有什么必要再改。当然美国空军一口回绝，因为品质没有折扣。后来，军方要求改变了检查品质的方法。那就是从厂商前一周交货的降落伞中，随机挑出一个，让厂商负责人装备上身后，亲自从飞行中的机身跳下。这个方法实施后，不良率立刻变成零。

（2）"BON"法的要点。一是财政资金支持的应用科研项目的研究团队的研究成果必须通过现场验收，专家委员会会议进行辅助验收；二是现场验收证明该成果能够实际应用于企业生产销售并获得市场收益的，财政资金继续支持其研究，项目研究团队可以获得一定比例的企业市场收益；三是项目研究成果仅通过专家委员会会议验收，不能通过现场验收的，则中止给该研究团队财政资金资助，在其后的10年内，此项目研究团队的成员，不能获得中央和各级地方政府的财政资金支持的科研项目，而且，前期参加专家委员会会议的成员也要对其作出的鉴定意见承担相应的学术责任。10年内不能担任财金资金支持的应用型科研项目的立项匿名评审专家和会议评审专家，更不能担任项目结项专家。

应用"BON"法考核、验收应用性科研项目的成果，将极大地促进科研成果产业化。应用型科研项目用此法进行考核、验收，专家委员会验收仅是辅助，强化了此类科研项目负责人及团队的责任心，体现了产学研的激励相容机制。应用型科研项目负责人对创新的成果能否应用于企业负全部责任，即以身作"责"：成果能够应用于企业，企业应用此成果形成产业活动后，国家可以继续给予科研团队后续研究的经费支持；成果不能够应用于企业，企业无法应用此成果形成产业活动的，此科研团队的主要负责人今后10年内不能再申请国家财政科研基金。如此考核，才能提高应用型科研财政资金的利用效率，促进科研创新与产业活动相结合，真正实现以科研创新培育更多的新经济增长点。

3. 以"BON"法考核国家财政资金支持的应用型科研项目（以汽车业为例）

例如，国家设立研究具有自主创新和自主知识产权的汽车发动机项目，在项目招标和投标环节，就要充分发挥市场配置资源的竞争机制。

第一，在项目招标时，同时设立3~5个都是研究具有同类汽车发动机项目，让中标的3~5个不同类型的机构（所谓不同类型的机构，是指中标机构不能看重名气而看重能力，中标机构可以是国内的重点大专院校也可以是非重点大专院校，可以是专业的国有的研究机构也可以是民营的研究机构，可以是国有的汽车制造企业也可以是民营汽车制造企业）相互开展竞争性研究。

第二，在项目研究到期结项时，由企业或研究成果实际使用单位进行验收。如中标机构声称用国家经费研究出的具有自主创新和自主知识产权的新型汽车发动机质量能够达到、甚至超过某跨国公司某个型号的汽车发动机的水平，那么，就将此研究机构研发出来的拥有完整自主知识产权的新型发动机装备到未参加项目招标和投标的国内各大汽车企业生产的汽车上；然后，由项目研究机构派研究团队的成员驾驶安装了本项目研发的新型发动的汽车进行路测验收。路测验收的汽车从北京出发从京沪高速公路到上海（通告此高速公路的交警，验收车辆的时速可以超过最高限速，达到研究报告上报称的时速，以充分展示发动机的性能）；而后，再从上海出发，沿着国道到广州；再从广州出发沿国道到乌鲁木齐；乌鲁木齐沿国道到沈阳；沈阳沿高速公路回到北京。国内各大汽车企业派人驾驶着某著名汽车公司生产的汽车，与装有新型发动机的汽车随行。通过实地验收证明新型发动机的性能确实达到某跨国公司的水平，则鉴定结束，研发成功。否则，研发失败，国家不再给予后续研究经费从事该项目研究的主要负责人今后10年内不得申请国家和地方财政资金支持的任何科研项目。

第三，通过路测验收后，中组部和工信部及国资委联合发文规定：所有国内汽车企业再生产汽车就必须采用通过项目验收、有自主知识产权的新型发动机；如继续采购跨国公司进口发动机生产汽车，则国有汽车企业更换高层领导，非国有汽车企业征收进口发动机价格5倍以上的研究开发税。

若能实现以上三方面相互配合，环环相扣，则国内自主创新的发动机很快就能在中国大江南北的汽车制造企业和维修企业落户，汽车发动机产业及其所带动的产业就将形成新的经济增长点。

当由国家应用科研项目支持的汽车创新体系不仅生产销售有自主知识产权和核心技术的汽车发动机，而且攻克了汽车制造业中所有的技术难关，国内所有的民族汽车企业都使用有自主创新知识产权的零件，民族汽车企业就摆脱了依赖国外技术、国外关键零件的局面，中国民族汽车企业扬眉吐气，突破汽车产业进口—落后—淘汰—再进口—再落后—再淘汰的恶性循环，汽车产业可以从微笑曲线底部向上延伸，占据微笑曲线的两端，汽车产业的产业链提升，汽车企业的效益提高，员工收入增加。而且，能够带动比房地产业更多的产业（如特种钢材、数控机床、机械加工、化工等）发展，形成全新的经济增长点。

当国家创新体系，特别是深科技体系攻克了手机、电脑、电视、互联网、数码相机、汽车、飞机、船舶、机床、建筑材料和工业材料、传统武器和新型武器、机器人等现代产业体系的技术难关，中国就基本形成了完整独立的民族经济技术体系，民族企业就能在世界上扬眉吐气，就能实现从经济大国到经济强国的中国梦！

7.5 加强市场监管，优化深科技市场环境

政府强化对市场监管，保护创新企业的知识产权，是维护深科技企业权益的根本之道。市场机制不能自发地纠正科技市场失灵，更不能自动地造就良好市场竞争经济秩序，加强市场监管，能够完善深科技企业维权机制，有效地促进深科技创新企业成长壮大。

1. 改革市场监管体制，统一市场监管，统一市场执法

加快统一市场监管和综合行政执法的顶层设计。按照建立全国统一大市场和法律统一性的要求，从完善政府管理架构、强化政府治理能力视角出发，明确统一市场监管和综合行政执法是全国市场监管体制改革的方向，在部门和省级层面建立改革工作协调机制，加强市场监管的统筹指导。在国家有关部门建立部际联席会议制度，加强对全国市场监管改革的统筹研究、统筹规划、统筹部署，尽快建立全国统一监管的体制机制。

2. 完善侵权惩罚和举报侵权的激励机制

为了将企业的逆向选择转向正向选择，必须建立投诉的制度，加大惩罚力度。对深科技企业而言，如果维权的成本高于索赔的收益，那么从理性的角度

看,很多深科技企业会放弃维权与索赔。若想让深科技企业积极维护自己的权益,应当保证这些企业不会因维权而遭受损失。

因此,应该建立惩罚制度和最低赔偿金制度,并列入相关的法律法规,鼓励深科技企业进行投诉。对仿冒生产销售深科技企业产品的违法企业,没收违法所得,处以违法所得十倍或十倍以上的罚款。规定最低限度罚款:对价值百元以下的产品,最低赔偿不能低于 2000 元。最低赔偿制度的好处不仅在于提高深科技企业和购买其产品的消费者的维权积极性,而且能让那些在小利益上损害深科技企业和消费者权益、却心存侥幸的违法企业望而却步。

提高对于仿冒生产销售的深科技企业产品的企业处罚力度,无论金额大小,只要制假售假均属有罪,处以企业中的责任人 25 万元以上的罚款,情节严重的,责任人处以监禁等以上的处罚。

建立健全深科技企业和消费者投诉奖励制度,给予举报生产和销售假冒伪劣产品的举报人奖励,奖励金额可占所查处行政罚款的 20% ~ 30%,从利益导向鼓励深科技企业和消费者积极维护自己的权益,加大对违法企业的惩罚力度。

3. 打造诚信为本、信誉至上的网络交易平台

电子商务在中国的发展如火如荼,在线购物已经融入了亿万中国网民的日常生活,然而,在线平台销售假货事件层出不穷,饱受诟病,屡屡被媒体曝光。虽然很多平台都打出"100% 正品"的旗号,但深科技产品的消费者仅仅是凭借对平台的本身品牌信赖做判断,并不能真的确定自己在某平台上购买的深科技产品就是 100% 正品。

市场监管部门与其亡羊补牢不如未雨绸缪,应该从事后查处转向主动引导,即打造诚信为本、信誉至上的网络交易平台,通过这样的网络平台加强企业自律,从而将企业的逆向选择转为正向激励,形成公平公正竞争的市场,促进消费品升级换代,满足居民收入日益增长的需要,促进经济增长。

为了有效地解决网络平台假冒伪劣产品的问题,监管部门需要双管齐下:一是亡羊补牢,加强事中、事后监管;二是未雨绸缪,打造诚信为本信誉至上的网络交易平台,发挥网络平台专业技术的优势,从源头上增强企业责任主体意识和诚信意识,通过平台和电商自律,营造良好的市场环境和深科技企业放心生产销售的市场。

对同时具备以下四个条件的网络交易平台，政府可以授予"诚信网络平台"的称号：

第一，网络交易平台必须承诺对假冒伪劣产品"零容忍"，在网络平台上真正实现销售的深科技产品"零缺陷"、100%正品，做到"假一赔十"甚至"假一赔百"。

第二，网络交易平台必须建立质量诚信体系，包括产品追溯和产品信用评级及赔付体系，电商销售的任何深科技产品，都可以根据产品条形码追溯其来源及主要信息。平台对深科技产品原料、加工、包装、运输、销售等各环节都建立完备的溯源系统和详细的记录，形成全程动态监控和评价体系，并据此建立产品信用评级体系。产品一旦出现问题，平台可以精确地追溯到问题源头，对产品降低信用评级并在平台公示。产品的信用级别和赔付机制直接挂钩，赔付率从1∶10倍到1∶100倍。

第三，建立电商信誉度评级体系。从电商进货渠道、销售产品的质量和安全性、广告、物流、退货、信息保护、顾客服务满意度等多维度建立电商信誉评级体系，根据评级体系给电商信誉评级。平台一旦发现电商产品有问题，立即降低电商信誉评级并在平台网站上公示。

第四，设立保证金制度，实现先行赔付并召回有问题的深科技产品。电商的任何欺诈行为一经查实，网购平台有权根据国家的法律法规及规章制度，对电商进行处罚，并先行赔付，充分保障消费者权益。凡是深科技企业和消费者反映有质量问题或假冒伪劣产品，平台先收回问题产品，并根据产品的诚信级别和对应的赔付率无条件地先赔付给消费者，如果此商品的赔率为1∶10，则平台直接赔付消费者商品价值的10倍货款；如果此商品的赔率为1∶100，平台直接赔付给消费者产品价格100倍的货款；而后，平台按照事先确定的赔率向电商索赔。

下 编

深科技创新与产业案例

近年来,中国深科技取得长足的进展,深科技成果及其产品不断涌现,深科技产业发展迅猛。本编选取深科技前沿技术的部分产品形成的新产业进行了案例分析。这些新产业正发展为城市科技城或跨境经济区,成为地方经济发展新动能,增加当地的 GDP 和财政收入及就业岗位。

第 8 章

深科技创新的前沿技术与产业

8.1 通用航空技术与产业发展分析

通用航空（General Aviation），是指使用民用航空器从事公共航空运输以外的民用航空活动，包括从事工业、农业、林业、渔业和建筑业的作业飞行以及医疗卫生、抢险救灾、气象探测、海洋监测、科学实验、教育训练、文化体育等方面的低空飞行活动。通用航空飞行主要特点是："小机型、小航线、小航程"一般飞行高度低于3000米、起飞重量小于5.7吨、航程500公里以内、载人19座以下。

1. 通用航空行业现状及发展趋势[①]

通用航空产业以通用航空飞行活动为核心，涵盖通用机场建设、低空雷达网、航空器研发制造、机场运营、综合保障以及延伸服务等全产业链的战略新兴产业体系。通用航空产业链长，包括航空摄影、医疗救护、气象探测、空中巡查、人工降水、海洋监测、陆地及海上石油服务、飞机播种、空中施肥，以及公

---

① 曹坤，刘军. 发展通用航空的若干问题和建议［EB/OL］. 中国民用航空网，2008-12-20.

务机飞行都属于通用航空范畴。

（1）通用航空行业发展现状。

目前，低空飞行已经不再受制于低空开放政策限制，我国空域开放管理的政策限制已经逐步放开。根据国际民用航空组织（ICAO）对空域管理的规定，空域划分成7类，其中A-F类为管制空域，非管制类空域为G类，其高度一般为700~1200米及以下。通用航空飞行集中在G类区域范围内，中国民航局再次扩大民用低空空域开放程度，民航局将建立开放机制，为各类低空活动需求给予支持，为我国通用航空产业的发展带来有利条件。

目前，通用航空产业存在的主要问题是"飞不起来，落不下去，盈不了利"，这12个字概括了当前我国通航产业存在的发展问题。由于通航产业监控飞行技术手段缺乏和机场网络建设不足，造成整个通用航空行业经营状况普遍亏损。目前，我国通用机场数量少，分布不均衡，造成通用机场与其他通用机场、运输机场之间无法有效联通，进而形成网络，不能体现通用航空灵活性，限制了通用航空功能的有效发挥。"十二五"期间，截至2017年6月，获得民航局经营许可证的345家通用航空企业中，在持续性的行业补贴条件下，仍然有60%左右的企业处于亏损。尽管我国通用航空产业具有巨大的发展潜力，但是目前我国通用航空产业还处于积蓄力量的产业准备期。我国通用航空产业总体规模小，行业经营状况普遍亏损，缺乏健全的通用航空标准体系，制约了通用航空的发展。

（2）我国通用航空行业发展趋势。

党的十九大报告提出深化供给侧结构性改革，加快发展先进制造业，推动互联网、大数据、人工智能和实体经济深度融合。在习近平总书记的亲自推动和支持下，通用航空产业已成为落实此项改革的重大战略部署。2016年国务院办公厅出台了《关于促进通用航空业发展的指导意见》（以下简称《意见》），从国家层面对我国通用航空产业作了战略部署，力争到2020年，我国通用航空产业整体规模将超过1万亿元，将初步形成安全、有序、协调的发展格局。为了落实《意见》，国家相关部委出台了30多个具体的文件和政策来推动通航产业的发展，为解决通用航空长期以来存在的问题提供了可能。

根据民航局"十三五"规划，2020年国家规划建成500个以上通用机场，根据全国31个省、直辖市、自治区的规划预计到2020年通用机场的规模目标将会达到850个。根据民航局在编的《全国通用机场布局规划》透露，预计到

2030年实现"县县通"，全国2800多个县级单位，民用机场总量约2300个，其中通用机场总量约2058个，运输机场257个。通用航空机场建设将是未来5年内各省、直辖市、自治区重要的基础设施建设项目。如此宏大蓝图将极大鼓舞各省、直辖市、自治区发展通用航空产业的积极性。

通用航空的发展将极大程度上带动配套产业链发展，既能推动消费，又能拉动投资，还能创造就业，将成为促进产业结构调整与推动经济发展方式转变的重要驱动力。根据世界各国通用航空产业发展经验，通航产业产出比是1：8，技术转移比1：16，就业带动比是1：12，产业发展空间巨大，可以带动其他相关产业如机械、电子、冶金、化工等产业和新材料、新能源、电子信息等行业高速发展。从总体趋势上来看，通用航空快速发展的阶段将在2~3年内到来，当前正是占领行业制高点，形成核心竞争优势的关键时期。按平均每个机场及临空产业综合体投资20亿元估算，直接拉动投资17000亿元。人们对使用通用航空飞机进行观光旅游、通勤飞行、个人娱乐、培训飞行等的航空消费需求会日益增长，必然会推动区域居民消费结构的全面升级以及在政策推动下投资的迅猛增长。

据《中国私人银行报告》预测，到2020年，中国高净资产人群将达到300万人以上，通用航空产业有广阔的市场空间。通用航空具有产业链长、服务范围广阔、带动相关领域发展作用强等特点。通用航空业的大规模生产与运营将为社会提供大量的就业机会，并且这种就业机会随着通用航空的发展和航空器普及率的提高而逐步增大。作为高端装备制造业的重要板块，航空器的研发和制造需要大量技术、资金、人才的集合，必然会催生出新技术、新材料、电子工程、信息科技等相关产业链上的技术进步与发展创新。航空器发展对机械、仪表、电子、材料、冶金、化工等上游产业发展有极强的带动作用，容易在区域内形成专业信息、专业技术、专业人才、资本等要素的集聚，形成产业集群效应，使区域内相关产业链的企业迅速发展，最终驱动当地产业转型升级。

通用航空作为国家战略新兴产业，被视为"又一个万亿级产业"。通用航空产业是下一轮产业升级的新亮点，也是军民融合发展的重要领域，对国家经济建设和国防建设意义重大。据统计，2017年，美国人口3亿多，中国人口近14亿；我国通航低空飞行约81万飞行小时，不到美国的3%；美国通用机场有19000多个，中国仅300多个；美国通用飞机拥有量达23多万架，中国不到2600架；美国直接从业人员约130万人，中国仅8000人左右；整个航空产业为美国经济的

GDP贡献率达20%左右，而中国通航产业才刚刚起步，未来还有很大的增长空间。

2. 主要企业及其产业发展介绍

中飞通航科技有限公司（以下简称"中飞通航"）是国务院直属事业单位中华全国供销合作总社控股的子公司。作为通用航空业的领军企业，中飞通航具备技术、资金、建设和运营的综合领先优势。中飞通航瞄准了通航产业中价值链的制高点，将引领未来通用航空产业的发展方向，推动通航产业快速健康发展。经过多年的发展，公司已经形成了集飞行服务、遥感遥测、改装维修、飞行培训、机场管理为一体的完整通航产业链，成为国内业界独树一帜的重要通用航空企业。

（1）主要技术及核心知识产权介绍。

中飞通航科技有限公司围绕新型雷达、远程无线通信、被动红外电磁成像、微光成像、图像处理等四个方向，已研制出一系列填补国内外空白的低空天网装备。中飞通航通过建设低空天网、向用户提供航空情报、气象服务、告警等保障低空飞行基础性的服务，从而形成区域空中走廊，打破了制约通用航空发展的关键瓶颈，解决了制约通航发展的"看得见、联得上、管得住"的三个关键核心技术问题，探索出了低空空域管理的新模式——通航低空天网综合解决方案。

低空空域开放通航管理的基本要求有三点：一是能够被发现和可追踪；二是能够保持实时通信；三是可以被管理，实时掌控区域内通航飞机状态。中飞通用航空有限责任公司在"看得见""连得上""管得住"等方面满足低空空域管理的基本要求。中飞通航是三坐标雷达和机载综合通信网关核心技术拥有者和生产商，该技术是通航产业的安全保障，通航产业离开该技术建设的管控平台，通航全产业链都无法开启，其核心技术优势包括：一是三坐标雷达技术；二是智能飞行网关技术；三是导航监管服务平台技术。导航监管服务平台可以将空运管理接口、国家空管局平台、区域控管处和驻场军代表相互连接，为通用航空公司、应急救援、私人飞机、固定区域飞行以及其他单位飞行器提供航线规划、建设、管理与飞行管控服务。中飞通航的导航监管服务平台防止飞机在空中相撞、防止飞机在跑道滑行时与障碍物或其他行驶中的飞机、车辆相撞、保证飞机按计划有秩序地飞行并提高飞行空间的利用率。

目前中飞通航主要依托中国科学院上海高等研究院、电子科技大学空天科学技术学院和北京科教科学研究院，其专家委员会由 30 多名院士专家组成，技术力量雄厚，目前直接受聘的院士专家 13 名，协助工作的院士专家 20 多名。中飞通航紧紧围绕新型雷达、远程无线通信、被动红外电磁成像、微光成像、图像处理等四个方向开展产品研发工作。目前，中飞通航拥有系列自主知识产权，已经研制开发出 X 波段、Ku 波段、Ka 波段和 W 波段 4 个品种的新型雷达。产品性能在国内、国际达到先进水平，部分产品填补了国内外的空白。拥有用于低空飞行监视系统、用于低空飞行的通信系统、低空三坐标雷达、车载式 FOD 系列、无人机信标、基于北斗的红外望远镜等各类专利 30 余项。

（2）中飞通航产业前景分析。

中飞通航为打破制约通航低空飞行发展主要瓶颈，以自有核心技术为依托，着力打造三大核心业务模块，主要是通航运营管理中心、通航深科技产业园、通航特色产业小镇。结合国家《通用航空发展"十三五"规划》，通过建设"低空天网"的总体战略来全面提升通航低空飞行基础保障能力，拉动万亿通航产业的蓝海市场。中飞通航拟在每省投建 20～30 个通航机场、每个机场配套一个深科技产业园、一个产城融合区，每个地级市（县）政府提供不少于 3000 亩建设用地，并按 4∶4∶2 比例规划。按国内的每个通航机场提供 100 个就业岗位计算，每省至少可提供 3000 个就业岗位，仅低空雷达网运营平台（岗位重要）在每个省就可提供 500 多个就业岗位来解决复转军人的就业，大幅度缓减近几年地方的裁军安置压力。对比 2011 年美国通用航空产业提供了 126.5 万个就业岗位，我国的通航产业也将产生几百万个就业岗位。

根据国家民航局分区域试点的策略，结合各省（自治区）的通航发展规划，中飞通航力争在通用航空这个中高端消费产业链上做创新驱动、军民融合、协调发展，并在现代供应链、人力资源服务等领域培育新增长点，促进我国通航产业迈向全球价值链中高端，培育出若干世界级先进制造业集群。中飞通航力争与各方面形成合力，共同推动项目发展，提高项目成功率，努力达到产业能集聚、产品有市场、企业有利润、员工有收入、投资有回报、政府有税收、资源环境能承载的多赢目标。

第一，建设以核心产业与低空天网布局空域管理。中飞通航通过建设低空天网、向用户提供航空情报、航空气象服务、飞行情报与告警服务等保障通用航空基础性的服务能力而形成区域空中走廊，打破了制约通用航空发展的关键瓶颈，探索出了低空空域管理的新模式。依托互联网技术、大数据技术、空间地理信息技术、新雷达技术、高速数据通信技术、卫星通信技术、北斗定位技术的跨界整合，构建便捷畅达、协调一致、安全高效的综合立体交通数据可视化管控平台。该管控平台可以实时展示天空中任何一架飞机的飞行状态、空间坐标、飞行参数，飞行器可以实时接收地面传送的立体航图、气象信息，可以实时与地面实现双向可视化通信，确保空中每一架飞行器都可实时监控管理和指挥调度。中飞通航的低空天网项目已经作为浙江省推进实体经济发展战略的省长工程，中共中央委员、浙江省省长袁家军（科学家省长、曾任神舟飞船系统总指挥、中国航天科技集团副总经理）已三次批示中飞通航的低空天网项目的推进工作。中飞通航已经成为浙江省通航产业发展的重要合作伙伴。

第二，以延伸产业与机场建设拉动通航配套产业发展。以通航机场建设为发力点，依托机场及所在地域的有利条件与当地政府合作发展配套产业。通用航空机场项目具体业务包括：地勘、规划、设计、建设业务；通航机场建设的投资与控股、参股业务；通用机场的管理与运营业务；通用航空物流配送业务；通用航空旅游、通用航空俱乐部等，实现体验经济与共享经济的发展。通用航空机场建设将带动当地的全产业链发展（见图8-1），通过与中央企业、上市公司及其他

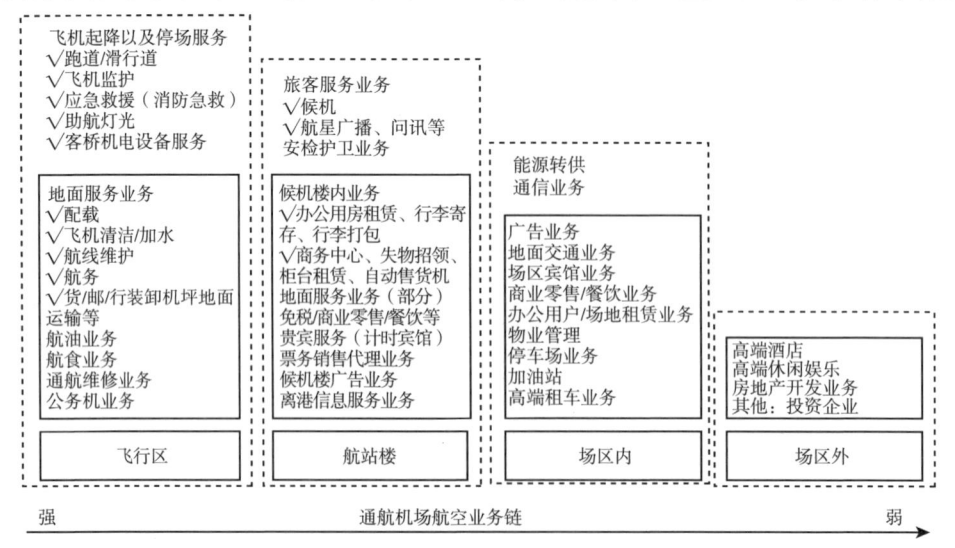

图8-1 我国通航机场航空产业链

资料来源：周沐，于一. 全面认识通用航空产业链 [EB/OL]. 中国民用航空网，2014-6-20.

实力机构合作，优势互补，可迅速抢占国内通用航空市场份额，推动深科技产业集群的集聚。

第三，以通航产业推进特色小镇建设。特色小镇发展最重要的是要以人为本，吸引产业入驻和人才资源的前提是为园区提供产业配套，基础建设，完善员工工作生活的各种服务配套，弥补企业在园区建设方面经验的不足。园区内除了生产、物流等商务功能外，还同时配备有超市、农贸市场、电影院、中央食堂、员工公寓等配套功能，企业员工在家门口就可享受城市生活。积极联合政府制定产业招商政策，针对性打造新兴平台，包括科技创新平台、人才引进平台等，吸引企业和人才集聚，从而打造宜居、宜业、宜学、宜游、宜创产城融合环境。中飞通航与金科产业发展有限公司等地产实力机构合作，以"旅游 + 文化 + 城镇化"发展模式，在市县级开发通航小镇或产业小镇。由中飞通航提出适合特色产业小镇建设的选址，地方政府推进土地进行"招拍挂"，并提供优惠政策，土地招拍挂后，中飞通航及相关合作机构出资购买土地并进行深度开发。由地方政府和中飞通航子公司配合提出临空产业园、旅游、军民融合等概念，适当扩大临空及衍生产业园的规模，争取省、国家资金扶持。

3. 主要政策障碍及问题

我国机场的区域分布结构目前还不合理，资源分布不均匀，东部地区机场密度是全国平均水平的 5.3 倍，中部是全国平均水平的 1.5 倍，东北地区机场密度与全国水平大致相当，而西部地区的密度不到全国平均水平的 2/3[①]。这样的现状对通用航空的发展造成了一定的制约。加上我国空域资源管理和开发跟不上，空管设施投资不足，航空管制技术相对落后，民众对空域程序不熟悉等原因，很大程度上制约了通用航空的发展。

目前通用航空产业在国内发展刚刚起步，消费者大力追捧，各路投资者非常看好其发展前景，并且地方政府也积极鼓励通用航空产业发展。但是，近年来通用航空事故频发。据通航资源网数据库统计，2014 年国内通用航空发生 6 起坠机事故，致 7 人死亡；2015 年国内通用航空发生 12 起坠机事故，致 18 人死亡；而 2016 年国内通用航空事故频发，共有 16 起事故造成 22 人死亡。

---

① 通航委. 国内通用航空机场分析报告［EB/OL］. 中国民用航空网，2016 – 5 – 15.

当前，制约我国通用航空产业发展的最大问题不是缺少资金，而是通用航空人才匮乏、通用航空市场化面临困境。由于通用航空产业具有技术密集型的特征，因此需要大量的专业技术人才，如飞行员、机务人员等都是急需型的人才。未来十年内全球用于通用航空的飞机将增加4.2万架，其中中国将增加5200架。按1架飞机配2名飞行员的最低标准，也是2万人的缺口，而我国每年培养出来的飞行员只有1千人。

我国通航产业具有良好的军民融合前景，但是军民融合程度较低。超低空监控，在实现民用导航的基础上，可以为军事服务提供信息支撑，尤其是沿海地区的无人机侦察。发展通用航空，可为空军提供后备人才。第二次世界大战时期美国空军的优势就在于有强大的后备飞行员队伍。通用航空产业还直接吸引自主择业转业干部就业，为转业干部提供更多就业机会。各省级平台、地区级平台，甚至县平台都需要有人值守，通用航空除飞行员外，还需要大量的机场管理和飞机维护人员。

8.2 新材料涂层科技与产业发展分析

涂料行业一直作为建筑、地产、家具、工业等行业的配套行业，为这些支柱产业的发展提供了非常重要保障。当前，随着涂料行业"十三五"规划出台，国家新兴政策、市场新兴方向和行业的新兴发展必将给涂料行业发展带来新机遇和挑战。建筑保温材料行业属国家重点鼓励和支持的新材料产业。生产与使用建筑保温材料不仅使建筑物使用更具舒适度、建筑物能耗效率很大程度上提高，也符合国家节能环保发展战略以及建筑节能、绿色建筑的监管要求。

1. 涂层科技行业现状及发展趋势

全球涂料行业的格局一直在发生改变，老旧传统且污染严重的低固体份涂料占比从1995年的40%左右逐年降低，现在已经占比不到7%，而两种新型环保涂料水性涂料与粉末涂料的比例增长十分显著。中国近年来的涂料成品结构，水性建筑涂料发展迅猛，占到整个涂料产品的38%，已经领先世界平均水平，而粉末涂料只占到8%，其占比仅相当于2000年世界平均水平，在未来环保需求和绿色经济的发展主题下，粉末涂料还具有相当大的发展空间。

（1）涂层科技行业发展现状。

在涂层科技市场，以多乐士漆和立邦漆为代表，占据了我国80%的高端涂料市场，整个涂料市场份额的30%由外资企业占领，我国涂料厂商更多地集中在中低端市场，这些市场同质化严重，技术落后，竞争较为激烈，多数细分行业的国内龙头销售收入不足亿元。根据2012年国内涂料销售额排名情况，全球涂层科技前5名企业有3名是属于外资企业，阿克苏诺贝尔以137亿元销售额绝对领先，国内市场占有率约4.75%，日本涂料立邦则以97亿元国内销售额位居第二，国内市场占有率约达3.36%，排名第三、第四的是上海涂料和嘉宝莉，两者销售额之和还不到阿克苏诺贝尔的1/2，市场占有率分别为1.07%和0.80%（见图8-2）。排名第五的华润涂料曾经是我国民族涂料第一品牌，2007年美国卫视收购了华润涂料80%的股权[①]。

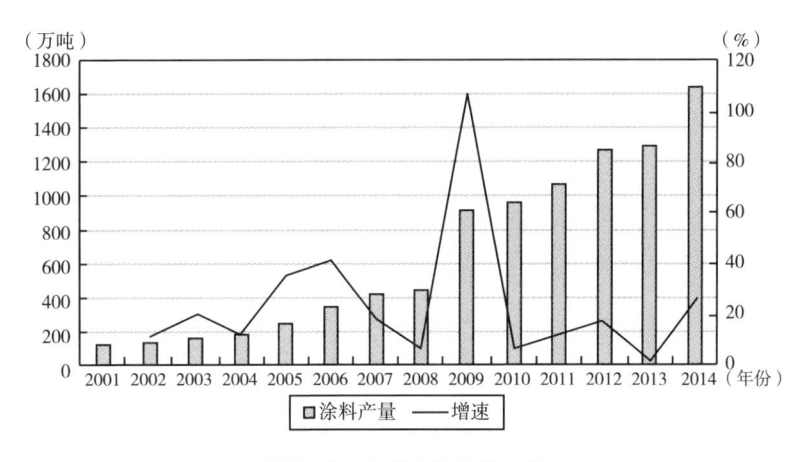

图8-2 全球涂层产量变化

目前，建筑保温材料在涂层科技中的应用较多。随着政策扶持力度的加强及人们环保意识的不断提高，建筑保温材料行业正处于快速发展阶段并呈现多态势发展趋势。首先，涂层科技落后工艺、设备以及产品正逐步退出市场，优质保温建材得到推广；其次，产品的保温性能也在不断提升，一些保温材料具有更低导热系数，适应了建筑节能材料市场的新需求；最后，建筑保温材料向多功能复合

---

① 郭小晶，李娟，任川. 涂料市场现状及前景分析［J］. 山西化工，2015（2）：31-35.

型发展，许多企业正研制质量轻的多功能复合保温材料。

（2）涂层科技行业的发展趋势。

涂料是 PM2.5 来源的主要来源之一。PM2.5 来源分为两大类：一类是污染源直接排除一次颗粒物，比较典型的有燃烧煤炭、郊区焚烧秸秆等[①]。第二类则是由气态的 SO_2、NO_x 及 VOC 等通过大气化学反应生成的二次颗粒状物。在紫外线照射下，VOC 通过大气光化学反应生成光化学烟雾造成大气污染。减少 VOC 的排放非常重要，家庭装饰装修过程中使用涂料是室内 VOC 的主要来源之一，所以大部分国家都对涂料等装饰材料中的 VOC 含量作了限制。涂层科技在建筑和装饰行业应用较多，目前环保涂料以水性涂料和粉末涂料为主，不易燃易爆，相比起传统涂料，环保涂料具有不可能比拟的优势。

近年来，建筑保温材料行业发展速度较快，利润较高，市场需求量大，发展前景广阔。2005 年前后保温建材开始兴起，在国家一系列鼓励政策的推动下，迅速发展壮大。未来环保涂层保温材料发展前景广阔，全国每年平均有数百亿新建公共建筑面积和民用建筑都需要实施建筑节能，2014 年我国建筑节能方面投入超过 40 亿元，到 2015 年，全国新增绿色建筑面积达到 10 亿平方米以上，2020 年我国城镇绿色建筑占新建建筑比重将提升至 50%[②]。由此可见，一个具有充足的消费需求与广阔的市场前景新的产业群将在建筑保温材料行业形成。

随着城市化进程不断推进，房地产业的发展和公共基础设施建设加大了保温建材需求。国家和地方都大力推广这种保温隔热材料的新型绿色建筑材料，保温材料在建筑节能领域遇到了良好的机遇。

2. 主要企业及其产业发展介绍

中科靓建科学有限公司（以下简称"中科靓建"）专注于保温隔热科技涂层技术，实现了绿色建筑及节能减排上的重大突破，结束了靠叠加厚度解决保温的历史。中科靓建公司研发的涂膜厚度仅为 0.3mm 左右，涂饰在建筑围护墙体上就可以起到良好的保温隔热性能。公司生产的保温涂料可广泛应在建筑、化工、石油、电力、冶金、船舶、轻纺、储存、交通、航天等行业，主要用于隔热或保

---

① 周颖璇. PM2.5 的来源和构成 [EB/OL]. 中国气象视频网, 2013 – 04 – 13.
② 邹燕青. 2014 年我国建筑节能方面投入将超过 40 亿元 [EB/OL]. 中国防水网, 2014 – 12 – 03.

温（保冷）的场合，涂层具有良好的附着力，施工简便。

（1）主要技术及核心知识产权介绍。

中科靓建研发的涂层材料依据辐射四大原理、以航天器保温隔热技术为基础、纳米级技术、性能指标技术测试，均达到或优于国家水性涂料优等品及反射隔热涂料标准的要求，改变了传统保温材料通过增加厚度来降低传热系数，达到了保温隔热目的。

中科靓建生产保温隔热科技涂层材料，产品全生命周期绿色环保、安全无忧。首先，生产、运输和施工过程中，充分体现了环保要求。在涂层材料生产过程中，能耗低、无废水废气废料排放，公司环保指标、环评检测达标。厂区环境，生态环保、节能减排；产品物流仓储，无毒无害无污染；施工过程，环保安全、简便快捷。其次，在用户使用过程中，绿色环保、安全无忧。中科靓建公司开发的新技术基本实现了"绿色环保＋节能减排＋保温层＋防水层＋防裂层＋装饰层"的复合功能一体化，攻克了传统技术瓶颈，实现多功效合一、消除安全隐患。

中科靓建科技涂层技术省时省力省钱省地，综合性价比高，经济、环境、社会效益显著。涂层不足1mm厚度，集保温隔热、节能环保、绿色装饰、安全经济功能于一体，可用于不同气候带。该技术彻底解决了传统技术/产品因多层多料、施工工序复杂引起的火灾、空鼓、开裂、脱落、发霉、结藻、渗漏等引发的安全问题。同时施工便捷、易于监管、维护简单。

涂层科技具有较高技术门槛，中科靓建科技涂层技术拥有核心的知识产权，具备良好的环保节能、经济和市场价值，节能产业提升空间加大。高温隔热保温涂料成功研发和使用，对工业节能具有极大经济效益，同时也带动了大批工业产业技术转型升级，新材料的不断应用，节能产业的不断发展，都会促使经济效益和社会的提高。

（2）中科靓建公司的市场发展前景。

中科靓建公司的保温涂层材料对于建筑行业具有重要作用，概括起来"省时、省力、省钱、省地"，综合性价比高，经济、环境、社会效益显著。根据测算，使用中科靓建公司开发的保温涂层材料：一是省钱，保温涂层材料大约可以降低一栋建筑30%综合成本；二是省时，保温涂层材料可以节省70%建设工期；三是省地，保温涂层材料可以为每座建筑节省90%的保温空间。

根据北京市人口和家庭使用能源的数量测算，假设北京330万家庭，家庭电费为0.7元/度，按照每个家庭100平方米的建筑面积测算，假设每个家庭有2组空调，平均每年使用时间在5个月左右，平均每天使用时间为8小时，如果使用公司保温涂层材料，每年可以实现节电超过40亿度、节省30亿元资金、减排290万吨。"十三五"时期，北京市能源消费增速约为2.37%，能源消费弹性系数约为0.37，到2020年全市能源消费总量预计达到8592万吨标准煤[①]，中科靓建公司开发的保温涂层材料将为北京市节能减排做出重要贡献。

在国家绿色节能发展引导、民生生态地球呼唤、行业技术规范监管下，中科靓建公司的保温涂层材料未来应用市场巨大。目前全国房屋建筑面积500亿平方米，节能达标率不足10%。如果建筑外墙节能改造使用建筑用保温隔热涂料，成本按100元/m²计算，仅既有建筑外墙节能改造就达4.5万亿元市场规模。如果按照全国每年20亿平方米新建市场规模计算，单位建筑面积采暖能耗为发达国家的2~3倍。如果新增建筑采用绝热（保温隔热）涂料，按100元/m²计算，每年将会有大约2000亿元的市场空间。公共建筑被确定为节能降耗主要领域，住建部确定近40座城市为节能改造重点城市。按照每城市400万平方米公共建筑改造计算，每个城市未来两年内须完成大于400万平方米建筑面积改造，按100元/m²计算，每座城市未来将提供4亿元的市场需求。

3. 主要政策障碍及问题

建筑外墙保温节能行业，在我国只有三十多年发展历程，此前，由于相关部门不积极，房产商对建筑节能意识淡化，市场一直不温不火，真正从事外墙保温节能企业也不多。而目前，国家在政策的层面支持以及市场需求的扩大，使得更多的企业和投资者开始聚焦于建筑外墙保温行业。住房和城乡建设部在2012年二季度发布的《"十二五"建筑节能专项规划》中提出，到"十二五"后期，建筑节能要形成约1.16亿吨标准煤的目标。在节能减排政策的大力推动下，建筑外保温材料将会迎来新的发展机遇，市场规模将不断扩大。

目前，尽管中科靓建公司的保温涂层材料技术先进，但是并没有进入国家公

---

① 肖宏伟."十三五"时期北京市能源消费总量及结构变化趋势预测（上）[J]. 中国能源，2015（7）.

共招标采用的材料目录，一些劣质、低质的材料充斥着市场，市场竞争环境较差，导致公司的产品应用受限。我国新型保温建材企业的竞争集中在中端和低端产品上，相比而言，技术含量较高的产品少，在高端领域的竞争并不激烈。目前，在利润率较高的墙体内外保温板等建材品种生产与销售环节中，生产企业大都存在着急功近利的短视行为，导致劣质产品冲击市场，给行业后续发展埋下了隐患。

建筑保温材料行业属于人才、技术密集型产业，对高端复合型技术人才需求较高，不论是新保温材料的研发，还是新施工技术的运用，都需要高端技术人才的储备才能跟上行业发展的趋势。在国家对建筑保温材料的市场监管强度在不断强化的背景下，由于监管力度有限，而且政策发挥作用需要一定周期，行业规范在短期内还是无法实现。

8.3 竹缠绕科技与产业发展分析

竹缠绕复合材料是以竹子为基，采用缠绕工艺加工而成的新型生物基材料。该材料将竹材的轴向拉伸强度发挥至最大，单位面积的拉伸强度是钢材的1/2，而单位质量上是钢材的7倍。竹缠绕复合材料具有重量轻，强度高，耐腐性好，保温性好，抗形变性好，成本低等优点。竹缠绕复合材料技术可以广泛应用于建筑、管道、管廊、容器、交通工具、军工产品等多个领域。竹缠绕复合材料引领全球竹产业发展新潮流，完全符合建设资源节约型、环境友好型社会的发展理念，对全球节能减碳目标的实现、生态文明建设以及能源消费革命的推动具有重大意义。

1. 竹缠绕科技行业现状及发展趋势

为了加快竹缠绕科技产业发展，由国家林业局牵头，与相关部委联合组建了"竹缠绕产业创新联盟"，规划设立多个示范园区，发起产业基金，设计全球专利保护系统，组织编制各种产品标准及规范，在全国范围内选择符合条件的企业实现产业绿色转型，将竹缠绕复合材料产业化推向纵深发展。竹缠绕复合管产业化进程正按照国家林业局编制的《竹缠绕复合材料发展规划（2014～2020年）》

稳步发展。

(1) 竹缠绕复合材料发展现状。

原竹建筑主要使用竹竿作为主要结构构件，辅以其他建筑材料（钢、木、藤、水泥等）通过一定的节点联结方式将这些构件连接起来，形成建筑的主体结构，采用这种结构的建筑就是原竹建筑。原竹建筑成本低廉，且经久耐用，占用空间少。竹材利用弥补了资源总量不足的缺陷，质量轻、弹性好，竹子抗震功能突出。但是，竹建筑节点构造特殊，防腐、防蛀难度大、防火难处理、多为临时性单层和低层房屋。

目前，改性竹结构建筑对原竹进行一系列的物理化学处理和机械切削，即对竹材进行改性处理，生产出截面规整、性能稳定的板材和型材，才能适应现代建筑形式的多样性和复杂性。常见改性竹结构建筑材料有竹胶合板、重组竹、竹层级材、竹刨花板等，其中以重组竹为型材的建筑具有代表性。竹缠绕整体组合式民用建筑是以竹材和秸秆为基体材料，生物废弃物为填充材料，采用缠绕工艺制作成的整体组合式新型建筑。低层建筑主要包括别墅、农舍、公厕、岗亭、收费亭等。高层建筑包括住宅楼、单身公寓楼、办公写字楼等。

竹缠绕复合压力管是一种用竹子作为基材，以氨基类树脂作为胶黏剂，采用机械缠绕工艺制造而成的、具有较强抗压能力的一种生物质管道，可广泛地应用于给排水、腐蚀介质输送、排污、油气输送、农田灌溉、海水输送、火电和核电厂循环水以及电信电缆等工程的诸多领域。竹缠绕复合管的主要组成部分是竹材与树脂，其性能相对于传统的管道而言，重量更轻，使用寿命更长、安装更方便。

(2) 竹缠绕复合材料产业发展趋势。

据统计全球竹林面积达 2200 万公顷，中国占 1/3。我国竹林面积达 601 万公顷，全世界竹种类有 1200 多种，仅我国竹种类就有 500 多种[1]。每年可砍伐 1.5 亿吨，目前使用量为 4000 万吨，是实实在在的闲置资源。通过培育竹产业原材料基地，可以增加蓄竹量（可伐量）10 亿吨。通过原竹林培育方式，可提高 1 倍，增加 1.5 亿吨的蓄竹量。适种地区扩大竹林面积 1 倍可增加 3 亿吨的蓄竹量。加快推进南竹北移策略，可实现蓄竹量增加 5 亿吨。竹产业潜力巨大，并且

---

[1] 叶柃. 揭开"竹基压力管"神秘面纱 [N]. 中国绿色时报副刊，2015 – 2 – 5.

在产业阶段已经有了进展。

首先，竹缠绕复合材料具有优越环保性能。1公顷毛竹林，每年固碳能力大概是5.90吨，是杉木林的1.46倍，也是阔叶林的1.33倍，且比它们的固土效果更好。1棵茂竹可固土6立方米，固土能力是松树的1.6倍，杉木的1.2倍。1公顷竹林一昼夜能分泌30千克杀菌素，能够吸收1050千克二氧化碳，能释放720千克氧化，竹叶吸附灰尘的能力平均为4.0克/平方米~80克/平方米。一年可吸附灰尘900吨，吸收2.25吨二氧化碳气体，和其他植物一样，可以消耗声能，为人类提供宁静舒适的环境①。

其次，竹缠绕复合材料建筑具有显著的成本优势。以我国三层以下的"缠绕竹屋"为例，我国农村住家约2亿户，按每户200平方米计算，共需30亿吨竹缠绕材料，按30年全部换成缠绕竹屋，每年需要1亿吨竹缠绕材料。建造竹缠绕屋除抗震保温等优点外，和传统建筑相比，平均成本下降20%~40%，建造时间从60~90天缩短到1天。同时，每年可节约钢材2亿吨，节约水泥10亿吨，节约砖头3300亿块，节能减排效果更不可计量。相关数据统计，以每年生产1000万吨竹缠绕复合管计算，与螺旋焊管相比竹缠绕复合管可以节约粗钢4505万吨，进而实现二氧化碳减排3063万吨；同时，由于竹缠绕复合管生产全过程能耗更低，与螺旋焊管相比，生产1000万吨竹缠绕复合管，可以节约管道生产能耗2281万吨标准煤，相应可减排二氧化碳5223万吨。竹缠绕复合材料建筑产业化应用，已经得到国家部门和行业的高度认可。目前，位于湖北襄阳、山东临沂、内蒙古乌海的三个产业化基地已经建成投产，福建永定、河南洛宁、广西玉林的产业化基地也在建设中。竹管道的成本优势非常明显，对比传统的压力管，成本最起码下降30%以上，甚至下降70%，是塑料管的1/3还不到②。

最后，竹缠绕复合材料能够大量节约能源。竹缠绕技术有助于最大限度发挥节能效应，材料加工环节间和产品制造过程都具有耗能低的特点。此外以中国闲置1.1亿吨竹资源替代钢材等金属可节省约1.4亿吨标煤，与此同时，竹材的加工剩余物还可发生物质电300亿度。如果将中国1.1亿吨闲置竹资源全部用于生

---

① 熊伟. 走向实体经济的竹产业：要绿水青山 也要行稳致远 [EB/OL]. 中国经济导报-中国发展网，2017-03-08.

② 熊伟. 走向实体经济的竹产业：要绿水青山 也要行稳致远 [EB/OL]. 中国经济导报-中国发展网，2017-03-08.

产竹缠绕复合材料，那么节能量相当于2013年中国能源消费总量的3.7%，减排量相当于2013年中国二氧化碳排放总量的3.5%[①]。

有数据显示，我国竹材若加工成地板、家具等产品，其附加值利润可达到10%，很少能超过10%，而竹纤维缠绕压力管新产品的附加值能达到30%以上。成倍增加的附加值，不仅使农民致富，而且在产业推广等方面都有极大优势。中国每年需要管道1亿吨（不包括水泥管），竹缠绕复合管道理论可以替代50%的需求量；城市综合管廊每年建设8000公里；高铁车厢、大型贮罐、军工产品、电线杆等产品需求量巨大，竹基复合材料产业将会是一个产值达数千亿美元的新兴产业。

2. 主要企业及其产业发展介绍

浙江鑫宙竹基复合材料科技有限公司（以下简称浙江鑫宙）由技术发明人和中金、赛伯乐等资本共同投资组建，是目前全球唯一一家专业从事竹缠绕复合材料的研发和成果转化的研发型高科技企业。研发团队自2007年起，经过坚持不懈地努力发明了以竹子为基材、以树脂为胶黏剂、采用缠绕工艺加工成型的竹缠绕复合材料，突破了人类几千年来对竹子应用的传统认知，拉开了传统竹产业革命的帷幕。该公司与国际竹藤中心联合组建的"国家林业局竹缠绕复合材料工程技术研究中心"已于2016年5月经批准成立，目前正在建设阶段。研究中心凝聚行业人才，加快科技创新，加强竹缠绕复合材料产业发展关键共性技术的工程化研发，加快竹缠绕科技成果的集成示范与应用，推进竹缠绕产业快速、稳步发展。

（1）主要技术及核心知识产权介绍。

浙江鑫宙竹基复合材料科技有限公司和国际竹藤中心联合研发的竹缠绕复合管应运而生，集创新性、科技性、可持续性、节能减排、生态效益、经济效益和社会效益于一身，是竹子加工行业的革命性创新项目，发展前景不可估量。竹缠绕复合技术的产业化将使我国大量闲置的竹资源都有了用武之地。

公司竹缠绕材料应用前景广阔，现有主要产品如下：直径3000毫米以下压力管道，直径8000毫米以下综合管廊，26米长度高铁车厢，容量5000立方米以

---

① 杨骏. 节能减排贡献：中国的高分是努力干出来的 [EB/OL]. 新华网，2015 – 7 – 1.

下贮罐、3 层及以下房屋。此外其他产品还涵盖航空器、船舶、火箭箭身等方面。竹缠绕复合材料相对于传统管道具有非常显著的特点和优势：

第一，在抗高温和抗低温方面。竹缠绕复合压力管的耐寒性和抗冻胀性能与塑料管、玻璃钢管、水泥管等非金属管道相比优势明显，在高寒地区的冻土层中间埋设不会造成管材的损伤。

第二，耐腐蚀性。原有的玻璃钢管、塑料管可使用的环境中，竹缠绕复合压力管均可使用。

第三，在抗燃、抗震方面。虽然竹缠绕复合压力管是一种生物基管材，但由于对胶黏剂和填料的改性使得它的阻燃性能非常优秀，能扛得住1000℃高温的烧烤而不燃。同时，刚度优于塑料、管玻璃钢管，抗地震及抗地质沉降能力都很优秀。有试验证明，水泥管道在变形率达到 1% 就会破裂，钢材管道变形率达到 5% 就开始破裂，而竹缠绕管道变形率到达 30%，其抗压能力还有上升空间。

第四，新型建筑材料。竹缠绕复合材料是一种可广泛替代玻璃钢、水泥、塑料等高污染和高能耗的原材料，它是有自主知识产权的中国创造新型绿色材料。竹缠绕复合压力管将是"中国制造"领域的明星产品，竹缠绕技术中国原创、全球独一无二，拥有垄断性知识产权。我国竹林面积占世界总面积的 1/3，具有很大资源优势。竹缠绕管道施工期短、易于安装、原材料和运输成本都比较低。竹缠绕复合材料能够广泛应用，包含管道、轨道、容器、高铁、管廊和现代建筑等。目前，全国大概有 755 万农民在从事竹业的生产，加快竹产品加工产业的发展，在培育新的农村经济增长点的同时也能增加农民经济收入。

（2）竹缠绕材料产业发展前景介绍。

竹缠绕复合材料技术潜力巨大，是推动世界竹产业发展的关键技术之一，其应用与推广将大大提升竹子作为 21 世纪材料的价值，对包括中国在内的广大产竹国家（其中大部分为发展中国家）的竹产业发展产生重要影响。

首先，盘活闲置竹资源，发展农村经济，为定点扶贫、精准扶贫战略贡献力量。我国每年生产竹资源大约有 1.1 亿吨，带动 2200 万农户户均增收 4000 元左右。每年竹材年均生产 1650 万吨，按人均年收入 3 万元计，解决 250 万农村劳动力就业，而竹缠绕整体组合式建筑年均生产 7674 万吨，可提供就业岗位 40 万，使得人均年收入超过 6 万元。按照 8 年周期核算，将 1.1 亿吨闲置竹资源定期择伐利用，比其自生自灭可多储碳 2.3 亿吨，折算成二氧化碳是 8.4 亿吨，相当于每年多封存二氧化碳1亿吨。

其次，竹缠绕技术改造地下管廊体系。国家林业局总工程师封加平表示，发展竹缠绕复合管道完全符合新的发展理念，发展低碳城市最重要的就是要推行低碳技术和低碳材料，竹缠绕复合管道不仅采用了低碳技术，是一种优质的低碳材料，而且还具有固碳功能，在低碳城市建设中应当成为一种优先选项。国务院高度重视推进地下综合管廊建设，积极鼓励在管廊建设中应用新技术、新材料。竹缠绕复合管道是竹基复合材料的成熟产品，与传统管材相比，节能减排优势明显。各种管道单位长度的生产全过程能耗（管径为1000毫米），按照到2020年竹缠绕复合管产量达到1000万吨计算，如果全部替代焊接焊管，可以替代3360万吨焊接钢管，由此可以替代粗钢4500万吨，可以节约7200万吨铁矿石的使用，实现二氧化碳减排8300万吨。中国每年需要管道1亿吨（不包括水泥管），竹缠绕复合管道理论上可以替代其中50%的需求量；城市综合管廊每年建设8000公里；高铁车厢、大型储罐、军工产品、电线杆等产品需求量巨大，竹基复合材料产业将会是一个产值达数千亿美元的新兴产业。随着竹缠绕复合管道应用市场的迅速拓展，竹管廊、竹高铁车厢、竹贮罐等新型竹缠绕复合材料产品将陆续投放市场。

最后，竹缠绕技术受到国内外广泛重视。为了更好应用竹缠绕技术，国家林业局批准浙江鑫宙组建"竹缠绕复合材料工程技术研究中心"，这是国家林业局第一次将工程技术研究中心设立在民营企业[①]。2016年12月，国家林业局竹缠绕复合材料工程技术研究中心与国际竹藤组织协议设立专项资金，共同开展与竹缠绕复合材料相关的开发、应用、培训、交流等活动。此外，竹缠绕构想将在"一带一路"倡议中发挥重大作用。通过输出技术和装备，利用当地的竹资源和劳动力，生产当地需要的管道、电线杆等产品，支援当地建设，为"一带一路"倡议注入高科技元素。

无独有偶，竹产业也引起了中国铁建股份有限公司的高度合作兴趣。中国铁建股份有限公司副总裁夏国斌表示，在我国以管代渠和城市建设的管廊工程蓝海中，对竹技术产品有巨大的市场需求，中国铁建看好竹缠绕复合管这一新型材料

---

① 李岚. "竹缠绕"国家级科研机构将落地浙江杭州［J］. 世界竹藤通讯，2016（3）：23.

在国内外基础设施建设的市场容量,在融合创新领域也具有巨大的市场前景①。

3. 主要政策障碍及问题

第一,目前缺乏战略性的产业规划。在对技术全面评价的基础上,将竹缠绕整体组合式建筑上升到国家层面制定产业规划及扶持政策,国家发改委要切实做好战略性新兴产业的顶层设计,并纳入国家"十三五"规划纲要,出台相应的产业发展指导意见,加大政策和资金扶持力度,加强对竹缠绕复合材料的知识产权保护,推动"一带一路"与"南南合作"等国际经济合作领域发挥巨大的效能。

第二,缺乏竹缠绕专业化的产业化基金,为产业推广提供良好的资金支持。为支持竹缠绕复合材料技术规模化、产业化和市场推广,国家发改委、国家林业局等职能部门协同设立竹缠绕复合材料产业基金,促进小型企业的发展。

第三,缺乏严格规范的标准。目前一个重要的问题就是没有标准,这是一个空白的领域,先有企业实践,再出企业标准,进而延伸为国家标准是可行的。

8.4 稀土铝合金技术与产业发展分析

稀土在铝合金中的研究始于 20 世纪 30 年代,第二次世界大战期间稀土在铸造铝合金中得到应用,目的是改善铸造铝合金的高温性能和铸造性能。在 20 世纪 50 年代之后的 20 年当中,对稀土元素在铝合金中的变质、强化、净化与改善工艺性能等方面都进行了大量的研发工作。

1. 稀土铝合金行业现状及发展趋势

铝合金电缆替代铜电缆在西方国家已有 40 多年历史,产品普及率已超过 90%,ALCAN、Southwire、Neson 三家铝合金电缆国际巨头长期垄断着市场和技术。我国稀土在有色金属中的开发应用较早,但直到 1985 年成立全国稀土有色应用协作网,组织推广稀土在铝电线电缆中的应用后才有了突破

---

① 刘露霏. 竹缠绕复合材料属典型中国制造 大型央企看好其巨大市场前景 [Z]. 中国林业产经资讯,2016-2-27.

性进展。

（1）稀土铝电线电缆行业发展现状。

目前，稀土在有色金属及合金中的开发应用，经实验证明有明显效果的有铝、铜、镁、钛、钼、镍、钴、铌及铂族金属等。稀土金属在这些有色金属及合金中的添加量一般小于0.5%，但产生效果极为显著。稀土能起到净化、变质、细化晶粒的作用。特别值得一提的是，在铝电线、电缆中添加稀土，消除了硅的不利影响，其导电性能不仅略高于国际电工委员会标准，而且强度提高20%，抗腐蚀性能提高1倍以上，耐磨性能提高了10倍，一举改变了我国铝电线电缆行业的落后面貌，稀土铝电线、电缆已成为国家级电网的规定产品，年生产能力达45万吨，并已进入国际市场，该技术已引起国外重视。

目前，市场上流行的电线电缆由铜质、纯铝质、普通8000系铝合金材料制成。而稀土高铁铝合金是在铝中加入稀土元素，其安全性能、节能性能、机械性能、防腐性能、连接性能、经济性能、延展性、柔韧性、还原性更优。由于"稀土铝合金电缆"主要成分为铝合金，比重比铜轻2/3，安装可以免电缆桥架，加上稀土铝合金柔韧性好、易弯曲、重量轻，施工时可节省人力，相对铜电缆，施工更加便捷，安装成本可以节约50%。近年来，由于铝及铝合金电缆技术发展迅速，在产品弯曲性、抗腐蚀性方面都有了很大的提高，在同等输送容量下，能比铜电缆节约大概20%的综合成本。

（2）稀土铝合金电缆行业发展趋势。

我国铜铝资源相对不平衡，铜资源严重缺乏，对外依存度高达75%而铝资源相对丰富，且国内电解铝产能严重过剩。电线电缆行业在我国铜消费总量中占50%以上，因此扩大电线电缆产品中铝材的应用能相对减少铜资源的使用。铜在我国被列入为仅次于石油的第二大战略储备物资，而我国又是铜矿资源严重匮乏的国家和用铜大国。全国已查明铜矿资源储量仅3500万吨，而国内每年铜用量约760万~800万吨，其中电缆用铜量约占全国用铜量的50%以上。面对我国铜资源几乎枯竭的局面，稀土高铁铝合金电缆的推广使用，意义大到难以估量。铜原料安全可持续供应已成为一个十分重要的战略课题。

根据我国电线电缆行业首份铝合金电缆全生命周期研究报告披露，电线电缆是国民经济的重要配套行业，中国电线电缆行业的产值早在2012年已超过1.2

万亿元，每年消耗的铜、铝等金属材料超过 800 万吨。报告披露，具备相同电气性能的 AA8030 铝合金电缆与铜导体电缆，在衡量电缆产品涉及的 7 项特征化指标当中的 6 项上均优于铜缆，表明 AA8030 铝合金的导体电缆在整个生命周期中对与环境的不利影响明显低于铜导电缆。

目前我国拥有完全自主知识产权的稀土高铁铝合金导体制备方法等 130 多项发明专利，居于国际领先水平。铝合金和铸态铝合金的年产量可达 33 万~34 万吨，稀土紫铜、黄铜的年产量可达 6 万吨，稀土热镀锌产品年产量可达 3 万吨。稀土在有色金属中的用量呈逐年递增的趋势。稀土高铁铝合金节能电线电缆比传统产品的安全寿命长 10~30 年，成本比铜质线缆便宜 20%，按照每千米供电线路造价降低 15%、线损降低 2%~3% 计算，可以带来显著的节能减排效益。

2014 年国家电网公司发文，对全国人民代表大会《关于扩大铝合金电缆在电力行业应用的建议》进行正式答复，明确表示电线电缆"以铝代铜"具有重要的战略意义。目前国家电网公司已经应用过 10kV、1kV 等电压等级的铝合金电缆，未来将继续关注 10kV~35kV 铝合金电缆的技术发展，特别是国内 35kV 以下铝合金电缆国标的颁布实施，开展相关应用。目前，国内市场中铜电缆所占比例超过 97%，一旦未来国家电网展开大规模的应用与推广，铝合金电缆市场的空间将十分广阔。

2. 主要企业及其产业发展介绍

欣意集团自主研发的"稀土铝合金电缆"一举打破西方的垄断地位，是率先在美国 UL 网站显示材料号、物料号、产品号的专业铝合金电缆生产厂家，其铝合金电缆"低烟无卤、耐火阻燃"专利技术领先美国的联碳公司、欧洲的陶氏公司。欣意集团作为全球最大的铝合金电缆生产企业，拥有 138 项专利发明人、是 5 项国家标准起草单位，拥有完全自主知识产权。可以预见，欣意集团稀土铝合金电缆必将带来一场以稀土铝合金替代铜的产业革命，一场有色金属的材料革命。

（1）主要技术及核心知识产权介绍。

欣意公司主要产品，是拥有完全自主知识产权的欣意牌稀土铝合金电力电缆。被国家发展改革委员会列入《战略性新兴产业重点产品和服务指导目录》，打破了欧美国家 40 多年来在和市场垄断的局面，填补了国内铝合金电力电缆技术的空白，堪称一次有色金属材料的革命。欣意集团自主研发的"稀土铝合金"与未添加稀土的国外铝合金金相图相比，从试验结果很明显地看出，国外铝合金组织结构有很多孔洞和裂纹，而稀土铝合金添加稀土后，组织机构非常密实，且裂纹和孔洞很少，通过添加稀土明显提高铝合金的耐腐蚀性能，特别是对电性能的改善也很大。

欣意集团稀土铝合金电缆载流量比美国的铝合金高 9.7%，电阻小 10%，各项技术水平完全领先国际水平。目前，欣意集团生产的铝合金产品已向美国、欧盟、加拿大、日本、俄罗斯、澳大利亚等 40 多个国家和地区申请专利和商标保护。产品连续 11 年出口美国 23 个州，无一起质量事故。欣意集团经过多年的消化与吸收国内外先进的工艺和技术，成功自主研发了具备完全自主知识产权的稀土高铁铝合金电力电缆，成为全球 4 家铝合金电力电缆专业制造商中唯一的中资企业。

欣意集团"稀土铝合金电缆"的技术优势：

一是安全优势。据统计，我国每年发生的大量火灾、至少 2/3 以上与电线、电缆有关。欣意集团采用自主研制的阻燃硅烷交联聚乙烯材料能实现不滴落、不延燃、耐火阻燃、低烟无卤等优势，大大降低了火灾发生的风险和人身安全隐患，尤其适合公共领域人员聚集场所。稀土铝合金电缆产品还获得国家防火监督检验中心《公共场所阻燃标设证书》、国家矿用产品安全标志中心《矿用电缆安全标识证书》、机械工业产品监测中心《防酸碱环境监测报告》，是国内唯一的具有特种铝合金电缆认证企业。

二是核心知识产权优势。欣意集团研发的稀土高铁电力电缆采用了 30 多项专利技术，通过添加部分微量的稀土、铁等元素，再加上特殊工艺处理，产品的抗腐蚀性、导电性、使用寿命等方面都优于铜质电缆，电缆行业"以铝合金代铜"的技术得到实现，该产品具有完全自主的知识产权，并且价格低、性能好、应用十分广泛。目前，不仅获得国家 138 项专利，系 5 项国家标准起草单位，即《电工用稀土高铁铝合金杆国家标准》《稀土铝合金电缆 3 项国家标准》《铝合金电线国家标准》。国家电线电缆质量监督检验中心、国网武汉高压研究院、中国电力认证三大国家级电缆权威检测机构，根据欣意集团主导编制的《稀土高铁铝合金杆电缆国家标准》《铝合金电缆国家标准》检验论证，完全达到或超过国标铜电缆各项技术参数。

（2）欣意集团稀土铝合金发展前景。

欣意集团稀土铝合金电缆已经被国家发改委确定为2016年国家战略性新兴产业重点引导产品，荣获与"华为"齐名的中国自主品牌制造业"十佳企业"殊荣，被国家电网编入《2015年版配电网示范应用物料目录》物料号。欣意集团稀土铝电缆入网资质达到国际一流标准，欣意集团已成为国家电网、南方电网、国电、华能、大唐、中石化、中国铁路等的合格供应商。

欣意集团研发"稀土铝合金新材料"可广泛应用在国家工业和民用产品领域，大大提高稀土资源的附加值。欣意集团稀土铝合金新材料的发明，不仅彻底解决了我国贫铜甚至无铜可用的局面，而且解决了我国铝产业产能过剩的窘境，有色金属制造业及电缆行业"以稀土铝合金替代铜"不仅是一场材料革命，必将引领一场产业革命。稀土铝合金新材料还具有节能环保功能，因铝熔点（660℃）远低于铜（1083.4℃），冶炼铝合金比冶炼铜降低了2/3煤的使用量，可有效减少温室气体排放，防止大气污染。

目前我国铜电缆市场、汽车线束以及漆包线年市场份额超过2万亿元，使用欣意集团完全自主知识产权产品稀土铝合金电缆，可节约铜资源500万吨/年以上，节约外汇近千亿美元。全国已查明铜资源储量仅3500万吨，每年用铜量约760万~800万吨，其中铜电缆用铜占全国用铜量50%以上，如果不进口铜，5年后我国将无铜可用。我国是铝矿大国，铝资源的探明储量达30亿吨，使用年限可达200年。以铝代铜铝合金电缆的投入使用对我国可持续发展有着不可估量的重大意义。由于"稀土铝合金电缆"主要成分为铝合金，比重比铜轻2/3，安装可以免电缆桥架，加上稀土铝合金柔韧性好、易弯曲、重量轻，施工时可节省人力，相对铜电缆，施工更加便捷，安装成本可以节约50%。

"一带一路"倡议辐射范围涵盖东盟、南亚、西亚、中亚、北非和欧洲，总人口约46亿，GDP总量达20万亿美元。目前，各地"一带一路"拟建、在建基础设施规模已经超过1万亿美元，跨国投资规模约524亿美元。一般基础设施的建设周期为2年~4年，2015年国内"一带一路"投资金额在3000亿~4000亿美元。据了解，一个大型的公共建筑中，电气投资约占工程总投资的10%，而电缆在电气投资中将占较大比重。随着国家"一带一路"倡议如火如荼推进，已进入基础设施建设阶段，需要采购大量电缆，欣意集团凭借 11 年出口美国的品牌效应，将极大地化解国内线缆企业的产能过剩。

在国内城市化过程中，国内农网改造、城市管廊建设、海绵城市、智慧城市等建设，市场潜力巨大，欣意集团稀土铝合金新材料的投入使用，可为国家节约巨大投资成本。按照国家 2020 年前完成建设的 1000 个特色小镇及 "国家战略新兴产业小镇"，将使用 6000 亿元以上电缆，使用欣意集团稀土铝合金电缆可节省约 2000 亿元。稀土铝合金材料衍生产品——汽车线束方面，目前汽车行业约 2000 万辆，按每辆 5000 元计算，欣意集团稀土铝合金电缆产值在 1000 亿元以上。

欣意集团"稀土铝合金材料"具有安全、节能、环保的特点，拥有丰富的产品衍生开发空间，在空调冷凝管、铜管、冰箱冷凝管、变压器电机漆包线、计算机、手机等家用电器集成线路板等领域有广泛应用，复合铝基材料，已在航空航天、飞机、汽车、轮船及科技领域成功运用。

3. 主要政策障碍及问题

总体来说，稀土铝合金电缆行业已经步入逐步成熟阶段，发展走向基本明朗，发展趋势基本健康，道路虽然曲折，但前途光明。

电缆行业整体规模较小，竞争能力不强。中国电缆行业产值超过 1 万亿元，占全球份额超过 30% 的市场，电线电缆行业已超过 7000 家企业。但企业规模小，其中产值规模最大者也仅仅才百亿元左右，行业 19 家大型企业，只占市场份额的 11% 左右。业内大部分企业规模小，创新能力差，产品只能在低端领域狂打价格战，行业整体平均利润率只有百分之二三。

稀土铝合金电缆市场推广应用环节问题较多。目前铝合金电缆存在许多问题，制约了其应用与推广：一是 10kV 以上的产品缺少应用经验；二是产品及检测标准不尽完善；三是核心材料制作工艺与配方掌握在极少数的企业中。究其原因还在于没有相应的标准为产品支撑，再好科技成果没有标准就无法落地，更难以获得市场的认可、用户的信任。中端用户因自身技术能力稍弱，对铝合金电缆产品品质差异认识不清，低端用户基本没有什么真正的技术能力，品牌选择上只注重低价，以至于落入伪劣产品的圈套，而且还助长了市场上伪劣产品泛滥。

8.5 中医药新技术与大健康产业发展分析

党的十八届五中全会从协调推进"四个全面"战略布局出发,提出"推进健康中国建设"的宏伟目标,凸显国家对维护国民健康的高度重视和坚定决心。随着经济发展,食品药品安全、饮水安全、职业安全和环境问题等日益突出,慢性病、老年病、肥胖症以及亚健康等对保障国民健康带来新的压力。随着社会发展,生活方式改变,传统医疗模式也需要改变,逐渐向"防、治、养"模式转变,大健康产业成为下一个产业发展机会。

1. 大健康产业现状及发展趋势

大健康是指对生命衣食住行、生老病死实施全程、全面、全要素呵护,既追求个体生理、身体健康,也追求心理、精神等各方面健康。大健康产业就是转变传统医疗产业发展模式,即从单一救治模式转向"防治养"一体化防治模式。除了继续发展以医疗器械、药品等传统医疗医药工业,加快发展以保健食品、药妆、功能性日用品等为主保健品产业,以个性化健康检测评估、咨询服务、疾病康复等为主的健康管理服务产业可以统称为大健康产业。一般来说,大健康产业可为医药工业和医药商业两部分,主要包括医疗服务、药品、医疗器械、可穿戴健康设备、理疗、美容、保健食品、健康食品、体育休闲、健康检测、养生、健康家居、有机食品等。

(1) 大健康产业发展现状。

根据中国健康大数据统计,目前中国大约有高血压人口有 1.6 亿~1.7 亿人,高血脂人口有 1 亿多人,糖尿病患者达到 9240 万人,超重或者肥胖症超过 7000 万人或接近 2 亿人,血脂异常大约 1.6 亿人、脂肪肝患者约 1.2 亿人。根据疾病预测系统,大约平均每 30 秒就有一个人罹患癌症、平均每 30 秒就有一个人罹患糖尿病、平均每 30 秒,至少有一个人死于心脑血管疾病。

2017 年《中国健康产业蓝皮书》显示,中国医药市场规模突破 1.4 万亿元,同比增速 8.1%,增速相对较低,市场结构并不是十分合理,大型医疗机构管控垄断能力进一步增强,基层医疗机构的市场稳步增长,整体医疗收入增长乏力。

在制药行业，一些大型制药企业已形成"强者恒强"的竞争格局，规模取胜、创新主导、改制转型成为医药制造行业增长的主要动力。

自2013年国务院颁发《关于促进健康服务业发展的若干意见》后，围绕健康服务业发展、健康服务业体系建设和大健康产业集群，全国多省份开展了大健康产业发展路径与策略的相关研究，打造开展形式多样的探索与实践。比如，上海提出发展医疗产业、医药产业、保健品产业和健康管理服务产业为重点；广州提出发展健康产业提升广州产业竞争力，构建起"幸福广州"相适应的健康产业体系；辽宁省提出健康产业四大主要对策，即不断转变发展理念、坚持走特色发展道路、建立健全医疗保障制度体系、逐步加强和完善法制建设等。

一些国内知名企业，比如王老吉、天士力、云南白药等纷纷加入大健康产业布局。一些与健康紧密相关行业已经尝试融入大健康产业中，比如旅游业、休闲农业、生物医药产业、传统体育产业等，大力开拓大健康产业。根据《"健康中国2030"规划纲要》，对我国"发挥中医药独特优势"进行了专门分析，明确了我国中医药未来发展的重点任务，预计到2020年，中医药产业有望成为国民经济重要支柱产业之一。

（2）大健康产业发展趋势。

目前，中国老年人口数量为2.12亿，到2050年老年化人口将达到4.8亿，老龄化水平为15.5%。随着老龄化加速，老人数量越多对健康需求、关注、迫切度越高，大健康产业作为一种新兴服务业具有巨大发展潜力。第四次国家卫生服务调查结果显，2008年中国慢性病患病率就已达20%，死亡数已占总死亡数的83%。

据广发证券研究报告，预计到2020年，我国健康服务业规模将达到8万亿元，占GDP比重将达到6.5%，成为推动国民经济增长的重要力量。尽管中国老龄人口规模不断增加，但是相对于美国的健康产业来说中国还有相当大的差距。美国2009年健康养老产业产值占GDP的比重已达17.6%，未来还有较大的增长空间。专家预计，"十三五"期间我国围绕大健康、大卫生和大医学的健康产业有望突破10万亿元市场规模，GDP占比将从现有的4%~5%的水平提升到6.5%~7%左右，逐步向欧美日等发达国家健康产业GDP占比15%以上的水平进军。

同时，随着生活水平提升，人们更加关注生活和健康质量，对健康养老、"治未病"和保健品消费提速，健康产业的范围将不断拓展。一般来说，"大健康"

产业通常包含两个层面：一是指与人体健康直接相关的产品，比如保健食品、制药等；二是主要是医疗服务，即疾病预防、养生保健、护肤美容等"大健康"领域。数据分析，未来10年是中国大健康保健品行业的黄金期，2020年中国行业规模将突破4500亿元。按照发达国家大健康产业发展的经验，1980～2000年20年间美国大健康产业销售额增长了36倍，日本增长了32倍，欧盟年复合增速年均超过17%。就全球及中国来说，未来大健康保健品业是全球性的朝阳产业，全球市场容量为2000亿～5000亿美元，中国将是未来全球大健康产业重要的增长点。

2. 主要企业及其产业发展介绍

上海国际健康产业园是由嘉定新城管委会牵头打造的健康服务产业主题园区。嘉定新城是上海市委、市政府重点建设的新城之首，其中嘉定新城核心区是上海市新的城市发展规划（2014～2040）确立的四大市级城市副中心之一。园区将以促进嘉定区整体产业转型、实现产城融合发展为目标，依托嘉定国际中医药城区功能配套，在嘉定新城规划建设新兴产业集群。嘉定新城是上海市城市总体规划确定的近期重点发展的三座新城之一，将建成以现代服务业、世界级体育休闲产业和高科技产业为核心的现代化城市，是上海都市圈西北翼的区域性核心城市。

（1）主要技术及核心知识产权介绍。

嘉定新城中医药健康产业发展具有良好的基础。嘉定新城地理交通优势显著，通过地铁11号线、地铁嘉闵线（拟建）、沪嘉城市快速路、嘉闵高架、S6、G15、G42等轨道交通和高速路网，能快速融入上海中心城区和虹桥国际商务区，并连接辐射太仓、昆山等长三角地区。嘉定新城拥有瑞金医院北院、瑞金肿瘤质子中心、嘉定区妇保院等优质医疗健康服务资源，"十三五"期间还将继续导入更多优质医疗及健康服务资源，包括马东地区上海龙华医院北院等。新城西部安亭地区国家肝癌科学中心、东方肝胆医院和上海细胞治疗中心已建成营运；新城北翼嘉定工业区落户了联影医疗集团等重大项目、中国干细胞集团上海总部；新城南翼的江桥地区正在建设上海第一人民医院嘉定分院。

嘉定新城已经形成新城核心区、产业转型区和生态农业区的空间板块和发展格局，嘉定新城中医药产业利用各空间特点和优势，结合中医药产业功能体系打造，确定各自的产业方向和产业重点：一是新城核心区重点聚焦中医药健康服务、中医药电子商务与大数据、中医药文化博览与传播，是企业总部集聚区、医疗健康产业集聚区、远香湖文化休闲区，中医药健康服务、中医药电子商务与大数据、中医药文化博览与传播中心；二是新城东区重点聚焦中医院临床服务、中医药科技研发、中药高端制造，家居消费升级、智能制造、中医药健康服务，中医院临床服务；三是马陆葡萄园生态控制发展区，聚焦中药示范种植和中医药特色健康休闲旅游，生态农业、旅游休闲、嘉定新城后花园，发展中药示范种植和中医药特色健康休闲旅游等。

嘉定新城以上海慕清嘉合健康产业集团为核心，在大健康产业上实现机制创新、科技创新、服务创新、模式创新，打造适宜中医药健康产业发展优良生态，构建中医药健康产业链体系，服务于中医药传承创新，推进中医药现代化和国际化。产业核心技术包括，以黄墙朱氏、吕炳奎为代表的新中国中医事业奠基人，拥有包括中医药研发中心、中药材检测中心、中医药创新孵化中心、中医药交易中心、健康体检中心、中医药文化展示中心等6大研发中心，拥有中药材种植示范基地和中药饮片生产两大基地，拥有上海中医医院、瑞金医院北院两大医院等。嘉定新城将聚焦中医药服务、中医药科技、中医药贸易、中医药文化等四个产业板块，打造面向未来、面向世界的现代化中医药产业体系。

（2）嘉定新城中医药健康产业分析。

上海人均GDP已经达到中等发达国家水平，居民消费进入结构性升级时期，人们的健康意识越来越强。同时上海已进入了人口深度老龄化阶段，截至2015年底，上海60岁及以上老年人口435.95万人，占总人口的30.2%，各类老年性疾病、慢性疾病的治疗和康复服务需求市场巨大。另外，上海也是全国癌症最高发城市之一，上海市区癌症发病率比20年前上升近1倍，每年新发癌症5万多例，癌症死亡3万人，占全市所有死亡原因的30.6%。

从上海健康产业发展布局来看，已初步形成了几大产业板块：一是中心城区的健康医疗服务密集区，分布于徐汇、静安和黄浦区，包括医疗基础研究、国际标准医疗、临床服务与研究、特色医疗、数字医疗、再生医疗等产业；二是张江国家级生物医药产业基地，包括国家级生命科学应用研究、开发研究基地、新药研究基地、亚洲级研发外包基地；三是浦东上海国际医学园，包括国际医疗服务中心、国家"863"计划医疗器械产业化基地、上海质子重离子医院、肿瘤医院浦东新院、长征医院及长海医院等医院的浦东分院等；四是生物医药生产物流产业基地，包括奉贤、金山、闵行、青浦等地区，以上海医药集团为龙头的包括生物制药、现代中药制造、原料药进出口等产业；五是正在崛起的上海西部医疗健康产业带，从位于虹桥商务区以高端医疗服务为主的新虹桥国际医学中心，到嘉定新城的瑞金医院北院、瑞金肿瘤质子中心，再到安亭以国家肝癌科学中心、东方肝胆医院和上海细胞治疗中心为核心驱动的健康医疗产业集聚区。

2016年嘉定区入选上海唯一、首批试点的38个全国健康城市（城区），嘉定新城健康产业以"健康服务"产业为核心，通过发展高品质医疗、健康管理、健康体检、健康护理、健康养老、健康养生、康复医疗服务等领域，以及关注大数据、互联网、人工智能等新科技在健康服务业领域的运用，助推健康服务业领域更多新服务、新模式、新业态的创新和发展，不断完善嘉定新城健康服务的价值链。嘉定新城注重健康服务业与健康科技、健康文化产业的有机融合和互动发展。在健康科技领域，重点关注智能健康检测、智能健康诊断和智能治疗（手术机器人）的技术装备研发制造；智能辅助康复护理、智能辅助养老设备研发生产；中医药科技研发和高端生产制造、保健品研发生产、食品安全检测技术研发和设备生产。在健康文化领域，利用嘉定新城各类优良的文化发展载体资源，重点关注健康教育培训、健康传媒、中医药文化传播、体育健身、健康休闲旅游等（见图8-3）。

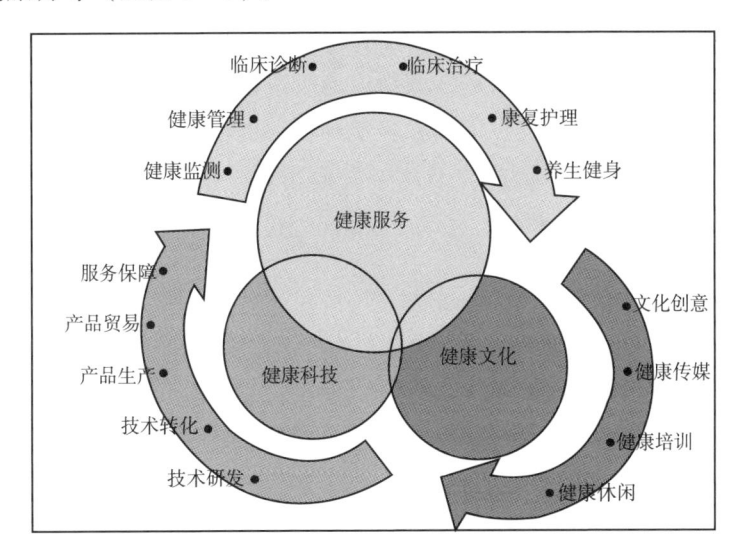

图8-3 嘉定新城健康产业链体系示意图

资料来源：根据上海市嘉定区人民政府2016年3月2日公布的《嘉定区国民经济和社会发展第十三个五年规划》整理。

在嘉定新城健康产业发展的启动阶段，政府、企业、研究中心展开了良好的合作。主要包括万博智库（北京）国际数学科学研究院、中国政府—联合国民生项目示范管理办公室、唐慎微医学科学院、上海市科创中心、上海市健康产业发展促进协会、嘉定区卫计委、瑞金医院北院、美年大健康产业（集团）股份有限公司、上海医药集团股份有限公司等。2016年10月，嘉定区委、区政府对嘉定新城管理体制机制进行了优化调整，新城管委会实体化运作，明确了规划、建设、产业、财政、人事等六个方面促进健康产业的发展。

3. 主要政策障碍和问题

嘉定新城健康产业基础相对薄弱，就健康产业来看，虽已有若干优质医疗健康服务机构落地，但还有待更多行业领军型企业和重量级项目引进以及产业链上下游更多创新型中小企业的集聚。

嘉定新城目前还没有医疗健康相关的专业院校，缺乏专业人才供应蓄水池，更缺乏专业领军型人才。另外，从政府推进和管理健康产业的角度看，也缺乏健康产业研究、规划、监管、服务等方面综合人才队伍。如何满足项目引进、企业成长、城市产业发展过程中持续带来的人才需求，将会是一个突出的挑战。

在全国都在大力发展健康产业的大背景下，各地都在努力吸引和集聚优质的健康产业资源。在上海和嘉定新城周边地区，比如浦东张江高新区、虹桥商务区等，经过市级层面的统一规划和多年开发，也都有了明确的健康产业发展定位，具备了一定的先发效应。因此，嘉定新城发展健康产业，必须要选准切入口，注重挖掘自身优势，培育产业特色亮点，走出一条差异化发展的路径。

8.6 交互式智研学习系统与人工智能教育产业分析

人工智能在教育场景大规模应用，可以让教师腾出更多的时间和精力，创新教育内容、改革教学方法。目前，人工智能包括图像识别、语音识别、人机交互等对教育行业影响巨大。比如，利用图像识别技术，人工智能帮助老师批改作业和阅卷；语音识别和语义分析可以辅助教师进行英语口试测评，也可以纠正、改进学生的英语发音；而人机交互技术可以协助教师为学生在线答疑解惑等。个性化学习、智能学习反馈、机器人远程支教等人工智能在教育产业的应用也较多，人工智能技术在教育中的应用尚处于起步阶段，未来人工智能在教育领域的应用程度将不断加深。

1. 人工智能教育产业现状及发展趋势

技术与教育融合是现代教育发展新方向。网络技术与教育结合，经历了巨大的变化。2000 年主要是教育资源网络化，在线化是主要模式。2012 年宽带促使慕课、微课等大流量视频在线教育系统出现。近年来网络直播技术发展，在线直播网校潮流不断兴起。人工智能与现代教育结合有三个影响因素：一是大量教育数据是人工智能基础；二是人工智能化软件能够处理数据信息，对数据进行深加工、形成指导性意见；三是自然人机界面，包括 VR/AR、数据可视化、机器人和 3D 打印等使得教育自动化成为可能。

（1）人工智能教育产业发展现状。

在教育行业，人工智能不仅可以节省教师体力劳动、提高教学效率，而且可以驱动教学方式变革。以人工智能驱动个性化教育为例，收集学生作业、课堂行为、考试等数据，对不同学生进行个性化诊断，人工智能开启了探索个性化教育方向。AI + 教育，可以实现对每位学生在线学习数据收集及深度挖掘、分析，实现从数字化到数据化，对学生进行个性化分析，鉴定出学员学习方式、重难点、兴趣点等，实现以学定教及个性化教学，创建学员身边的虚拟"专属教师"，让学员在学习过程中"爱上学习"。从传统的纸笔阅卷到网上阅卷，再到今天的机器智能阅卷，AI 可以轻松解决繁重复杂的阅卷难题，大大提高阅卷的效率和质量。教育部考试中心对"超脑计划"的阅卷工作进行验证对比，发现人工智能机器均优于现场人工评分。科大讯飞的英语口语自动测评、手写文字识别、机器翻译、作文自动评阅技术等已通过教育部鉴定并应用于全国多个省市高考、中考、学业水平的口语和作文自动阅卷。美国教育考试服务中心（ETS）已经成功将 AI 引入 SAT 和 GRE 论文批改。城乡、区域教育差距，城市学区房问题根源在于优秀教师的稀缺，"机器人老师"不仅有助于解决师资不足和师资结构不合理等难题，还能大大缓解社会矛盾，促进教育公平。魔力学院创始人张海霞用人工智能机器替代老师进行讲课，目前新东方也开始使用机器人教学，机器人老师不知疲倦、能平等地对待学生。

人工智能介入后，个性化教育有两条实现途径。一是构建知识图谱，构建和优化内容模型，建立知识图谱，让学生可以更容易地、更准确地发现适合自己的内容。二是自适应学习，人工智能可以从大量的学生中收集数据，预测学生未来表现，智能化推荐最适合学生的内容，最终高效、显著地提升学习效果。学生可以高效学习；教师也可选择不同的教学目标和内容、实施不同的教学方式，提高教与学的个性化、精准化和有效性。

全球人工智能正在迎来新产业爆发期，过去5年人工智能行业融资规模从2010年的8000万美元，增长到了2015年的12亿美元，年复合增长率57%，2018年全球人工智能市场规模预估达近470亿美元，年复合增长率55.1%。国内多个省市积极推进人工智能产业发展，2017年我国人工智能市场规模达216.9亿元，比2015年增长了52.8%。比如四川省大约有125家人工智能企业，其中人工智能应用领域有81家企业。当前中国人工智能企业数量、专利申请数量以及融资规模均仅次于美国，位列全球第二。全球最值得关注的100家人工智能企业中我国有27家，其中以腾讯、阿里云、百度、科大讯飞等人工智能产业规模最大。

（2）人工智能教育产业发展趋势。

根据艾瑞咨询数据，2020年全球人工智能市场规模约1190亿元人民币，未来10年，人工智能将会是一个2000亿美元市场。据腾讯研究院统计，截至2017年6月，全球人工智能初创企业共计2617家。美国占据1078家居首，中国以592家企业排名第二，其后分别是英国、以色列、加拿大等国家。据统计，2017年中国人工智能核心产业规模超过700亿元。2020年，中国人工智能核心产业规模将超过1600亿元，年复合增长率将达43.6%。

新一代人工智能技术与实体经济融合，在零售、交通、医疗、制造业方面培育产业新动能，开拓实体经济新增长点，不断推动我国经济结构优化升级。目前，中国人工智能投融资额占全球总量近35%，其中计算机视觉与图像、自然语言处理和自动驾驶三大领域投资占比60%以上。此外，2017年上半年，北京、广东、上海、浙江、江苏和四川等省区人工智能产业投融资总额为143亿元，预计全年投融资规模较上年增长51%。

国务院印发《新一代人工智能发展规划》明确提出，完善人工智能教育体系后,加速人工智能技术在教育领域应用。AI+教育的行业模式将会像共享单车一样,人工智能自适应教育被赋予个性化教育的核心。未来人工智能教育提高学习效率、可规模化实施个性教育,鼓励中小学探索 STEAM 教育、创客教育等教育新模式,利用智能技术加快推动人才培养模式、教学方法改革、构建包含智能学习、交互式学习的新型教育体系。开展智能校园建设,推动人工智能在教学、管理、资源建设等全流程应用,开发智能教育助理,建立智能、快速、全面的教育分析系统。

2. 主要企业及其产业发展介绍

目前,社会上已经有很多速读记忆培训企业和机构,但基本都以人工现场课堂培训为主,效率相对低下,学生离开课堂后就难以进行,并且对任课培训师的人力资源依赖比较严重。个别培训企业开发过一些 PC 单机版简单速读或记忆训练软件,但功能尚不齐全,通常只包含速读记忆训练科目中的个别功能。在中小学学科知识教学方面,在线作业系统,只针对某些个别学科,如英语、数学、理化等,包含全部学科的在线训练系统不多见。

(1) 主要技术及核心知识产权介绍。

北京科教科学研究院专注于教育咨询技术开发、技术服务与咨询,其开发的人工智能交互式学习系统及教育方法,促进快速阅读者扩大视觉感知能力和左右脑协调快速处理视觉信息的巨大潜能,以眼脑直映的信息处理方式取代传统阅读中大脑视觉中枢、语言中枢、听觉中枢对文字信息处理环节,从而达到眼看脑记、眼脑同步的快速阅读法。普通人经过专业培训后,掌握快速阅读、记忆培训,注意力训练,全脑潜能开发,掌握技能,尤其是中小学生,可以大大提高学生学习效率和学习成绩。

计算机智能控制人机交互智能培训系统,客户端只需浏览器,无须安装应用软件,实现轻量级的 Web 应用。功能模块主要包含五大部分:一是右脑开发和视觉训练,充分开发阅读者扩大视觉感知,视觉记忆能力和左右脑协调快速处理视觉信息的巨大潜能。二是速读记忆训练,包括舒尔特方格、瞬间闪视、记忆方格、视觉感知、关键词训练、文章速读。模块设计为闯关模式,通过游戏化的学习方式,增强学习的趣味性、挑战性,激发学习主动性。三是学科知识综合应用,结合中小学学科知识、题库、在线作业系统,让学生在经过前面的速读记忆训练后，通过练习题快速掌握重点学科知识，从而获得理想的学习成绩。四是师资培训，开发在线师资培训系统，批量培训师资。五是后台管理模块，开发参与培训的教师和管理员数据管理后台。

技术框架结构采用 MVC［模型（model）-视图（view）-控制器（controller）的缩写］框架，解决方案由多个项目工程组成：一是底层数据访问层。二是业务逻辑层，响应客户端的异步请求，调用数据访问层。三是前端用户层，主要是动态网页+客户端代码和资源文件。四是公共工具类，封装为 DLL（动态链接库文件）的一些公共工具类，例如文件上传、电话号码校验、JSon 数据提取和格式化等。五是学习设备，主要操作界面具有显示区域和多个功能按键，显示区域显示设备的当前参数和当前工作模式，多个功能按键包括开关机功能按键和操作功能按键。处理器分别与操作界面和第一传输组件相连，以控制操作界面显示学生训练信息，并接收学生根据训练信息生成的交互信息，且根据学生训练信息和学生交互信息得到学生训练数据。该设备可以有效提高培训的适用性和实用性，培训的效率高，简单易实现。

（2）前景分析。

北京市科教科学研究院开发的人工智能交互式学习系统及教育方法，极大地提高了教师培训效率，相比传统的线下课堂培训，在线人机交互训练的时间、地点更为灵活，通过移动终端（如平板电脑）和互联网，随时随地都可以在线练习。人工智能交互式学习系统通过电脑游戏化的练习方式，增强学习趣味性，激发学习主动性，让学与玩相结合，强化学生速读记忆方面的能力，在潜移默化中提高速读成绩和能力。人工智能交互式学习系统可以进行系统培训师资，通过系统共享教案，记录重要教学数据、教学视频，保留在系统中，可大规模化培训，即便个别教师离职，也不会影响整体教学。人工智能交互式学习系统将速读记忆技能应用到各学科知识学习上，编著了各个学科综合题库，包括中小学各个科目（数学、物理、化学、生物、英语、语文、历史、地理、政治等科目），针对历年高考、中考、小升初考试大纲和历年考题，整理精选而成在线题库。

人工智能交互式学习系统目前在部分学校的运用取得了良好效果。河南濮阳第二高中高一年级，经过使用本系统半年，会考成绩从全区第八名变成全区第二名。另外，云南芒市第二小学使用本系统训练一周，平均有效阅读速读从平均

500 字/分钟，提高到 4300 字/分钟左右。

3. 主要政策障碍和问题

目前，我国人工智能产业重应用技术、轻基础理论，底层技术积累薄弱，存在头重脚轻的结构不均衡问题。国内人工智能的计算机视觉、语音识别、自然语言处理等应用技术接近国际先进水平，但在基础元器件、底层算法和理论研究等方面与国际水平差距较大。人工智能教育概念火热，但企业和政府对产业发展理解不透、思考不足、产业发展氛围略显浮躁，人工智能教育产业同质化、碎片化风险较高，尽管人工智能企业数量和融资规模迅速攀升，但存在大小企业一拥而上、炒作概念现象非常普遍。

在我国推动人工智能教育产业面临着教育行业的普遍压力。一方面，传统的教育方法并没有从根本上接受人工智能的干预，对人工智能教育行业的不信任感较强、包括家长和学生可能对于人工智能的干预普遍没有较好的接纳度；另一方面，教育行业甚至是其他教育相关的产业部门会对人工智能教育行业的发展实施阻碍，教育行业、房地产行业会因为效率提高受到利益的损害，优秀教师也会排斥新的教育技术的应用，这些都会使得人工智能教育产业的发展受到影响。

8.7 农业深技术与农业现代化发展分析

农业深技术以农业深加工技术为核心，在水肥一体化、作物新品种的育苗、水溶肥、生物技术、土壤修复和改良、农业软件、温室工程、收获后处理、初加工和深加工等领域广泛采用现代科学技术以促进农业技术现代化和产业化发展。其中，农产品深加工是指对农产品进行二次以上的加工，主要是指对蛋白质资源、油脂资源、新营养资源及其活性成分的提取和利用，初加工使农产品发生量的变化，精深加工使农产品发生质的变化。根据中国农业部提出的发展目标，我国将加快推动农产品加工业转型升级的步伐，力争到 2025 年基本接近发达国家水平，使农产品加工的一次转化率要达到 68%，二次及以上转化率达到 75% 以上。

1. 农业深技术产业现状及发展趋势

近年来,随着国内粮食产量稳步增长、国内居民消费水平持续抬升,我国农业也逐渐迎来了产业的升级换代,当前中国农产品加工业已进入从规模扩张向质量提升转变的新阶段。

(1) 农业深技术产业发展现状。

我国农产品加工业有了长足发展。根据农业农村部部长韩长赋的报告,2016年我国规模以上农产品加工企业达到8.1万家,主营业务收入20万亿元,利润总额达到1.3万亿元。农产品加工业正成为农村农业经济的支柱产业、农业现代化的支撑力量,但我国农产品加工业仍然大而不强,与现代农业产业体系建设不相适应,与工业发展转型要求不相适应,与城乡居民不断升级的消费结构不相适应。

我国是农业大国,但还不是农业强国。全国农业正在从低端、原始的状态向现代农业、智慧农业转型,如何更好地把农产品的生产业、加工业和销售服务业融合在一起,提高农业综合效益和竞争力已成为亟待解决的问题。美国农业人口只占全国人口的2%,从事加工流通服务等行业的人口却占全国人口的20%;农产品加工转化率超过85%,我国只有60%;美国加工业与农业产值比超过4∶1,我国只有2.2∶1;玉米加工产品多达3500种,而我国仅有200多种[①]。

当前,我国农产品加工业正在向农产品和特色产品主产区聚集,形成了一些具有浓厚区域特色的农产品加工业聚集区。农产品绿色"智"造是指以客户为中心,通过智慧(科技、研发、组合、深加工、营销、品牌创新等)创造新价值,提升附加值,实现价值升级与产业升级,我国农业深技术整体水平得到迅速提高。数据统计,2017年我国规模以上农产品加工业实现利润总额1.3万亿元,同比增长7.4%,增速较上年同期上升3.1个百分点。农产品加工业主营业务收入利润率为6.7%。每百元主营业务收入中的成本为83元,与上年持平,低于全国工业1.9元。规模以上企业平均规模2.4亿元,同比增长0.2亿元。规模以上企业人均主营业务收入127.9万元,同比增加13.6万元。规模以上企业亏损深度4.1%,同比下降0.5个百分点。

---

① 韩长赋. 大力推进农产品加工业转型升级加快发展[N]. 农民日报,2017-6-29.

尽管我国农产品加工业有了长足发展，但是农产品精深加工不足成为行业发展亟待解决的短板和瓶颈。中国是传统农业大国，农产品种类繁多，比如粮食、油料、水果、蔬菜、畜产品、茶叶、特色农产品等。2016年规模以上农产品加工企业主营业务收入达到20.1万亿元，占制造业比例为19.6%，成为行业覆盖面广、产业关联度高、中小微企业多、带动农民就业增收作用强的基础性产业。未来，我国要大力发展农产品产地初加工，提升农产品深加工整体水平，加强农产品加工副产物综合利用，强化农产品加工智能装备研发与推广，加大农产品加工技术创新与供给，推动农村第一、第二、第三产业融合发展。

(2) 农业深技术产业发展趋势。

农产品加工业是近年来发展最快的产业之一，在国家经济发展中占有重要的地位，为美国、法国、德国、荷兰等重视农产品加工业的国家带来了巨大的经济效益。其中，美国农产品加工业十分发达，超过80%的农产品经过加工后才上市，比原材料增值达到5倍以上。随着我国城乡居民消费结构升级对加工制品需求旺盛，预估未来5年农产品加工业也将保持年均不低于6.5%的增长速度。如果按照未来5年农业总产值年平均增速4.0%测算，到2020年农产品加工业与农业总产值比预计可达到2.4∶1。

据中商产业研究院《2016～2020年休闲食品行业发展机遇报告》，随着中国经济的发展，休闲食品市场需求将继续增加，预测2016～2017年的复合年增长率将达到10.3%。目前中国健康营养食品市场规模800多亿元，3年后或将超过1800亿元。同时，中国健康营养食品市场潜力巨大，食品企业亟须在健康营养食品方面发力。中国进口食品的销量将以每年15%的速度高速增长，2018年中国成为全球最大的进口食品消费国，中国大陆进口食品市场规模高达4800亿元人民币。2025年，全球有机食品和饮料市场规模有望达到3205亿美元，远高于2015年的774亿美元；而我国有机水果蔬菜市场的收益有望超过1100亿美元，将主导着全球的有机食品市场。

根据农业部发展目标，到2020年，加工业与农业产值比将提高到2.4∶1，加工转化率将提高到68%；到2025年，加工转化率达到75%，结构布局进一步优化，自主创新能力显著提高，市场竞争力大幅提高，基本接近发达国家水平。就是说，到2020年，农产品加工业产值要2倍于农业产值。可以预计，主要农产品的综合加工转化潜能在农业现代化和农村城镇化过程中将快速释放，预计到

2020 年粮食、蔬菜、水果、肉类的加工转化率可分别提高至 88%、13%、23% 和 17%，到 2025 年分别提高至 90%、30%、35% 和 45%。

2. 主要企业及其产业发展介绍

中国华粮集团有限公司（CAFO）是一家从事农业、林业、畜牧业、海洋渔业副产品以及衍生产品开发的产供销一体化的集团化企业，总部位于中国上海市。华粮农业技术有限公司继承华粮品牌的拥有权、专用权和百年光荣传统，主要从事农业科技、生物科技、网络科技、信息科技领域的技术开发、技术咨询、技术转让、技术服务，食用农产品（不含生猪、牛、羊等家畜产品）以及化肥、饲料等的销售，房地产开发，物业管理。中国华粮集团有限公司坚守"百年华粮、安全典范"的理念、以生态科学为指导思想，实施"大粮仓、大健康、大数据"三大战略，产业布局涵盖农业、健康、文化、智能、投资五大板块，定位为大农业产业链整合与服务的运营商。

（1）主要技术及核心知识产权介绍。

中国华粮集团有限公司秉承"安全、民生、健康"的理念，立足"三农"、服务民生，以"华粮深科技应用工程"为核心，进行"科技＋政策＋金融＋产业"的产业化资源组合配置，从科技研发能力、人力资源配置能力、政策匹配能力、资金融通及资本运作能力、品牌渠道能力五大能力打造，提供整体解决方案，致力于区域经济治理和政府产业化创新，全面推进农业科技创新、经营创新、产业化创新。华粮集团有限公司秉承为生民立命，为新农人造福的宗旨，立志打造一个具有良知、公信力与社会责任感的大农业产业链联盟，即华粮大农业生态圈。

华粮技术有限公司作为一家生态循环农业运营商，以农业深加工技术为核心，以华粮品牌为载体、华粮资本为依托，致力于推动生态循环农业（"黑色农业"）技术的研发、应用和推广；致力于生物技术研发和应用；致力于种子库工程。华粮技术有限公司推动农业技术产业化发展，引领农业革命、促进生态科学和生态文明发展。华粮技术有限公司打造自然生态＋商业生态两个生态，助力脱贫攻坚，帮助各个县市区域农业产业化升级和多元化发展，促进农业与其他产业融合，形成全域生态发展模式。

华粮技术有限公司新模式不是传统单纯提高农业产量，而是将微生物系统加入农业产业链中，实现农业生产全物质循环利用。华粮技术有限公司以生态系统中两条食物链为基础，即腐屑食物链产业开发和有机废弃物资源，以生态植保和昆虫—微生物复合生物系统技术为支撑，与"绿色农业""白色农业""蓝色农业"相对应的产业领域而构建农业新结构体系。华粮技术有限公司系统梳理当地县市级农业产业特点，公司以"技术实操、产业化运营"为农业深技术提供生态循环农业的一整套解决方案，多维度技术支持与服务管理。

华粮生态循环农业深技术项目介绍：

一是餐厨垃圾处理，以黄粉虫的养殖实现废弃物处理循环利用。黄粉虫，原产北美洲，20世纪50年代从苏联引进。黄粉虫以有机废弃物为食，通过过腹转化，将人类生产、生活的有机废弃物转化为昆虫源蛋白和虫粪沙，实现废弃资源再利用，现已工厂化养殖。

二是固废物（秸秆、畜禽粪便、蔬菜秧蔓）处理，运用白星花金龟转化固废物、实现变废为宝。白星花金龟成虫取食玉米、小麦、果树、蔬菜等农作物，利用该虫是腐蚀性昆虫的特点来处理固废物上取得技术突破，该幼虫（对农作物无害）仅取食腐败作物且不影响产量，经过过腹转化秸秆，实现废物资源化再利用。广泛用于处理秸秆、蔬菜秧蔓、家禽排泄物等有机废弃物。

三是农田杂草处理暨盐碱地（荒废地）治理，以东亚飞蝗技术转化杂草实现土地改良，东亚飞蝗，喜栖息洼地尤其是易涝易旱或水位不稳的海滩、湖滩、荒滩或耕作粗放的荒地，遇干旱水面缩小，会咬食叶片和茎，易酿蝗灾。棚式养殖，荒地羊草，变废为宝。虫粪含有的有机菌质物可用于改良土壤或渔业。

四是林下经济"虫—菇"模式，运用虫菇组合环境生物系统技术进行间作提升效益。第一步，采贮农作物（玉米小麦）秸秆，微生物腐解菌剂预处理；第二步，实施林果与菌物（大球盖菇、黄伞菌）间作；第三步，将食用菌菌糠再次经过白星花金龟过腹转化、残次菌体及整理残余物经过黄粉虫过腹转化利用；第四步，将两种虫体加工成昆虫源蛋白粉、两种虫粪沙加工制作成虫粪基人工土壤，分别再次进入种植业和养殖业循环利用。

五是椰糠及虫粪基人工土壤—废物利用技术，利用糠废弃物再造新技术土壤。椰糠是天然植物再生资源，虫粪沙是各种昆虫的排泄物，二者按比例配制，将苗进行固定，通过水肥一体化系统、微机管理、流程化操作、工业化生产，逐渐成为现代农业土壤新技术专用基质。椰糠所具有的清洁、无污染、无病虫等优点适于无土栽培；椰糠质轻的特点也使它方便运输。

华粮生态循环农业深技术可以带来可观的经济、社会、环境和生态效益，对农业深加工技术和现代化立体产业化的发展具有重要作用。上面这些技术在解决厨房垃圾污染、农业农村废弃物处理、荒地治理、农村现代化、生态循环产业等问题方面作用巨大，同时也为提高农村就业率和农民收入开辟了新产业。

（2）华粮集团农业深加工前景分析。

中国华粮集团有限公司统一品牌，线下粮店、物流、仓储、配送，线上云商、自营、加盟，全国共有 32000 余家有机粮食基地、30000 余家有机生鲜基地，在全国近 3000 个县市拥有中华老字号招牌。随着未来中国经济持续发展，人们对慢性病治疗和健康生活的需求不断增加，华粮集团在粮食与健康生活、慢性病治疗等方面所起的作用越来越大。

当前，我国是世界慢性病第一大国，其中心脑血管疾病 3.6 亿人，超重和肥胖人口超过 3 亿人，糖尿病患者大约 1.14 亿人，癌症患者每年达 1 亿多人，其他各种慢性病人口超过 1 亿人。要改变生活质量，必须高度重视食物和粮食安全，利用逆转体系技术，运用食物的力量激发人体自愈力，快速解决糖尿病、高血压、高血脂、痛风等慢性病问题，成为攻克世界医学难题的关键。

中国华粮集团有限公司在有机食材安全检测、认证方面走在前列，华粮集团建立了有机食材安全检测与认证中心，制定从选种到餐桌全流程的安全检测与认证体系，保证获取的有机食材的安全性并以此打造有机行业认证品牌，降低信任成本，促进有机行业良性发展。华粮集团万家粮店计划覆盖全国，实现千乡万店，首期 1000 家粮店运用食物本身属性进行巧妙搭配，通过一日三餐来调理各种亚健康状态。华粮集团全生态有机加工工厂，全国遴选有机生态加工工厂，建设慢性病逆转营地、慢性病康复基地、慢性病疗养基地，促进农业生态旅游业、生态旅游业、民宿养生养老业等产业一体化发展。

华粮农业深技术具有可观的经济、社会、生态效益。以黄粉虫处理餐厨垃圾污染为例。以实际效益测算，饲养 1 千克幼虫需麦麸 0.45 千克、可处理餐厨垃圾 2.55 千克，综合成本每 1 千克黄粉虫鲜虫需成本 7.2 元左右，按 2.5 千克鲜虫出 1 千克干品计算，即成本 1.8 万元/吨左右。目前，国际市场价 3.4 万元/吨，利润大约 1.6 万元/吨。产品主要销往英国、美国、德国、瑞士等宠物食品市场，韩国已作为新动物食品应用，供不应求。由于产业门槛低，故可以提供大量就业岗位，可以广泛应用于县市级精准扶贫项目、垃圾处理产业，来增加农户收入，推动"环境友好型、资源节约型"新型社会主义新农村建设。

以草—虫—渔—菜立体生态循环模式实现盐碱地治理为例。利用盐碱地种植野生芦苇草、杂草。东亚飞蝗吃草养育成虫及其加工和销售，东亚飞蝗虫粪便和剩余秸秆发酵粉碎撒入土地改良盐碱地。发酵水进入土地培养藻类浮游动物，鱼摄食藻类浮游植物生产鱼。鱼粪便沉到池底淤泥，改良盐碱地。东亚飞蝗干品粉碎配合虾粉补充动物蛋白，加快了南美白对虾健康生长。高位池排出水，一级沉淀后清水进入二级处理池，从二级处理池到三级处理池，或浇灌草地等，沉淀粪便可以用于改良盐碱盐，四级池水进入菜种植。从三级池的水进行生物消毒后水质调节到高位虾池形成生态循环模式，草地灌溉长的草为东亚飞蝗提供饲料从而形成了立体生态循环模式。按照3000亩以上的农业用地、方圆3公里内有江河和若干人工测算：一是蚂蚱效益。大约建1000个蚂蚱棚（65平方米/棚），2~4斤蚂蚱/茬/平方米，3茬/年，蚂蚱成本3元/斤，售价12元/斤。每棚年营业利润为3510~7020元，1000个棚年利351万~702万元。二是南美白对虾效益。按照标准池1600亩，高位池24000平方米、工厂池25000平方米核算，标准池年600斤/亩，利润为2016万元；高位池8斤/平方米，利润403.2万元。工厂池15斤/平方米，3茬/年，年利润2000万元。年产值约7000万元。

华粮深科技技术项目还有生物肽提取技术、种子繁育、花卉新技术、中医药、中国生物酶工程，这些农业深技术在农业深加工、农村生产生活环境改造、农业技术现代化方面发挥着重要作用。华粮深科技战略合作伙伴非常广泛，包括中国农垦集团、微软中国、麦肯锡等许多大型或跨国企业，未来农业深技术的发展前景依旧十分广阔。

3. 主要政策障碍和问题

当前，我国农产品加工企业运营成本过大、各种负担比较重、利润空间被压缩。我国以加工业为主的第二产业虽有起步，但仍不及第一产业和第二产业，尤其是精深加工水平，与发达国家相比存在很大差距，农产品高价值开发面临机遇的同时，也难免面对重重挑战。我国农业加工业发展受设备水平制约，许多大型加工产品的生产线长期依赖进口，尽管一些初级加工设备开始国产化，但大多都是仿制，而精深加工涉及生物学、化学等学科，设备生产技术要求更高，而国内缺口依旧较大。

长期以来，我国对于农业深技术及其深加工技术重视不够，企业参与积极性不够，政府对于农业深技术的支持力度不够，使得农业深技术发展较为缓慢。在深技术开发和应用上，受制于农产品价格较低、产业链条较短的劣势，资本和人力投入严重不足，影响了农业深技术的应用和广泛推广。调研显示，大部分食用类农产品加工企业都面临副产物综合利用率偏低问题，大部分农业企业同时缺少长期资金和流动资金，技术工、普通工和销售人员的缺工比例基本相同，造成农业深技术的产业化发展受限。

8.8 生物医药技术与产业发展分析

生物医药产业将生物技术用于医药产业，应用基因工程等技术，改良传统医药，生物医药产业由生物技术产业与医药产业共同组成，已成为国内乃至国际增长最快的行业之一。生物医学工程综合应用生命科学与工程科学原理和方法，从工程学角度认识人体的结构、功能和其他生命现象，研究用于防病、治病、人体功能辅助及健康保健的医药、医药装置和系统技术。

1. 生物医药技术产业现状及发展趋势

近 30 年全球生物医药产业销售额以 25%～30% 的速度增长，其中美国是生物医药大国，生物医药总产值占到了本国 GDP 的 17% 左右，在全球市场居于主导地位。全球市场 90% 生物药品来自美国企业，如默克、强生、罗氏、诺华等。德国生物医药总产值占本国 GDP 的 12% 左右，生物医药产业是继汽车、机械制造业之后的第三大产业。美国形成了以华盛顿、旧金山、圣迭戈、波士顿、北卡罗来纳为中心的五大生物医药园区，而生物医药集聚发展成为美国生物医药产业获取竞争能力的关键，英国剑桥生物技术园区是全球尖端生物研发园区，日本计划建造 11 个以生物技术或生命科学为重点的产业园区。

（1）生物医药技术产业发展现状。

生物医疗产业是我国七大战略新兴产业之一，2016 年我国生物医药实现销售收入 2978.83 亿元，同比增长 8.33%，预计到 2021 年收入将达 4994 亿元。生物医药行业具有"高技术、高投入、高风险、高回报、产业周期长"特征,但是中国生物医药成果转化率较低,与西方发达国家50%～70%的转化率相比,还有较大提升空间。

生物技术和医疗健康市场受人口老龄化、居民收入提升和用药疾病谱变化的影响,全行业持续保持较快增长,随着医疗保障制度的进一步完善,医疗健康市场的发展空间十分乐观。2009～2016年,我国生物技术/医疗健康行业中,累计投资额都超过百亿元的行业包括医药、医疗服务、医疗设备、生物工程四大细分领域,分别为674亿元、459亿元、170亿元、118亿元。

数据统计,2017年上半年中国生物、生化制品制造行业实现累计工业总产值比上年同期增长了19.92%。2018年生物制药行业整体经济仍保持增长态势,比上年同期增长30.3%,累计产品销售收入比上年同期增长30.32%,累计利润总额,比上年同期增长40.37%。中国生物制药市场表现较好,2018年健康医疗领域投资持续增长,国家发改委新增中央投资4.42亿元,支持生物医药、生物育种、生物医学工程高技术产业化发展。

(2)生物医药技术产业发展趋势。

中国生物医药产业被看成朝阳产业,2000～2015年我国生物制药行业大中型企业新产品产销规模呈较快增长趋势,发展势头迅猛。目前,我国重点发展的生物制品包括基因工程药物、开发活性蛋白与多肽类药物、中草药及其有效生物活性成分的提取、发酵生产、各种疫苗的开发、单抗及酶诊断和治疗试剂的生产、靶向药物的开发。我国生物医药产业有望成长为万亿元支柱产业,重点方向包括发展新型疫苗和改造传统疫苗、推进抗体药物和蛋白质药物等生物技术药物的产业化、重大疾病诊断和检测技术的研究与产品开发、基因治疗和细胞治疗等生物治疗技术、再生医学技术的研究与应用。

针对恶性肿瘤、心脑血管疾病、神经退行性疾病、糖尿病、自身免疫性疾病等重大疾病,生物技术生产了大量医药产品。目前我国生物技术药物市场规模只有几百亿元,但未来有望培育成数千亿元的产业。我国长三角生物医药产业化水平较高,形成了以江苏、浙江为两翼的生物医药产业园区,积聚了世界十强药企、研发密集、融资条件较好、研发和成果转化最快。其中江苏是生物医药产业成长性最好最活跃的省份,生物医药产值位居全国之首。

数据统计,我国每年因创伤、疾病、遗传、衰老造成的器官缺失需求很大,仪器官培育和医疗康复市场预计可达到 500 亿元的规模。"十二五"期间，基因药物、蛋白药物、单抗克隆药物、治疗性疫苗、小分子化学药物将成为生物医药发展的重点，国家每年拿出 100 多亿元来支持重大新药创制，平均每个新药创制可获得 500 万~1000 万元的项目资金补贴。目前中国已有 80 多个地区正着力建设医药科技园、生物园、药谷，全国已有 22 个国家生物医药产业基地，而且高科技产业园区很多都将生物产业作为重点引驻对象。其中，比较成熟产业园有上海生物医药科技产业基地、中关村生命科学园、泰州中国医药城、长沙国家生物产业基地等。

2. 主要企业及其产业发展介绍

上海慕清嘉合健康产业集团作为一家专业从事生命科学与细胞生物技术研发、应用转化及创新型健康管理服务的高科技企业，慕清嘉合专注于客户的身心保健与疾病预防，尤其在基因检测、肿瘤防治、早癌筛查等方面积累了丰富经验，并为此创立国内首家细胞科普馆、建设基因检测采集中心、打造先进的细胞实验室、开通全市就医绿色通道等，为客户的健康生活与品质生活，提供优质服务。

（1）主要技术及核心知识产权介绍。

上海慕清嘉合健康产业集团（以下简称慕清嘉合）以"健康管理服务"为核心、以"生命细胞科普馆"和"数据库"为两翼的"一核两翼"业务发展格局，公司与上海泛亚基因医学科技有限公司、中科院上海生命科学研究院等国内知名企业达成战略合作关系，全力打造以大数据、云计算和物联网技术为支撑的大健康服务品牌形象，为百姓提供更多更优的健康服务项目。

慕清嘉合将"健康生活""品质生命""无限生机"的理念贯穿于公司经营，公司经营范畴为：细胞治疗技术研究及其产业化、技术服务、技术咨询、技术转让，生物医药投资及健康产业的投资管理等。上海慕清嘉合健康产业集团是嘉定新城健康产业中具有高科技含量、有服务创新、有品牌连锁的、国内抗衰老新型健康服务旗舰集团。该集团顺应国际抗衰老健康科技潮流，学习应用国际抗衰老先进技术、先进管理经验，以肿瘤预防、慢性病防治为服务特色，融合顶级生物细胞科技、前沿医学检测技术、医学专家智慧，打造抗衰老运行服务系统工程。

慕清嘉合集团围绕大健康产业，重点打造四种品牌：

一是实行大健康产业项目医学检测检验技术发展战略，主要进行肿瘤高危人群筛选普查、慢性病人群医学检测，进行循环健康管理，对亚健康人群进行性激素功能检测、微量元素检测、睡眠功能检测、重金属中毒检测等；引进应用前沿医学检测技术，CDA肿瘤定性定位技术的高检出率在临床早期癌症防治方面具有重大意义。国际原创肿瘤基因检测，即ctDNA肿瘤基因检测，在早期预防干预肿瘤癌症方面具有临床意义。同时它将建立医学检测技术大数据库，中期建立医学检测合作平台数据库，建立跨区域医学检测连锁联盟数据库等。

基因检测是通过血液、其他体液或细胞对DNA进行检测技术，是取被检测者脱落的口腔黏膜细胞或其他组织细胞，扩增其基因信息后，通过特定设备对被检测者细胞中的DNA分子信息作检测，预知身体患疾病的风险，分析它所含有的各种基因情况，从而使人们能了解自己的基因信息，并通过改善自己的生活环境和生活习惯，避免或延缓疾病的发生。

二是医疗康复保健技术发展战略，技术应用范围包括医学检测、全科医学、预防医学技术、生物医学、再生医学、功能医学、康复保健医学，它形成抗衰老健康服务，建立大数据库，实施健康管理循环机制，推陈出新健康服务新产品。医疗康复保健技术集预防医学、临床康复医学、生物医学、功能医学、再生医学于一体，进行个体或群体大健康管理。发挥医学专家团队、生物细胞科技团队的科技研发和应用技术，推陈出新健康服务新产品。短期建立医学检测平台、设立慕清嘉合特色诊所，中期建立临床血液净化合作平台、慕清嘉合医学检测检验机构、互联网影像诊断中心、互联网医学专家诊疗和健康保健咨询平台。慕清嘉合整合现有资源，铸造慕清嘉合产业环链，实现强强项目合作、建立战略合作伙伴关系，研究市场需求和政策环境，研发市场项目和服务机制模式，借力借势发展新科技、新项目、新平台、实现"航母"旗舰集团。

三是生物细胞科技产业发展战略，建立细胞银行、细胞修复、细胞免疫、EGF护肤四大项目应用体系，形成相对独立产业板块，延伸EGF科技产业链，开发新的应用领域和产品（医疗烧伤皮肤修复、压疮皮肤修复、角膜溃疡修复、抗衰老护肤美容、生物保健食品），放大产品应用价值和附加值。细胞银行亦称"自体免疫细胞银行"，预先将自体健康活力免疫细胞通过高科技手段存储，用于将来抗衰老及保健医疗，在肿瘤临床治疗前期起干预作用，达到健康长寿作用。干细胞增加正常细胞的数量，提高细胞活性，改善细胞的质量，达到疾病康复、对抗衰老的目的。NK细胞具有重要免疫因素，也参与第Ⅱ型超敏反应和移植物抗宿主反应。EGF是干细胞的营养液，具有修复面肤细胞、激活面肤细胞功能活性，达到改善面肤皮肤弹性、保水和肌肤柔性。EGF已经广泛应用到护肤品、医学领域。免疫细胞保健不仅可以全面清除体内衰老，变异的肿瘤细胞，而且能迅速提高细胞整体质量，延缓衰老。激活体内休眠细胞增强细胞活性，改善细胞质量，提升机体免疫力，使得我们达到延年益寿目的。

四是发展休闲养生旅游产业，选择并建立东南西北地区养生基地，定期组织栖息地养生活动，栖息养生基地回归自然生态，拥有天然氧吧、农作、领养、休闲娱乐、简易康复保健设施、健康保健管理师。

（2）产业前景分析。

在医学检测发展战略上，慕清嘉合集团公司2018年建立慕清嘉合临床医学检验室，以慕清嘉合客户为主的临床检验项目。2019年慕清嘉合建立区域医学检验中心，引进人才技术和战略伙伴，为区域诊所客户服务。2021年慕清嘉合将建立异地联盟或连锁的医学检验中心，推动全国产业布局。

在医疗康复板块发展战略上，慕清嘉合集团公司2018年建立血液净化合作机构，2019年完成慕清嘉合血液净化中心、互联网医疗专家中心、互联网影像诊断中心、互联网抗衰老咨询中心、慕清嘉合中医康复诊所等的建设工作，2020年集团公司建设慕清嘉合专科康复医院，以保证慕清嘉合综合门诊部对外营业。在生物细胞科技产业、休闲养老产业发展上，慕清嘉合各项工作也正在全面启动。

在生物细胞技术行业，慕清嘉合在精准医疗、再生医学、功能医学中占有重要地位。慕清嘉合主要制造多能干细胞和免疫细胞，在抗衰老行业应用前景光明。EGF是生物细胞技术行业的产物，在抗衰老化妆品领域位居顶端，慕清嘉合依托生物细胞科技，将不断研发新品，提高商品价值和附加值。

3. 主要政策障碍和问题

尽管我国生物药品制造行业主营业务收入继续保持稳步增长，占医药工业总营业收入的比重超过10%。我国生物医药产业前景广阔，但是目前仍然面临技术底子薄、资金投入少、顶尖人才缺乏、创新能力薄弱等挑战。绝大部分生物技术创新和专利来源于发达国家,例如生物技术专利59%来自美国、19%来自欧洲、17%来自日本,我国处于相对的知识产权的下游。

与欧美发达国家相比,我国生物制药行业仍然有很大差距,生物医药产业化能力差。生物医药研究开发及技术成果转化方面资金不足,已成为制约生物医药技术成果开发和产业化的瓶颈。国际上研究开发、中试、成果转化的经费投入一般比例是1:10:100,而我国的投入比例仅为1:1.1:1.5。相比之下,我国生物医药技术转化资金严重不足,我国科技成果转化资金企业自筹的占56%,国家科技拨款占26.8%,风险投资仅占2.3%,大量生物医药技术缺乏可靠的产业化途径。

目前,我国在生物医药产业上,正处于产业化初期、市场竞争相对较弱、生物医药市场的需求变化较大,政府及社会对生物医药的认同度较低,尽管一些生物医药具有较好的技术前景,但受制于法规政策不完善等因素影响,致使科研院所生物医药技术不被市场接受,技术成果无法快速走向市场,造成技术成果转化困难等问题。

8.9 生态能污水处理系统技术与环保产业发展分析

污水处理技术,是指为使水质达到一定使用标准而采取的物理、化学措施。污水处理被广泛应用于建筑、农业、交通、能源、石化、环保、城市景观、医疗、餐饮等各个领域。一般来说,饮用水是指可不经处理、直接供人饮用的水,饮用水的最低标准由环保部门制定。工业用水指工业生产用水,包括原料用水、产品处理用水、锅炉用水、冷却用水等。

1. 污水处理产业现状及其发展趋势

目前来看,污水处理主要采用三种方法。第一种方法是生物化学法,如活化污泥法、生物结层法、混合生物法等,这种方法对环境的影响较小,受到污水处理行业的广泛欢迎;第二种方法是物理化学法,如粒质过滤法、活化炭吸附法、化学沉淀法,其特点是速度比较快、见效快,但是可能产生次生环境问题;第三种方法是自然处理法，如稳定塘法、氧化沟法、人工湿地法等。这些方法所需的时间周期较长，处理效果较差。

（1）污水处理产业发展现状。

我国水质污染问题比较严重，污水处理产业随之发展。我国国土资源部门对全国31个省255个地级市行政区的6124个监测点评价结果显示：水质为优良级、良好级、较好级、较差级和极差级的监测点数量分别占监测点总数的10.1%、25.4%、4.4%、45.4%、14.7%，较差级和极差级总占比超60%。

近年来，我国城市污水处理能力有所提升。目前，一些城市污水处理市场渐渐趋于饱和。从2000年开始，我国污水处理行业进入黄金发展期，城市污水处理能力迅速增长。2002年日平均污水处理量为6155万立方米，2016年增长到16779万立方米。污水处理率从2002年的39.97%增长到2016年的93.44%。2016年末，全国城市和县城分别平均有污水处理厂2039座、1513座，年污水处理总量分别为448.8亿立方米、81亿立方米，污水处理率分别为93.44%、87.38%。在城市污水处理率方面，2016年底城市污水处理率已达到93.44%。未来我国城市污水处理的能力将会进一步提升。

在污水处理产业上，我国污水处理位于整个水务行业末端，但是污水处理对水循环利用起着至关重要的作用，只有污水处理各个环节良好运作才能保证产业链持续循环（见图8-4）。目前，我国的污水处理产业链主要分为水处理设备、工程施工、运营服务三方面，在营业收入方面占比呈现金字塔型分布，但是在毛利率方面是越往下游走毛利率越高。从整个产业链来看，工程施工和运营服务联系非常密切。污水处理行业会有典型的区域性壁垒，各地政府都会选择优先扶持本地相关企业。而污水处理设备方面就不太存在这种阻隔，因为涉及技术壁垒因素，污水处理设备的产业关联度更高，影响范围更广。

（2）污水处理产业发展趋势。

"十三五"期间，城镇污水的新增和提标改造市场容量高达1938亿元，城镇再生水市场容量达158亿元，海绵城市建设空间达4000亿元（见表8-1）。根据"十三五"规划，我国污水处理的行业的市场规模将突破万亿元，市场容量巨大，投资机会众多。国家对环境治理十分重视，不断出台相关法律法规和法律条款，特别是"十三五"颁布的"水十条"，以及"河长制"更是表明了政府对污水治理的决心。环保和治水拥有广阔的前景和市场空间。

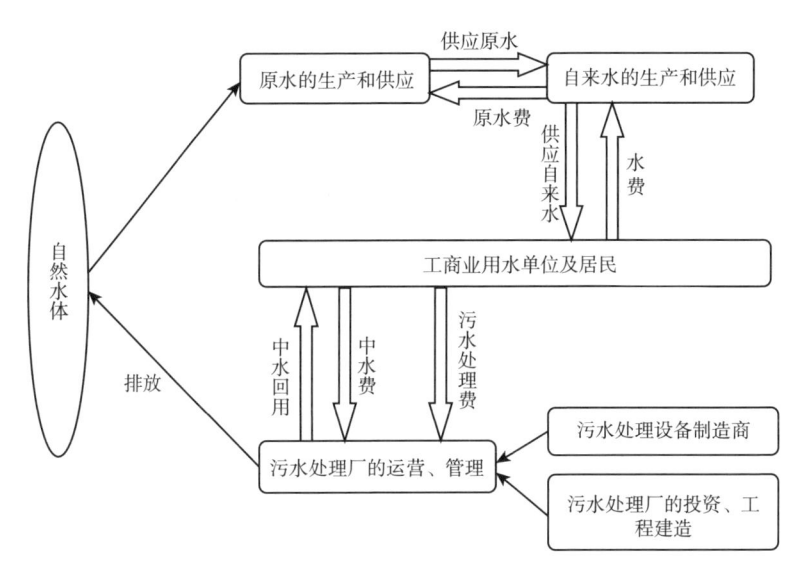

图 8-4　污水处理的循环网络

资料来源：中国海水淡化与水再利用学会. 污水处理产业链、政策及上市公司深度分析 [EB/OL]. 国际环保在线网，2018-1-12.

表 8-1　　　　　　　　　我国污水处理市场的规模测算

序号	细分市场	市场容量（亿元）
1	城镇污水的新增和提标改造	1938
2	城镇再生水	158
3	城镇管网建设及改造	2134
4	农村水环境治理	525
5	黑臭水体治理	1700
6	海绵城市	4000
	合　计	10455

资料来源：中国海水淡化与水再利用学会. 污水处理产业链、政策及上市公司深度分析 [EB/OL]. 国际环保在线网，2018-1-12.

根据水质监测数据，全国 295 座地级及以上城市中，超过 70% 的城市存在黑臭水体，经济发达且水系更多的中南区域和华东区域合计占比达 71.9%。2016 年，七大流域和浙闽片河流、西北诸河、西南诸河中，黄河、松花江、淮河和辽河流域为轻度污染，海河流域为重度污染①。

随着我国经济的不断进展，城市化进程的继续推进，城镇生活污水正成为我国废水排放量不断增加的主要来源。据《前瞻产业研究》测算，2017年全年，我国城镇污水排放量约达到600亿吨。若未来几年城市污水处理能力按每年增速8%估算，每日/吨污水处理能力的建设成本按1000元计算，每吨污水处理结算价按1元计算，2020年城市污水处理运营市场空间可达1000亿元，其中第三方运营市场空间可达480亿元②。

污水处理行业基础建设时间长、运营周期长。根据《"十三五"全国城镇污水处理及再生利用设施建设规划》，我国"十三五"城镇污水处理能力将从原来的2.17亿立方米/日，提升至2.68亿立方米/日，新增污水处理设施所需投资金额达1506亿元。"十三五"期间城镇污水处理预计总投资5644亿元，其中新建配套污水管网投资2134亿元，老旧污水管网改造投资494亿元，雨污合流管网改造投资501亿元，新增污水处理设施投资1506亿元，提标改造污水处理设施投资432亿元，新增或改造污泥无害化处理处置设施投资294亿元，新增再生水生产设施投资158亿元，初期雨水污染治理设施投资81亿元。

2. 主要企业及其产业发展介绍

由无锡市禾木源环保科技有限公司、山东兴达环保科技有限责任公司和中科未来生物科技研究院有限公司联合开发的生态能污水处理技术，是针对全球污水处理行业中普遍存在的问题，如处理出水质量有待提高、产生大量有机污泥、存在臭气污染环境等问题，自选课题、自筹资金、自主合作研发相关技术，经过多年研发、突破多项技术难题后形成的综合解决问题的产业化成果。

（1）主要技术及核心知识产权介绍。

目前，国内外主要污水处理技术因为生化效率欠佳，表现出3个主要问题：一是出水稳定达标一级A不容易。对照地表水国标，大多数污水处理属于劣V水平。二是剩余污泥中因有机污泥含量较高而导致减量困难，添加化学药剂又形成毒素的二次污染，污泥填埋将会占用越来越多宝贵的土地资源。三是为降低处

---

① 中国海水淡化与水再利用学会. 污水处理行业产业链、政策及上市公司深度分析［EB/OL］. 国际环保在线网，2018-12-1.

② 朱茜. 2018~2023年中国农村污水处理行业发展报告［J］. 前瞻产业研究，2018（1）.

理厂臭气对周边环境的污染还需要增加除臭设备投资，额外增加运行费用。总之，在现有污水处理技术下，污水处理出水指标稳定达标、污泥减量、消除臭气污染等方面迫切需要改进。

生态能污水处理系统对节能减排起到了不可替代的作用。生态能污水处理系统在城市生活污水处理、部分工业废水混流污水处理方面具有重要的作用，可以实现污水高效处理后资源化循环利用。生态能污水处理将微生物分解成有机物后转变成活性污泥，利用载体技术将生物酶和生物酸加入经过筛选的微生物体内，形成满足特定条件的中间微生物；在光生物活化器的作用下，提高中间微生物的活性及稳定性，连续分解剩余污泥（包括长期沉淀的死泥），分解后的剩余污泥称转性污泥，其中包含多种强势活性污泥；其中间微生物在分解污泥的过程中，产生数种高级酸可转化为微生物的营养剂，促进水中微生物再生活化；被活化的微生物使有机物降解过程持续下去，产生活性平衡生物絮体、水中微生物食物链及生物链，因此构成了理想型回路。

与国内外同类技术相比，经过生态能技术系统的培养驯化，活性污泥色泽逐步转化为活性很强的茶褐色、曝气池污泥浓度逐步升高至7000mg/L以上，沉降分离呈现出高效迅速的效果、出水清澈透明，表明微生物的活性得了大幅度提升。

中科未来生物科技研究院开发的生态能污水处理系统通过对生物酶诱导、生命光线能量赋予、微量元素平衡等技术的综合运用，可以为微生态环境中的微生物的分解和合成提供适宜工作环境的微观机理，为研发生态化污水处理技术提供科学基础。生态能污水处理系统研发出了光化微生物培养技术和生物酶技术，研制了针对多种不同污水源使用的光化生物培养器和配套设备，开发了专用生物酶制剂生产工艺，优化了污水处理工艺流程和相关参数，污水处理应用后的 $NH_3-N<0.5mg/L$。该技术系统已在山东济宁中山公用日处理20万吨污水处理厂获得成功应用，经过4年多运行，表明城市污水处理结果优于国标一级A回用标准，污泥原位减量30%以上、臭味消除达到国标一级、系统运行稳定可靠。

（2）产业前景分析。

随着"金山银山不如绿水青山"的发展理念深入人心，党的十八大对推进中国特色社会主义事业做出"五位一体"总体布局，生态文明建设并列其中。"国家'十三五'发展规划"要求生态环境质量总体改善，因此国务院对污水处理行业的要求越来越高，预计到2020年全国超过4000座污水处理厂需要提标升级改造，才能满足新的环保要求。

生态能污水处理系统效益的提高可从多个方面入手：节约运营能耗、降低运营成本、消除臭味、提高污水处理效率、消减剩余污泥和减少设施的损坏。生态能污水处理系统具有良好的社会效益、生态效益和经济效益。生态能污水处理系统能改变目前污水、污泥和臭气分别处理的现状，将植入该系统的污水处理厂转变为综合环保处理设施，化浊为清，同步处理污染源和二次污染源，大幅度降低污水处理厂综合运行成本。生态能污水处理系统的研发和产品的生产，对提升水资源的利用率、保护生态环境、保护宝贵的土地资源具有重要的意义。

我国水资源人均占有量相比全球极低、水资源保有量和需求量矛盾突出，大面积推广使用生态能技术系统，对国家可持续发展具有非常重要的战略意义。污水处理厂利用生态能污水处理系统，确保出水达到国家一级A标准、接近地表Ⅳ类标准排放到河湖，有助于河网水系的净化，可以提高城市水资源利用率，提升城市工业水资源承载力。臭气污染是传统的污水处理厂挥之不去的阴影，它会造成空气污染，影响处理厂工作人员和周边居民的身心健康。采用生态能污水处理系统的方式，培育出以氨类物质和硫化物为食物的中间微生物，将发臭源消除在发生期，保护了处理厂及周边环境。

随着我国人口城市化的发展，城市中心区域向城市周边区域不断拓展，污水排放区域随着人口集中区域的增加而扩大，污水处理量逐年增加，社会需要支付的污水处理成本也在逐步增大。处理污水、污泥和臭气污染，必然增加全社会污水处理的总成本。采用生态能污水处理系统，对现有污水处理厂而言，大幅度提高活性污泥浓度，只需对进水泵房和沉淀池进行合理配套改造，可以稳定提升现有处理设施30%以上的处理能力，降低污水处理厂的单位运行成本，同时消减30%以上的污泥发生量，可以有效降低污泥处理及处置费用。随着国家对污水处理行业要求"全收集、全覆盖"保护环境，污水处理厂扩容占地和污泥填埋占地日益增多。采用生态能污水处理系统，通过大幅度提高活性污泥浓度的手段，可提高处理量、降低污泥量、节约有限的土地资源。

以济宁生态能污水处理系统为例。改造后污水厂空气中臭味明显消除。按建设一台普通抽吸—生物喷淋除臭装置、日处理20万吨污水核算，专业除臭公司报价2900余万元，含折旧综合运行成本在0.1元/吨，仅此一项为济宁污水处理厂每年节约除臭费用大约 730 万元。经生态能技术改造后，污水处理效率提升，表现为抗进水水量冲击，按每吨水处理费用 1 元计算，10 天时间污水处理厂因为处理能力提升增加处理费收入 321600 元。济宁污水处理厂经过生态能系统技术改造后，剩余污泥量得到了有效控制，改造前济宁污水处理厂剩余污泥量平均约为 180 吨/天，2011 年剩余污泥量为 7.35 万吨。改造前后 2011 年和 2013 年产泥量对比表消减率 50%。由此可以看出，污泥年减量约 3.5 万吨，按 300 元/吨计算，每年为济宁污水处理厂节省费用约 50 万元，又减少了填埋过程中对环境的影响，为济宁污水处理厂创造了良好的经济效益。根据多年运行对比，采用生态能污水处理系统每年节约的药剂处理费大约 1900 万元。

3. 主要政策障碍和问题

目前，国内大多数企业自建废水处理设施，这种模式一方面废水处理设施建设标准较低，并没有注意整体系统功能发挥；另一方面单个企业处理没有规模效应，此外由于监管不严，不达标排放是普遍现象。在排污标准不断提高、监管趋严、环保税开征背景下，企业自身在技术和经验上都有所欠缺，对现有设施进行改造并实施第三方运营以保证稳定达标是未来发展趋势，再加上国家大力推进工业企业"退城入园"，第三方公司更能凸显其必要性和经济性。

我国污水处理设施建设仍主要集中于东部沿海地区，而中西部地区污水处理大多没有相应措施。目前国内污水处理行业的市场化竞争集中在招投标阶段，而在收费、定价、管理等方面的市场化体制还需要健全。主要问题有以下几点：一是污水处理产需矛盾突出，我国污水处理设备的综合生产能力远远不能满足国内需求，大量污水处理技术并不能满足市场需求。二是污水处理技术品种结构落后、开发能力弱。大多数污水处理设备中一般机械产品和初级产品所占比重大，具有多种功能、兼具生态、社会、经济效益融合的产能规模较少。我国污水处理设备整体技术落后，35%~40%的污水处理技术相当于国际上 20 世纪 60 年代水平。三是污水处理行业地方保护严重，新技术不一定能扩大产能，大多数地方政府为维护本地区企业利益，不愿意进行技术升级改造。

8.10 工业烟尘净化技术与环保产业发展分析

工业废气，是指企业厂区内燃料燃烧和生产工艺过程中产生的各种排入空气的含有污染物气体的总称。这些废气有二氧化碳、二硫化碳、硫化氢、氟化物、氮氧化物、氯、氯化氢、一氧化碳、硫酸（雾）铅汞、铍化物、烟尘及生产性粉尘。若将其排入大气中，会污染空气。工业污染，特别是工业废气能引起呼吸系统疾病，如气管炎、哮喘、肺气肿、支气管瘤等。工业空气净化，是指能有效去除工厂车间粉尘、工厂车间的臭味异味，或针对食品化妆品行业能够杀菌消毒，以达到工业废气对外排放指标合格而采用的措施。工业空气净化采用的净化手段主要有活性炭吸附法、催化燃烧法、静电集尘法、等离子法、臭氧法、紫外线杀菌消毒法、除味剂法等。

1. 工业烟尘净化产业现状及发展趋势

根据生态环境部数据，2017年上半年关于大气污染的举报数量最多，占所有举报的53.8%，其次为涉及噪声、水、固废的污染举报。在大气污染方面，工业废气污染举报最多，占涉及举报的35.8%，其次为反映恶臭/异味及油烟，分别占涉及举报的25.4%、20.3%。

（1）工业烟尘净化产业发展现状。

工业生产会产生各种工业废气，主要包括各种烃类、醇类、醛类、酮类和胺类等。我国工业废气来源广泛，主要包括化学行业石化、有机合成反应设备排气、印刷行业印墨中有机溶剂，还有一些来自机械行业机械喷漆、金属制品产生气味，还有的来自汽车喷漆、干燥炉铸件生产设备排气，五金、家具厂喷涂设备排气等。

大气污染治理主要包括三大业务，即烟气除尘、脱硫、脱硝。目前，世界各国对烟气除尘脱硫烟气净化都非常重视，已开发了数十种行之有效的烟气净化技术，其中被广泛采用的烟气净化技术有分别处理法、半综合处理法和综合处理法。综合处理法就是将烟气中不同污染物集中在同一个容器内同时进行交叉处理。烟气除尘脱硫烟气净化除雾一体化技术是一种工艺投资较少，工艺较为简单的技术，低温处理后的产物方便回收再利用，不但不会造成二次污染和浪费，而且还可以创收盈利，回收投入资本。

烟气净化技术是在总结传统烟尘脱硝、脱硫、除尘、除雾经验之后，经过多次试验和研发而成的一体化脱硫、脱硝、除尘、除水雾技术工艺。它采用选择性催化氧化中和吸收法（SCN 法）实现烟气净化。烟气净化技术能实现工业废气在线监测、实时处理、废物回收、循环利用的清洁生产产业链。

从历史数据来看，2014 年大气治理固定资产投资为 789 亿元，达到历史高点，此后工业大气治理固定资产投资规模逐渐下降。从历史数据来看，2014 年工业废气排放量达到 69.4 万亿立方米，达到历史高点，此后工业废气排放量下滑。随着钢材、水泥、火电等工业品产量增速放缓，我国积极落实淘汰工业落后产能、促进产业结构调整、加强节能减排以及企业提高生产效率的方针。这使得工业废气排放量未来会不断下降。

但是，2015 年工业废气用设施运行费用 1866 亿元，保持了较快增长。由于大气排放标准逐步趋严和处理成本上升等原因，工业废气处理单位费用持续上升，从 2001 年 0.69 元/千立方米上升到 2015 年 2.72 元/千立方米，工业废气设施运行费用持续上升。工业废气排放集中，电力、钢铁、化工、建材、有色大气治理年运行费用占比高达 87%。相对于工业水处理治理年运行费用占比仅为 54%，工业大气治理明显更集中。

（2）工业烟尘净化产业发展趋势。

根据"国家环境保护'十三五'规划"，预计"十三五"期间，我国环境污染治理投资总额将超 5 万亿元，到 2020 年，环保产业产值将达到约 3 万亿元，其中环境污染治理产值约为 1 万亿～1.5 万亿元。我国环保产业大气治理领域受政策红利的影响巨大。"'十三五'规划纲要"首次把 VOCs（volatile organic compounds,挥发性有机物）纳入约束性指标，2020 年我国工业源 VOCs 排放将比 2009 年减少 430 万吨。业内人士估计，在国家政策强力推动下，"十三五"期间 VOCs 治理市场将迎来爆发式增长，市场规模预计将超过 1809 亿元。

从环保设备的角度来看，工业废气处理设备制造业同样潜力较大，市场对于工业废气处理设备需求较大。目前，市场上较受欢迎的设备包括废气焚烧炉、光催化氧化设备以及生物除臭设备等。数据显示，京津冀空气净化器零售量超过全国总零售量 23%，南京、宁波等多个非"重度雾霾城市"空气净化器零售量同比增长分别高达353%和217%。根据空气净化器需求分析，2016年国内空气净化器已达574万台，市场规模达141亿元。数据显示，空气净化器在西方发达国家中普及率较高，如美国家庭的普及率达到27%，加拿大、英国、意大利、日本、韩国等国家室内空气改善设备配置拥有率也均超过20%。与之对比，在中国，空气净化器市场渗透率不足1%。

目前，全世界每年向大气排放的二氧化碳总量近300亿吨，而二氧化碳减排和利用量仅为1亿吨。世界各个国家出台一系列措施鼓励二氧化碳回收工作，此外还有氢气回收、天然气回收、氯化氢回收、氯气回收、氨气回收、氦气回收等。因此，未来废气回收模式将会加快速度发展，占工业气体产量的比重将逐年提升。数据统计，节能环保产业总产值从2012年的29908.7亿元增加到2015年的45531.7亿元，未来我国年均增长速度有望达到18%，到"十三五"末，中国环保产业规模有望超过美国，成为全球第一。

2. 主要企业及其产业发展介绍

中科未来科技有限公司烟尘净化项目于2015年正式立项，主要目标是治理工业大气污染和处理各类污水，承担工业烟气的脱硫、脱硝、脱酸、除尘等工程的设计，以及设备安装、调试、工程总承包。中科未来科技有限公司的经营范围包括工程项目管理、专业承包、技术推广服务、销售机械设备。该公司持有创新多项国家专利发明，其中SCN法综合烟气处理、脱硫、脱硝、脱碳、除尘四位一体化烟气净化技术，排放指标接近零排放标准，广泛用于电力、冶金、建材、化工等行业的锅炉、烟气处理，以及物料回收、粉尘治理。

（1）主要技术及核心知识产权介绍。

目前，世界各国对烟气除尘、脱硫脱硝等烟气净化技术都非常重视，已开发了数十种行之有效的烟气净化技术，其中广泛采用的烟气净化技术有分别处理法、半综合处理法和综合处理法。

中科未来科技公司烟气净化更彻底，投资更小，对环境无污染，综合了以往烟气净化技术，开发出新一代工业烟气一体化处理超低排放及资源回收综合利用技术，即SCN技术。SCN即选择性催化中和法，是一种综合处理法，是指在低温下把烟气、反应剂、水混合通过催化剂滤芯在均匀溶解器中将烟气和水充分而均匀地进行混合和溶解，从而使烟气中的飞灰和颗粒被水吸湿而沉淀，有害气体溶于水中，在催化剂作用下，利用化学方法清除烟气中的有害气体和粉尘，然后把废物经过分离、浓缩制成良好的化肥及建材添加剂。

该新技术项目的创新之处在于：采用低温低压湿法，选择催化氧化中和回收利用法（SCN 法），把烟气、反应剂（氢氧化钾）、助剂、水溶液混合，在纳米陶瓷催化剂滤芯的作用下，使烟气中的飞灰颗粒吸湿而沉淀，有害气体溶于水中形成酸又遇碱形成盐。脱出烟气中的灰尘（包括重金属氧化物）和有害气体（二氧化硫、氮氧化物、二氧化碳）沉降在混合溶解器中形成灰尘多盐类混合液体（脱出物），然后把脱出物经过分离、浓缩制成良好的节能环保生态砖及坚固建材，实现循环经济。

该项目已通过中国教育部对该技术进行国内外查新，确认为没有类同技术，并获得认可查新报告。设施主要部件脱硫滤芯、固烟尘芯于 2004 年 7 月 8 日获准授权发明专利，专利号为 ZL2004 10068831.9、ZL2004 10068830.4；2015 年 9 月 18 日收到烟气净化一体多功能滤芯发明专利申请受理通知书，均具有自主知识产权，还有 6 项专利已经受理（其中 4 项发明、两项实用新型）。

节能、环保、安全、回收利用降低产品生产成本是本工艺项目的主要特征。节能性主要表现在：烟气除尘脱硫脱硝在同一个装置内完成，设备体积小，节省了 30% 的占地空间，投资费用降低了 30%；其设计采用模块化，安装快，节省了 50% 运营时间。工艺环保性主要表现在：其处理后工业烟气排放达到超低排放标准。其在烟气处理各个系统的协同作用下，低温、常压无死角完全密闭的环境下运行，回收系统将回收物加工成产品源源不断产出入库，脱出的水经集水管道成功实现完全回用，无二次污染。

（2）产业前景分析。

2014 年 11 月，国家发改委、能源局、环保部等七个部委发布了《燃煤锅炉节能环保综合提升工程实施方案》。其中规定 20 吨/时及以上燃煤锅炉必须安装在线监测装置，并与当地环保部门联网，纳入国家重点监控名单的企业应按照要求建立企业自行监测制度。由此可见，新建及未淘汰大型燃煤锅炉将安装脱硫、除尘装置。因此该类设施具有较广阔的市场前景。数据统计，2015 年我国工业气体销售收入约为 1000 亿元，未来中国工业气体行业的市场空间将持续扩大，中国将成为世界各大工业气体公司的重点发展区域。目前，全球各大工业气体公司均以合资或独资等方式在国内设立气体企业。

SCN法一体化技术具有较好的经济效益。在治理废气过程中，将尾气中的有害物收集在封闭环境内，经过滤芯催化剂、反应剂、助剂共同作用下，转化为所需要产品。产品种类以市场需求定位，如化肥或化工原料，水泥建筑材料或以订货为主的专项对口产品。化肥市场推广分两步，在前期量少的情况下，生产原料供给化肥厂，资金可以快速周转，见效益周期缩短1～3个月。同时建筑材料可出售给制砖厂、混凝土厂，水泥厂，缩短资金的回收期，有条件可以自己建加工厂。

与传统脱硝技术相比，SCN法一体化处理后的废弃物将被回收再利用，不会造成二次污染和浪费，并且直接生产出副产品，逐渐收回投入的设备投资。新技术项目包括1吨立式采暖炉，2吨和5吨型煤炉，10吨沸腾炉。经过多次燃煤烟气、燃秸秆生物质烟气、燃油烟气、灰土扬尘实验，得到净化后的气体无二氧化硫、二氧化氮气味，没有灰尘通过。通过自检测净化后的气体二氧化硫含量15毫克/立方米、二氧化氮含量23毫克/立方米、灰尘含量3.5毫克/立方米。

以100吨/炉为例，该技术设备运行收益可以生产化肥或者日用化工原料（如碳酸锂、硫酸锂、硝酸锂）。如果生产化肥，100吨/炉可以日产肥料480吨～960吨（每天要消耗20吨～40吨液氨）减去各种费用开支，如果按每吨利润100元计算，每年最少获利720万元。

3. 主要政策障碍和问题

目前，国家排放标准制订进展较慢，地方标准有较多的缺项和漏项，但总体推进速度较快，部分弥补了国家标准不足，如排放量较大的漆包线制造行业、黏胶带制造行业、乳胶手套生产行业等，这些行业挥发性有机物年排放量均在10万吨以上，急需排放标准对其进行规范。此外，一些已经制订的行业排放标准包含范围太广，如石油化学工业排放标准，产品和工艺太多导致实际执行比较困难，还需要细化。

国内工业气体治理企业总体规模较小、产品品种单一，一般为年营业额在千万元级别的区域性企业，并受制于设备、技术、资金、物流等多方面因素的影响，工业废气处理企业发展存在较大瓶颈。国内工业气体企业亟须整合行业内资源，与国外公司展开竞争。随着气体需求的多样性、特殊性、复杂性要求不断提高，部分国内企业将通过兼并收购逐步占领更多市场份额，提高企业竞争力。

由于 VOCs 污染量大、污染面广，对污染源监管工作非常困难。在工业废气的治理上，政府往往压低治理费用，低价中标的情况比较普遍，治理设施很难实现达标排放和稳定运行；一些废气处理企业理设施不按照规范运行，控制材料（吸附材料、催化剂、蓄热体等）不按规定进行更换，实际上达不到治理效果。受到成本控制因素的影响，大多数政府不重视技术水平，只求有处理设备即可，并没有把工业废气变废为宝的积极性和主动性，更不用说使用工业废气来实现产量增值。

第 9 章

上海长三角科技城深科技创新与产业发展

长三角赛伯乐国际科创城是一个典型的深科技创新之城。长三角赛伯乐国际科创城，位于上海西南部枫泾镇与浙江东北部平湖市的交界处。总规划面积 87 平方公里，其中浙江平湖市境内 45 平方公里，上海枫泾镇境内 42 公里，是中国第一个跨省市一体化发展的实践区，可以综合利用上海、浙江两地资源互补优势，建设统一品牌、实施统一规划、促进资源共享，着力将长三角赛伯乐国际科创城打造成为融合之城、创新之城、智慧之城、美丽之城。长三角赛伯乐国际科创城，可以借助上海国际化条件、资本集中等优势及浙江平湖地理优势、环境优势、制造业基础，打造具有新经济特征的大规模产业园区和国际科创孵化平台。

9.1 深科技创新城的外部环境

长三角赛伯乐国际科创城以"深科技技术创新和产业发展"为重要平台，充分发挥上海和浙江的区域优势和制造业基础，形成产业资本和金融资本的融合、高端制造业和城市化的融合、"工业 4.0"和教育产业化高度融合。长三角赛伯乐国际科创城已经初步形成了巨大的规模优势，未来长三角赛伯乐国际科创城的发展将会带来科技、教育、城市化、制造业突飞猛进的发展。

长三角赛伯乐国际科创城坐落于长三角腹地，东接上海市，北接杭州市，地理位置优越，具备科技创新和高端制造业发展的基础。上海是中国重要的经济、交通、科技、工业、金融、会展和航运中心，是世界上规模和面积最大的都会区之一。是中国最大的人才聚集地之一，拥有丰富的科技创新资源，国际化程度在中国内地最高。2017年上海GDP总量居中国城市第一，亚洲第二，上海市与江苏、浙江、安徽省共同构成的长江三角洲城市群已成为国际6大世界级城市群之一。金融创新正为上海全球科创中心建设插上想象的翅膀。到2020年，上海市要迈入全球金融中心，金融开放创新是上海自贸区建设的特点和亮点，也是上海国际金融中心建设的重要抓手。上海自贸区成为我国融入全球的金融链接端，成为人民币全球循环支付和交易中心，上海正以金融创新的阔步革命，加快推动"金改40条"落地实施。

浙江省创新体系建设初见成效，居全国领先地位。根据浙江制造业"十三五"规划，将重点实施制造业创新中心、智能制造、产品升级与工业强基、绿色制造等11项工程，加快形成新型产业体系。为了推动智能制造业发展，浙江省将加快建设杭州城西科创大走廊等一批高水平的技术创新平台，力争5年内培育5家左右世界500强企业和100多家营业收入超百亿的制造业。浙江省一直以来鼓励支持企业加大创新投入、研发力度，积极向高新技术领域拓展和转型。统计数据显示，浙江省高新技术产业在"十二五"期间年均增长9.8%，增幅比规模以上工业高2.3个百分点。值得注意的是，近年来浙江省新设小微企业同比增速超30%，"90后"创客比例明显升高。从行业分布看，浙江省装备制造业的企业技术中心数量最多，达到300多家，比重超过30%，浙江省已经成为中国制造版图上重要的一极。40多年的改革开放，浙江省制造业实现了"由小到大、由内到外"的大跨越。

浙江平湖作为上海南翼开放型城市，位于东海之滨，地处浙江省东北部杭嘉湖平原腹地，北接上海市，南濒杭州湾，具有得天独厚的区位优势和港口资源。立足区位优势，平湖市确立了"接轨上海、融入长三角"发展战略。平湖市充分发挥自身的差异化优势，与上海形成互补优势，在产业发展、招商引资方面，各项成本低于上海，政策好于上海，环境优于上海。"十二五"时期，平湖市将建设上海南翼开放型经济强市作为城市的基本定位。长三角赛伯乐科创城作为跨省市创新发展的深科技创新试验区，拥有良好的基础设施环境、雄厚的资本金融实力、优秀的工业制造业基地，对深科技技术革新、产业发展和区域联动，具有十分重要的意义。

9.2 深科技创新城的整体规划

长三角赛伯乐国际科创城将利用良好的区位环境,实现科技创新、产业发展、城市化进程的联动发展。目前,赛伯乐投资集团计划投资 50 亿元进行科创城基础设施投资,计划总容积率为 1.36,总建设面积超过 100 万平方米,建造成本大约为 5000 元/平方米。长三角赛伯乐科创城将在教育产业化、金融投资创新、科技产业化推进和科技创新双创服务方面全面推进。目前,长三角赛伯乐国际科创城投资基本到位,有强大的资本和经济实力推进相关基础设施的建设。赛伯乐投资集团计划投资 50 亿元建立科创城战略投资基金,专门用于科创城的基地建设。长三角赛伯乐科创城坚持上海枫泾、浙江平湖两地联动发展模式,在浙江平湖计划建设 1000 亩的云工厂制造基地,依托智能制造,促进传统生产模式转型升级;在上海枫泾,计划建设 100 亩的设计、营销、服务一体化综合营销平台,有效整合两地资源,提高科创城持续发展的内生动力。

为打造聚焦人才高科技企业的创新高地,长三角赛伯乐国际科创城创新三区一体的建设模式,即教育园区、产业园区、文创园区同步建设。在教育园区,将围绕产业,合作办"国际教育创新学院"。在产业园区,采取综合措施促进工业设计、文化创业、智能制造"互联网+"等产业落地,建造"深科技创新产业园"。在文创园区,以数字媒体、休闲产业、健康养老为核心,建设科教、科技、娱乐、体验、休闲、生态为一体的公寓式"文化创意产业高地"。

1. 打造高端赛伯乐"国际教育创新学院"

经济全球化为世界高等教育带来了一轮新的国际化浪潮,中国大学也渐渐卷入其中。2015 年底,国家颁布了《统筹推进世界一流大学和一流学科建设总体方案》,明确将"推进国际交流合作,加强与世界一流大学和学术机构的实质性合作,加强国际协同创新,切实提高我国高等教育的国际竞争力和话语权"作为五项改革任务之一。

教育国际化是教育现代化的重要标志,长三角赛伯乐国际科创城积极规划了教育国际化特色发展路径,构建发展平台,开展广泛的国际教育交流与合作,渐渐摸索出一条符合园区实际情况的国际教育发展新模式。长三角赛伯乐国际科创城以更加宽广的国际化视域来筹划教育国际化方面的顶层设计，负责教育国际化工作的统筹规划和推进，逐渐从课程设置、师资力量、文化管理等方面全面接轨国际，目前初步形成了以区域合作机制为根基，以与国际学校的高中特色课程与国际交流项目为支撑、理解教育国际化为目标的国际合作与交流的格局。

2. 功能完善的"深科技创新产业园"

长三角赛伯乐国际科创城围绕"智能制造、工业设计、健康、旅游"引进赛伯乐优质产业、企业资源，打造长三角聚集人才、营造产业氛围的国际化、独具特色、功能齐全的产业园区。赛伯乐国际科创城致力于大力发展高新技术产业、战略性新兴产业和高端服务业，重点引进世界500强企业、跨国公司、上市企业和企业总部，大力扶植私募基金、创投、风投机构等各类金融资源聚集发展，进一步提升产业发展国际竞争力。目前，赛伯乐国际科创城已瞄准专业化园区建设，相比传统园区，向创新型企业聚焦，在强调物理空间聚集上更突出通过科技创新服务和活动构建园区企业更紧密的经济联系，充分释放企业的聚集优势，在此基础上搭建和大企业、科研机构合作的平台，加速园区企业创新、降低发展成本。

长三角赛伯乐国际科创城大力培育产业龙头和高成长企业，重点筛选培养一批带动力大、竞争力强的龙头骨干企业和成长性好、技术优势明显的高科技企业，形成"龙头引领、梯级推进"产业发展格局，建立高新技术企业培育全流程服务体系。长三角赛伯乐国际科创城在行政管理模式、开发建设模式、产业发展模式等方面先行先试，争取更多项目纳入省自主创新区建设发展计划，积极完善创新创业孵化体系，充分整合科技创业服务中心、大学生创业园，建立健全资源开放共享机制，构建集苗圃、孵化、加速、产业化于一体的全链条综合性创新平台体系。

3. 建造"文化创意产业高地"

中国政府正在积极构建文化产业体系，使之在2020年成为国民的支柱产业，力争占国家的GDP比重增加到5%以上。数据统计，全国范围内文化产业园区数量不断增长，2016年全国文化产业园区超过2500家，以国家命名的文化创意产业各类相关基地、园区超过350个。文化创意产业与"互联网+"相结合，促进电影、电视、新闻出版、演艺等传统文化产业数字化转型，带动数字出版、手机游戏、网络文学、自媒体等新兴文化兴起。

长三角赛伯乐国际科创城在健康方向、护理、老年服务与管理、社区康复、康复治疗技术等目前尚未开辟的领域创新产业方向。促进创意，文化，工艺等新兴领域专业发展，旅游方向重点促进旅游管理，旅游职教，旅游职业等专业的发展，智能制造方向着重进行3D打印、机器代人、3D建模等目前急需专业探索。工业设计方向着重于工业设计、交通设计、景观设计等热点专业发展。"互联网+"方向探索互联网营销、电子商务、互联网金融、小微金融、投融资等新兴学科专业建设。

根据1998年英国《英国创意产业路径文件》报告，文化创意产业将广告、建筑、艺术和文物交易、手工艺品、工业设计、时装设计、电影和录像、互动性娱乐软件、音乐、表演艺术、出版、电脑软件及电脑游戏、广播电视等13个行业确定为创意产业。长三角赛伯乐国际科创城发展已经经历了从1.0时代到2.0时代的过渡期，并正式迈入了园区3.0时代。文创园区发展正逐渐朝着商业、旅游以及文化为一体的体验型、休闲型、生活型的趋势发展，呈现出产、学、研、商、文、旅一体化的特征，园区、商区、校区联动发展，文化、技术、金融高度融合的崭新格局。长三角赛伯乐国际科创城将与知名工业产品设计公司强强联手，合作开设"创新工业设计"课程，聘请国内外最前沿的设计大师，通过实际操作与案例分析，结合个人实践经验，提供最佳设计实验场所，从而从根本上促进毕业生的实际操作能力，所学为所用，毕业即就业。

9.3　深科技创新城的产业特征

目前，长三角赛伯乐国际科创城主要围绕教育园区、产业园区、文创园区三个方面着力推进其园区布局。科技教育、科技产业和文创社区发展，推动基础条件良好、目前社会亟须、产业市场化较快的教育及制造业和文化创意产业的发展。

1. 国际化教育产业体系

在教育全球化背景下，中外合作办学已成为引进境外先进高等教育理念、管理体制机制、优秀师资、课程教材体系等的重要途径。利用长三角科创城战略投资基金和赛伯乐国际资源，构建赛伯乐国际化教育资源网。赛伯乐国际学院与国际知名大学和教育机构合作秉持三个基本原则：

一是高标准特色办学。在办学理念、办学目标、办学模式、办学举措等而形成的有别于其他正规大学的办学理念，在学科、专业、创新人才等多方面体现国际学院的办学特色；与世界著名大学比如德国开姆尼茨工业大学、柏林斯泰恩拜斯大学以及中国科学院大学合作，引进国内外知名高校，建设一所具有高知名度的，独具特色的国际化学院以及5~10所创新型学院；积极与全球顶尖大学、名企合作，为了拓展更为丰富的全球化资源，加强与各国优秀商学院间的交流和科研合作，积极加入诸多国际顶尖的合作组织，支持国际学院与企业开展全方位的校企合作关系，各国企业可通过校园宣讲会、招聘会、职业信息平台、企业日等，展示企业品牌与文化、选拔人才。

二是创新学科设计。参考 Stanford D. school 模式，长三角赛伯乐国际科创城建设具有健康、旅游、文创、智能制造、工业设计、"互联网+"等学科的交叉学科研究中心，探索跨学科融合的新型教学模式及创新学科。围绕长三角发展所需的新兴企业，努力建设一批具有高度前瞻性的创新学科。随着"互联网+"和"中国制造2025"等政策红利的不断释放，企业对网络技术人才的需求呈快速上升趋势，社会经济发展对"技能型"人才的需求呈现刚性，但与之并存的是高校毕业生就业难问题。国际化学院开展以就业为导向，学制灵活、内容多样，在技术人才培养方面积极探索不断创新，始终以企业需求为导向，设置符合市场需求、适合学生智力结构、能力水平和兴趣爱好的课程。

三是对接高端产业就业。赛伯乐国际教育学院以提高质量、促进就业和服务发展为导向，把职业教育和技能培训结合起来，短期培训和长期培养结合起来，实现学历教育和非学历教育并举，培养造就更多实用型技能人才，坚持以高端就业为导向的人才培养，对接智能制造，工业设计，健康，旅游等领域，为产业企业提供工业设计、健康养老、互联网营销、科技创新、智慧旅游等复合式特色人才需求。赛伯乐国际教育学院以提高学生的就业力为目标，全面提高教育生产效率。赛伯乐国际教育学院组织所有专业课的技能比赛，覆盖全体学生，师生同赛，以赛促练；积极与世界500强企业优秀企业，"攀高枝"开展校企合作，邀请行业企业专家进校园举办讲座、派出专业教师赴企业学习调研、安排学生入企业顶岗实习；在校内以学生为主体创建各专业的工作室，独立创办网店、微店，将"纸上谈兵"变成"沙场征战"，通过校内学习和校外实践的有机结合，解决学生就业"最后一公里"问题。

2. 科技创新产业体系

建设世界一流的国际研发中心。长三角赛伯乐国际科创城瞄准世界科技前沿，引进一批高端研发机构和团队，加快智能制造、智慧城市、大数据、物联网等重点产业布局，实现集聚化、规模化发展，建设世界级的智能硬件研发设计中心。长三角赛伯乐国际科创城引进高科技、相关产业的知名企业及高校，围绕3D打印、智能制造、装备技术、新材料、新能源以及高科技等方向，建设长三角国际研发中心。同时，为了保护知识产权，长三角赛伯乐国际科创城加快建设"国家知识产权集聚服务业发展试验区"，积极探索和建立专业化、市场化和面向世界的知识产权交易机构，构建知识产权服务、运营与交易为一体的中心，发挥"科技+金融"的优势，促进科技信贷、天使投资、创业投资、科技保险等创新发展，形成多层次、多渠道的科技投融资体系。长三角赛伯乐国际科创城将完善创新服务环境，打造开放包容活力的创新生态链，打造国际性创新创业高地。

一是建设国际一流科创服务中心。大众创业、万众创新，双创热潮正值风起云涌，长三角赛伯乐国际科创城可以提升区域创新创业环境、营造创新创业氛围、深化科技孵化体系建设、聚集创新创业资源、打造国际创新创业服务平台。构建长三角落地赛伯乐"创融系统"，通过引入赛伯乐双创大学，培养双创型人才。长三角赛伯乐国际科创城将创新创业课程列入必修课，开设在线开放课程，构建创新创业专业课程群，开设跨学科、跨专业的交叉课程及学科前沿等课程，开展创业沙龙、GYB培训、"挑战杯"竞赛等创新创业实践活动。长三角赛伯乐国际科创城设立大学生创业孵化中心，分为电商主题示范区、创业苗圃区、创业孵化苑等功能区和一站式服务大厅。针对创业服务，科创城建有政策服务中心、创业服务管理办公室、创业专家指导室、创业测评室、创业沙盘室等，开设创新创业服务网站，建立专用微信公众号，为学生提供政策咨询、信息交流、业务培训、项目推介、技术指导、跟踪扶持等服务。

二是努力形成规模巨大的总部经济。总部经济（headquarters economy）是伴随着商务园区、中心商务区（CBD）的出现才被发现的一种经济模式。长三角赛伯乐国际科创城在产业总部基地设立综合性服务中心，其中包括双创服务中心，金融服务中心，小微服务中心等专业服务中心，建立用户体验中心为企业提供健康体验服务平台。利用智能制造、健康、旅游、工业设计等产业资源，促进优质企业在科创城安家落户，对于地方政府的税收具有可观的效果。长三角赛伯乐国际科创城将在智能制造、健康、旅游、工业设计、医药、教育等领域形成一大批企业总部基地，为企业提供良好的总部科研生产环境，这对于浙江和上海本地经济的发展作用巨大。目前，已初步形成了以银行、证券交易所等金融机构和大型企业集团的职能型总部或总部为辐射中心的中央商务区，以一些工业企业的研发中心为主的工业集中发展区域，以特色资优质源为依托的总部经济集聚区。从全球总部经济的发展看，纽约、新加坡、中国香港、北京、上海等城市受到企业总部的青睐，吸引了大量企业总部特别是跨国公司地区总部的集聚。长三角赛伯乐国际科创城在战略地位、产业基础、投资环境等方面具有得天独厚的优势条件，为总部经济的发展创造条件。

3. 健康养老服务产业体系

健康养老服务涉及老年人的衣食住行方方面面，将健康养老服务打造成上下游产业互补的产业链就将会产生十分可观的经济效益与社会效益。我国健康、养老、体育健身事业经过多年发展，虽然具有一定基础，但总量普遍不足、布局与结构不合理，总体发展明显滞后[①]。因此，加快推进健康养老服务工程，鼓励社会资本积极参与和建设运营项目，既有利于满足需求方日益增长的多层次多样化健康与养老服务的需求，全面提升人民的健康素质，也有利于拉动消费、扩大内需、增加劳动力就业，对稳增长、促改革、调结构、惠民生问题的解决有很大的推进作用。因此，大力发展健康养老服务业，既是化解人口老龄化问题的基本途

[①] 王晓易. 中国健康养老设三大目标，2015年人均体育场地达1.5平方米［EB/OL］. 澎湃新闻网，2014－10－10.

径之一，又是社会文明进步的重要标志与必然趋势。

长三角赛伯乐国际科创城以服务老人为核心，为满足老年人群复合化、多元化、特色化发展的需求，通过南丁格尔大健康"医、养、产、教"相结合的一体化服务模式，构建一流养老社区，提供多元化的医疗、家政、文化、娱乐和休闲等一站式服务。长三角赛伯乐国际科创城着力打造一批高质量的生态公寓，为当地以及周边产业企业的工作人员及其子女提供符合产业特色的住宅配套服务，帮助当地打造宜居的生活城。

长三角赛伯乐国际科创城在打造健康养老服务产业链方面有自己独特的优势，比如可利用区内的医药技术先进作为支撑强化医药产业；利用清洁优质水资源盛产无公害蔬菜和水果优势，做大做强保健食品产业，兴建集医疗保健服务、教学教授培训、康复治疗为一体的大型优质健康服务中心；充分发挥长三角赛伯乐国际科创城气候与环境等自然优势，建设健康与养老服务改革实验基地，吸引苏、浙、沪区域的老年人在此养老定居。

4. 建设人才实训中心

长三角赛伯乐国际科创城通过与龙头企业合作，以及职业院校、培训机构等机构合作，提供公共实训中心。长三角赛伯乐国际科创城引进高端教育资源，对浙江和上海两地人才进行实地训练、岗前培训，支持地方政府的人才培训计划。

首先，为地方提供支撑新兴产业发展的人才培养，以"政府主导、区域急需、创新引领、影响突出"为建设宗旨，促进区域重大成果转移和辐射的重要平台建设，成立创新人才集聚和培养的区域中心，促进区域传统产业改造、新兴产业发展和社会建设，为地方政府提供重大战略咨询和服务，培养大量满足区域企业需求的高端实用型人才，促进学科交叉融合，培育新兴学科，形成特色鲜明、国内一流的学科体系，形成政府主导、依托高校、产学研用紧密协同的技术创新与成果转移新模式，产业获益明显，区域贡献突出，自主发展能力强劲。

其次，长三角赛伯乐国际科创城对接国际知名优质企业，输出产业应用型人才。当前国内工程制造领域的某些结构性问题，也催生了人们对新的工程教育模式的探索。虽然我国制造业人才已经初步形成了一定的聚集高地，但仍然存在制造业人才结构性短缺与过剩的现象，传统型人才综合素质的提高和转岗的任务十分艰巨，大国工匠与领军人才十分稀缺，掌握先进技术的人才缺乏，助力制造业转型升级能力不强。推动新工科人才培养，新工科的主要内容被归纳为"五个新"，即工程教育的新理念、学科专业的新结构、人才培养的新模式、教育教学的新质量、分类发展的新体系。新工科首先是指新兴工科专业，如人工智能、智能制造、机器人、云计算等原来没有的专业，当然也包括传统工科专业的升级改造，这些都需要新理念指引和新培养模式的支撑，最后实现更新更高的教育质量。新工科概念的提出，在很大程度上是当前工程教育大趋势的一种体现。

最后，创造吸引人才的优越环境。当前，国际国内对人才的争夺日趋激烈，面对全球性的人才短缺，美国、日本、新加坡等国积极制定和推出了吸引人才政策，大幅放宽了对外籍研究人员的比例限制，提高了科技投入的比重和研究人员的待遇。伴随着经济发展方式的转变和产业结构的调整，国内众多城市也从过去的争夺项目资金转变到争夺人才资源，全国已有多个省、市提出建设人才高地的战略目标，并纷纷出台一系列政策吸引人才。人才竞争的加剧，使沪浙的人才工作建设承担着来自国内、国外的双重压力。赛伯乐利用国际资源和长三角科创城战略投资基金，建设国家中学、国际小学、国际幼儿园为整体的独具特色、双语教学的国际教育体系，努力为产业基地引进的高端人才解决子女的教育问题。长三角赛伯乐国际科创城不断增加优质教育资源，全面提升教育质量，显著提高教育国际化水平，为各类人才特别是海外引进人才的子女就读提供便利，多渠道解决各类人才子女教育问题。

9.4 深科技创新城的发展前景

长三角赛伯乐国际科创城高起点、高站位，将深科技人才培养、产业聚集、工业设计和高端制造、企业总部与休闲养老汇集在一起，形成依赖与上海强大的金融系统和浙江制造业基地的世界性科创城，改变现有的科技园区的生态，形成跨区域联动发展的、一体化、体系化的创新创业基地、企业研发和教育基地、高端人才就业和生活基地等。

长三角赛伯乐国际科创城的主要发展目标包括：

第一，大众创新创业之都。赛伯乐投资集团将设立600亿元科创城战略基金，建设15个科创城，促进区域内资源整合，促进中小企业创新和国际化人才的创新创业活动。600亿元科创城战略基金，将把基础设施建设和产业培育结合起来。基础设施建设包括科教城、国际学校、国际医院、云+网基础设施等；科创城将促进产业的培育和发展，包括深科技转移孵化、创投VC机构、产业配套、生活服务配套等。

第二，跨国企业总部和研发中心。长三角赛伯乐国际科创城将吸引浙江、上海的中小企业大规模入住，根据2000多家中小企业的入住规模，大约形成1000~2000家企业总部，分别属于浙江省平湖市或者上海市枫泾区；同时，根据企业研发中心的设计，每家企业平均5~10个研发中心，大约可以形成5000~20000个区域性、全国性或者国际联合研发中心。

第三，高端实训人才基地。长三角赛伯乐国际科创城将设立皖江国际学校和高端人才实训中心。在皖江国际学校基础上建设护理学院、职教学院、文创学院、知识产权学院、智能制造学院等5~10个子学院，建立现代智能制造相关的课程培训体系，打造高端制造业的人才培训机制，按照每个学院5000人的招生规模，预计将形成大约2.5万~5万人才培训目标。同时，扩建医院、中小学和幼儿园等配套设施，项目计划建设总规划面积170亩的乌金山中学扩建项目，同时引入北城小学，打造综合的科技娱乐基地，建设容积率达到0.6，中、小学生各3000人。

第四，高端制造产业基地。项目建成后，长三角赛伯乐国际科创城将完善创新产业和金融融合生态系统，培育围绕智能制造、工业设计、健康养老产业复合型高端人才，并帮助国际化人才创业就业，推动中小企业创新创业。长三角赛伯乐国际科创城在国际化设计方面优先设置工业设计、珠宝设计、娱乐设计和时尚设计等四个专业方向，联合佛罗伦萨大学、斯坦福设计学院、麻省理工学院进行高端设计人才、研发和产品生产。根据估计，科创城预计将带来2000家中小企业，3家上市公司，提供约10万就业岗位。

第五，高端人才生态宜居之城。长三角赛伯乐国际科创城将建设生态宜居的公寓，推广健康养老产业的发展，形成高附加值的集医疗、保健、观光、休闲于一体的现代化生活小区，形成商业开发和居住生活协调发展的城镇化发展趋势。生活质量的追求被现代城市规划界普遍推崇，长三角赛伯乐国际科创城要以人为本，为高端人才就业生活、教育、医疗、养老提供便利化服务，建成"生态文明特区"，建设绿色生态宜居新城。

第 *10* 章

中国瑞丽—缅甸木姐边境深科技发展经济合作区

中国瑞丽—缅甸木姐边境经济合作区（以下简称中缅边合区）规划面积 64.29 平方公里，包括"1+3+1"五个片区。其中"一核心"为姐告国际商务核心区，规划面积 12.24 平方公里；"三配套"为畹町国际产业合作区、芒令国际港务区与国际进出口加工区，规划面积分别为 16.55 平方公里、14.00 平方公里与 10.55 平方公里；"一拓展"为弄岛产业拓展区，规划面积 10.85 平方公里。边境经济合作区采取一区多园建设模式，即"1+3+1"的模式（1个核心区、3个配套区和1个拓展区）。其中，"1"个核心区指姐告国际商务核心区，"3"个配套区指畹町国际产业合作区、芒令国际港务区和国际进出口加工区，"1"个拓展区指弄岛产业拓展区。

深科技在中缅边合区中可以发挥重要作用。中国不断发展的深科技创新，特别是制造业中材料加工、生物技术、基础设施建设、能源利用、环境资源保护等深科技技术可以直接助力中缅边合区建设，深科技技术和产品可以为区域合作提供良好的示范效应。深科技为双方合作提供重要的技术支撑，中缅边合区立足国际国内两种资源、两个市场，主动服务和融入国家"一带一路"倡议，跨国产业和科技合作进展不断加快，以深科技为支撑出口加工产业不断积聚，对外贸易转型升级不断加快，科技创新对于中缅贸易产生深远影响。北汽集团、银翔摩托、华侨城集团、修正药业、富士康集团、云南城投集团、大通实业集团等大企业纷纷落户，以"两车一机一电"为主，面向南亚、东南亚装备制造业，从无到有、快速发展。以境外能源深加工为主的进出口加工业逐步壮大，瑞丽市进出口加工产业园、芒市省级食品产业园加快建设。对外贸易转型升级，贸易方式从边境贸易为主转变为一般贸易为主，出口结构从日用百货为主转变为机械电子产品为主，口岸"四项指标"综合排名位居云南第一。

10.1 深科技发展与创新合作区的国际环境

深科技是经济支撑，边境经济合作区是我国与周边陆路边境相连国家深化经贸合作、互惠共赢的一种全新发展模式。深科技在中缅产业跨境合作中具有重要作用，深科技在边境合作区基础设施建设、产业合作、技术创新上具有广阔市场前景。在过去15年发展实践中，瑞丽姐告边贸区的发展建设，在探索边合区发展道路上取得了前瞻性成果，业已成为全国最接近边合区发展模式的"准边合区"。随着中缅贸易加强，中缅以及中国与南亚次大陆等重要国际大通道的构建，及云南建设面向东南亚、南亚经济辐射中心的战略重任，在建设边境经济技术合作区的发展道路上，瑞丽已具备了天时、地利、人和的条件，将逐渐成为中缅经济合作以及未来孟中印缅经济走廊的前沿阵地。

1. 独特的区位优势

瑞丽地处滇西边境山区，背靠大西南，面向南亚、东南亚，处在大中华经济圈、南亚经济圈、东盟经济圈的交汇点，是中国通往南亚、东南亚最便捷的陆路通道上的重要节点。随着孟中印缅经济走廊的建设，瑞丽的区位优势更加明显，战略地位更加重要。瑞丽是起于上海的G320国道的终点，是史迪威公路进入中国的第一站，中缅印输油管道的重要中转站，是南方"丝绸之路"的重要节点，中缅边境互通最为频繁的完整、常态双向开放口岸。随着铁公水航多项重大项目的建设实施，瑞丽将逐步成为中国、东南亚、南亚双向互通立体交通枢纽的核心。

2. 完善的基础设施

深科技在边境基础设施建设中可以发挥重要作用。深科技在新材料、节能环保产业、地下管网建设、农业科技等方面，可以为边境合作区城市建设、公共基础设施建设、农业园区建设提供技术支撑。为了满足瑞丽—木姐边贸区域多式联运的交通需要，瑞丽口岸积极打造重点突出、配套齐备、分类齐全的公路口岸、铁路口岸、空港口岸、陆水联运口岸的发展格局。同时，木姐口岸作为缅甸最重要的国家级口岸之一，是中国消费品和建材涌入缅甸的中转站，自身也是缅甸木材、翡翠、农产品等原料的集散地，人员、货物出入通畅。姐告边境贸易区率先实施"境内关外"的海关特殊监管模式，已逐步探索出一套成熟的边境管理、贸易管理、金融管理经验。同时，缅方积极吸取姐告经验，着力推动建设木姐至105码范围的自由贸易区。中缅双方因"境内关外"这一政策实施，已具备了建设边境经济合作区的先天因素，为边合区的建设打下坚实的基础。

3. 优势互补的技术产业条件

深科技在产业合作中可以超前规划、提前布局绿色环保产业、对现有的产业进行改造升级、推动劳动密集型和技术密集型产业的合作。中国在农业科技、生物制药、建筑节能材料等领域的深科技创新，可以为边境产业合作提供技术支持。目前，瑞丽正致力培育"航空、汽车、摩托、电视、手机、红木、珠宝、农产、旅游"九大特色产业，并正在加强"瑞丽制造"产业辐射力；边境贸易税收逐年递增，贸易、仓储等产业发展迅猛，产业结构也正在逐步摆脱单一边贸型的结构，日趋完善。中缅双方在资源方面（包括矿产资源、生物资源、森林资源、替代种植等资源领域）互补性强。中缅建设边合区，势必能促进瑞丽、木姐两地的全产业链合作，实现中缅边境地区的产业链跨接，互利共赢，大力吸引周边地区人流、物流、资金流、技术流、信息流在当地汇聚。

4. 良好的中缅合作氛围

瑞丽市与木姐市早已结为友好城市，建立了涵盖社会经济多个领域的广泛合作，特别是中缅边境经济贸易交易会等双边活动的成功举办，更是扩大了对周边区域的影响。仅2016~2017财年，木姐边贸口岸统计的贸易额为43亿美元，占全缅边境贸易的七成以上，瑞丽入境的中缅油气管道已建成并投入使用，是缅甸进出口商品的重要集散地和最大陆地口岸。

深科技推动的技术合作是中缅边境合作的重要环节，技术合作可以减少摩擦、避免双方的利益竞争，形成错位竞争优势。深科技在产业淘汰、技术进步、环保节能、空气污染治理等方面具有技术优势，可以避免边境合作区产能合作出现重复建设、低效率建设等，提高边境合作区的合作水平，避免边境贸易合作成为单方面的技术输出，推动合作长期发展。

自瑞丽被国家确定为重点开发开放试验区以来，国家各部委和云南省政府给予了瑞丽诸多支持产业与贸易发展的政策，并赋予其先行先试的权力，明确其云南桥头堡的发展地位。木姐作为与中国联系最为紧密的口岸，缅方在边贸政策上也给予了最大程度的便利。未来随着缅甸经济特区政策引入木姐，将会对瑞丽产业贸易发展形成更好的支撑。

10.2　深科技发展与创新合作区的国家规划

2017年5月14日在北京召开"一带一路"高峰论坛上，《中国商务部与缅甸商务部关于建设中缅边境经济合作区的谅解备忘录》签署，为中缅瑞丽—木姐边境经济合作区建设迈出了实质性关键一步。边境经济合作区重点规划建设边境经济合作区、国际物流仓储区、国际商贸旅游服务区、进出口加工产业区、特色农业示范区、生态屏障区六个功能区，最终建成中缅边境经济贸易中心、西南开放重要国际陆港、国际文化交流窗口、沿边统筹城乡发展示范区、睦邻安邻富邻示范区五个目标。

深科技全面融入中缅边境经济合作区建设和运营过程中，基础设施建设、港口改造、工业基础设施建设、物流配套、生活区建设，都会涉及深科技创新和产业布局。深科技在产业技术方向、技术创新能力、产业集群发展等方面，可以为边境合作区提供技术支撑。深科技可以为边境合作区的长期规划提供指导，超前布局新的产业和技术发展方向，更好为科技创新和产业发展服务。

1. 打造西南开放的国际陆港

中缅边合区将成为打通我国进入南亚、东南亚最便捷的陆路通道和走向印度洋的战略支点，构建中国陆路进入印度洋的立体通道，保障国家能源安全和经济安全，深入实施西部大开发战略，提升向西南开放水平的核心焦点，江河陆港立体式交通、边境物流、油气能源、金融结算、劳务文化的汇聚之所。边合区立足高起点规划,做强区域空间品质。将"产城人相融合",让多民族相互包容,中缅边民互惠共荣,在沿边地区树立起发展新高地,成为瑞丽沿边开发开放试验区升级版与新引擎。

2. 建设中缅边境加工贸易示范基地

中缅边合区不仅仅是中缅贸易"中转站"和"集散地"节点,未来瑞丽江两岸的中缅边境区域将实施一体化打造,成为中缅经贸合作最为活跃的经济空间带,高标准配套国际会展中心和免税商业、金融办公商务等功能,使瑞丽—木姐区域成为中缅两国乃至东南亚、南亚最具影响力与竞争力的经济双子城之一。中缅边合区应充分利用中国与缅甸特别是孟中印缅走廊通道进出口商品需求,吸引国内外资金、技术、人才,高起点承接产业转移,大力发展国际贸易、边境电子商务、现代物流、金融服务、旅游服务及电子信息、汽车制造等制造业,成为云南乃至西南地区具有示范效应的进出口加工与贸易服务示范基地。

3. 中缅沿边自由贸易区长期规划

至2022年,中缅边合区发展和对外开放需要的基础设施建设基本完成,开发开放的新体制、新机制基本确立。中缅边境经济合作和边境贸易不断发展,基础设施初步形成互联互通格局,产业合作、体制机制等实现有效对接。初步建立面向东南亚、南亚的特色优势产业体系、物流贸易枢纽及区域性进出口加工基地。

至2035年,中缅边合区口岸功能全面提升,产业体系全面形成,综合交通运输网络、公共服务体系及基础设施体系更加完善,全面建成集离岸金融、离岸服务贸易、进出口资源加工、国际贸易、物流集散、免税购物、现代服务、边境旅游等多功能于一体的综合性国际经济合作区,形成中国沿边开发开放边境合作的成熟经验,为沿边地区发展探索可推广、可复制的发展道路。

在经济产业目标上,2022年中缅边合区地区生产总值将达到150亿~160亿元,进出口贸易总额达到170亿~180亿美元,服务业增加值70亿~80亿元,实现9万~10万人就业(见表10-1)。到2035年,中缅边合区地区生产总值达到500亿~600亿元,进出口贸易总额达到350亿~450亿美元,服务业增加值180亿~240亿元,实现20万~25万人就业(见表10-2)。

表 10-1　　　　　　至 2022 年中缅边合区经济产业发展目标

具体指标	2022 年
地区生产总值（亿元）	150~160
进出口贸易总额（亿美元）	170~180
其中，跨境电商贸易总额（亿美元）	50~55
转口贸易（亿美元）	10~20
服务业增加值（亿元）	70~80
就业人数（万人）	9~10
旅游人数（万人次）	>500

资料来源：王磊. 中缅就加快瑞丽—木姐边合区建设达成重要共识［N］. 德宏团结报，2018-4-16.

表 10-2　　　　　　至 2035 年中缅边合区经济产业发展目标

具体指标	2035 年
地区生产总值（亿元）	500~600
进出口贸易总额（亿美元）	350~450
其中，跨境电商贸易总额（亿美元）	100~120
转口贸易（亿美元）	350~450
服务业增加值（亿元）	180~240
就业人数（万人）	20~25
旅游人数（万人次）	>1000

资料来源：王磊. 中缅就加快瑞丽—木姐边合区建设达成重要共识［N］. 德宏团结报，2018-4-16.

远期规划 2050 年，中缅边合区将沿产城融合发展带继续拓展城市功能，形成带状发展的沿边城市区域，通过轴带串联、核心带动的方式，形成"一轴两带、五心五区"的城市空间结构，进而促使"畹町—九谷""芒满—暖映""瑞丽—木姐""姐相—姐兰""弄岛—南坎"五对边境新市镇形成，将使瑞丽在重点开发开放试验区的基础上，实现一个更高的跨越，形成以芒市、瑞丽市、陇川县为空间载体的中缅沿边自由贸易区。中缅边合区将逐渐成为孟中印缅经济走廊的前沿阵地，是深化与缅甸经贸合作、互惠共赢的一种全新发展模式，将为孟中印缅"一带一路"区域合作全面落地提供重要支撑。

深科技是边境合作区长期发展的基础。停留在低端层面的技术创新和产业合作，将不会得到长期发展，深科技创新可以为边境合作区的长期合作提供技术来源。深科技在新能源技术、建筑节能材料、基础设施建设、生态环境保护、污水空气处理等方面的技术进步可以支持边境合作区长期健康发展，使得高水平、高质量、互惠互利的边境合作长期持续。

10.3 深科技发展与创新合作区的国际合作

中国瑞丽—缅甸木姐边境经济合作区划分为核心功能区，配套功能区及产业拓展区，各片区之间相互协调和错位发展。中缅双方产业配置遵照比较优势原则。根据国际经济学的国际及区际比较优势理论，在市场条件下，厂商可以无障碍地直接根据各行业在不同区位的利润水平状况进行生产区位的配置与调整，地区优势产业正是庞大的厂商群体选择和竞争的结果。既定行业厂商的区位选择和既定区位厂商的行业选择，在地区间形成的具体产业活动的密度差异，也就是构成区域间产业结构的差异，赋予各个地区与其禀赋条件高度相关的、能够占有区外市场的优势产业（见图10-1）。

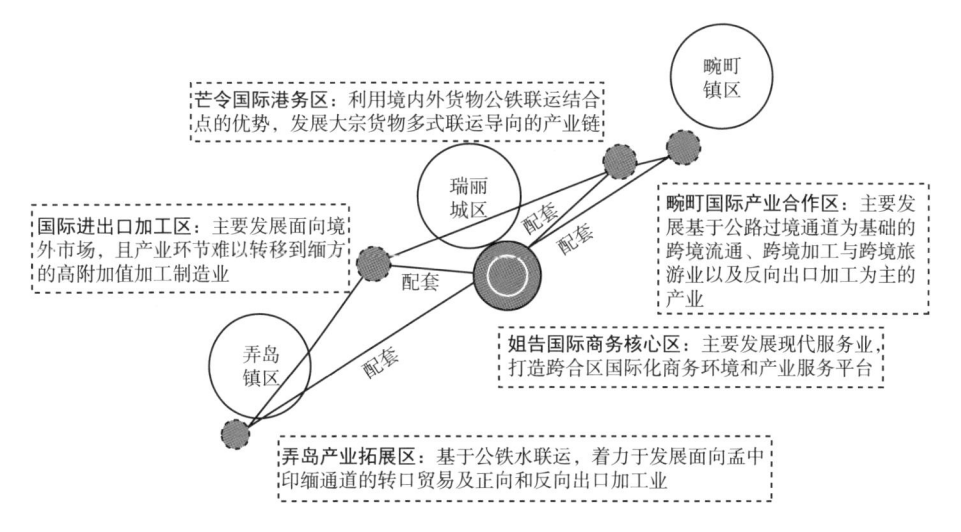

图10-1 边合区各分区功能分区

资料来源：王磊. 中缅就加快瑞丽—木姐边合区建设达成重要共识［N］. 德宏团结报，2018-4-16.

中国瑞丽—缅甸木姐边境经济合作区发挥中缅两国在区位、资源、市场、技术、管理、劳动力等生产要素方面的比较优势，中方区利用技术、管理和资金优势发展附加值较高的精深加工业和零部件加工业,缅方区利用市场、原产地优势和劳动力成本优势发展简单加工和产品组装业,双方建立起紧密的上下游产业联系,加速两国边境地区的经济合作发展,重点落位国际进出口加工区。中缅在科技和产业发展上着眼于资源优势互补、产业结构差异化配置、协同化市场竞争,开启全方位、宽领域、多层次的经贸交流合作。

深科技在中国瑞丽—缅甸木姐边境经济合作区产业布局上可以发挥更好的作用。边境合作区涉及资源、市场、技术、管理、劳动力等各种要素的管理,集中优势资源发展深科技及其产业,对于边境合作区是巨大的战略机遇。当前国际贸易出现停滞很大的原因就是国际贸易的层次和水平较低,重复和竞争导致贸易摩擦扩大,深科技可以充分利用现有的资源、发展优势互补、展开错位竞争,布局前瞻性技术产业,以深科技的技术红利创造跨国贸易合作的新模式。

中国瑞丽—缅甸木姐边境经济合作区各片区结合瑞丽市城市整体空间布局和边合区地理特征、产业衔接及环境承载力,重点布局产业拓展、金融商贸、物流仓储、城市服务等配套功能组团,5大功能片区共计规划配置29个特色功能组团(见图10-2)。应该重点在边境合作的产业扩展、配套服务等领域,大胆应用深科技成果、推动深科技技术进步,支持深科技产业发展,将新能源材料、建筑节能保温材料、生物技术、中医药技术、农业科技应用到边境产业合作中去,打造深科技产业、深科技物流、深科技城市服务,将深科技创新和产业布局到各个功能片区,实现跨国技术合作,拓展深科技创新的技术红利。

1. 姐告国际商务核心区

姐告国际商务核心区主要发展现代服务业,打造边合区国际化商务环境,建立起国际级贸易与产业服务平台。深科技可以为国际商务合作提供技术贸易和技术培训的机会,将服务贸易引入到边境合作区建设和运营中,增加国际合作的内涵。至2035年,姐告国际商务核心区形成"一廊、两轴、五区"的空间结构。一廊,依托现状瑞丽江水系形成生态景观廊道。两轴,分别为南北向城市发展轴与东西向物流交通轴。五区,分别为姐告边贸区、商贸拓展区、城市配套服务区、体育休闲服务区与文旅服务区。近期(2017~2022年),依托现有姐告边贸区,重点发展边境电商、国际贸易、金融服务、总部经济、旅游服务等功能,同时建设体育休闲娱乐设施,丰富边合区第三产业内涵,充分发挥姐告边贸区在国

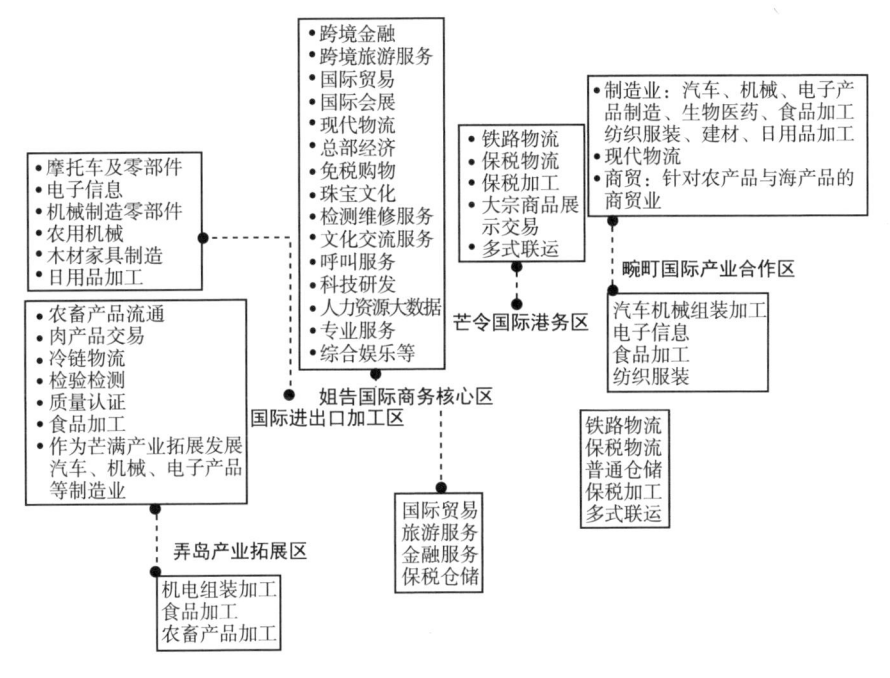

第10章　中国瑞丽—缅甸木姐边境深科技发展经济合作区

图 10-2　边合区各分区产业协作

资料来源：王磊. 中缅就加快瑞丽—木姐边合区建设达成重要共识 [N]. 德宏团结报，2018-4-16.

家"一带一路"倡议中的对外投资职能。远期（2022～2035年），在近期建设基础上，跨越姐告桥，向城市西侧发展，积极发展边境电商、国际贸易、金融服务、总部经济、旅游服务等产业，实现核心区可持续发展。同时，预留一定文旅产业建设用地，加强度假康养功能，吸引缅甸高端消费人群，为边境旅游示范区建设留足发展用地。

2. 畹町国际产业合作区

深科技在产能合作中的地位更为重要，重点支持深科技在能源材料、基础设施、农业技术、污水处理、空气净化等领域的产业发展和技术创新，要打造深科技的产业合作区。畹町国际产业合作区主要发展基于公路过境通道为基础的边境流通、边境加工与边境旅游业以及反向出口加工为主的产业，主要是避开欧美、印度对华贸易救济类产品及缅甸享受欧美普惠制待遇产品，充分利用缅方要素市场，在产业环节选择上与缅方充分融合，近期着力发展农产品精深加工。近期（2017～2022年），畹町国际产业合作区依托北汽项目，建设边境工业园区，围网面积约 2.36 平方公里，重点发展汽车零部件、机械设备（通用设备、专用设备）、商贸物流（农产品、海产品）等产业。芒棒片区重点建设生物产业园一期工程。

远期（2022～2035 年），在近期建设的基础上，畹町国际产业合作区向东拓展，建设相应的配套产业，围网面积 3.40 平方公里，发展制造业、汽车、机械、电子产品制造、现代物流、商贸等产业，两区协同发展，形成功能完善的产业集聚群。芒棒生物产业园二期工程建设完工并投入使用。至 2035 年，畹町国际产业合作区规划形成"一镇一园、两轴四片"。一镇即边境特色小镇；一园即芒棒生物产业园；两轴为贯穿整个产业合作区的产业发展轴与沿瑞丽江展开的景观风貌轴；四片为瑞丽江东岸环境良好的城市生活区，以北汽项目为首的边境产业合作区，畹町火车站南的综合服务区与配套的仓储物流区。

3. 芒令国际港务区

芒令国际港务区利用境内外货物公铁联运结合点的优势，发展大宗货物多式联运导向的产业链，并通过推动综合保税区建设推动保税业务与非保税业务融合发展。近期（2017～2022 年），依托在建的瑞丽东站（芒令火车站），建设综合保税区与冷链物流区，保税区围网面积约 1 平方公里，重点发展保税物流，同时构建配套生活区域。远期（2022～2035 年），在近期建设基础上，物流用地向两侧扩张，保税区围网面积扩至约 3.2 平方公里，重点发展铁路物流、保税物流、保税加工、大宗商品展示交易、多式联运等产业。至 2035 年，芒令国际港务区规划形成"一带、两轴、七片区"。一带，指瑞丽江旅游风光带；两轴，指南侧产业发展轴与北侧物流服务轴；七片区，包括临近瑞丽主城的供应链金融服务区、物流总部，围绕瑞丽东站打造的城市仓储与配送分拨区、冷链物流区与综合保税区，为整个芒令国际港务区服务的城市生活配套区，及远期产业拓展区。未来主要建设与综保区相关的进出口加工园区，实现产业区域互补，逐步完善城市生活功能配套。

4. 国际进出口加工区

先进的制造业技术、新材料技术、新型工艺可以为深科技出口加工提供技术支持，以深科技技术为支撑的国际进出口贸易，将更加强调产品的绿色环保、节能降耗，将为国际进出口贸易差异化提供动能。国际进出口加工区主要发展面向境外南亚、东南亚市场，且产业环节难以转移到缅方的高附加值加工制造业。近期着力吸引出口导向型制造业向加工区内转移，通过国内采购原材料，在加工区内适当发展手机、计算机重要零部件生产加工。近期（2017~2022年），依托银翔机车项目，重点发展摩托车及零部件制造、红木加工、电子信息等产业。远期（2022~2035年），在近期建设的基础上，发展摩托车及零部件、电子信息、机械制造零部件、木材家具制造、轻纺日化等产业。至2035年，国际进出口加工区规划形成"两轴、五区"。其中，两轴，指产业发展轴与城市交通轴；五区，则包括公服配套区，进口资源加工区，轻工产品制造区、汽摩装备及零部件制造区以及电子信息产品制造区。

5. 弄岛产业拓展区

生物技术和农业技术可以为该区的产业合作提供支持。深科技在农业技术、生物技术等方面的成熟成果，正在不断扩大，转化为产业实践。弄岛产业拓展区基于公铁水联运，着力于发展面向孟中印缅通道的转口贸易及正向和反向出口加工业。近期（2017~2022年），弄岛产业拓展区以牛羊进口为重点，重点建设冷链物流区与口岸经济区。远期（2022~2035年）结合口岸建设，在弄岛镇区南部建设口岸服务区，发展进出口牛羊肉等食品相关产业；同时承接畹町国际产业合作区的产业转移，重点发展肉产品交易、冷链物流、检验检测、质量认证、汽车、机械、电子产品制造等产业，同时建设转口贸易物流区，及国际产业合作拓展区。至2035年，弄岛产业拓展区结合口岸通道与缅方规划，形成"一带、一轴、五片区"。一带，即瑞丽河旅游风光带；一轴，即边境贸易产业发展轴；五片区，为农畜产品保税加工区、口岸服务区、转口贸易物流区、口岸经济区、国际产业合作拓展区。

10.4 深科技发展与创新合作区的国际前景

中国瑞丽—缅甸木姐边境经济合作区是云南省、德宏州及瑞丽市响应国家"一带一路"倡议，参与新一轮沿边开发等重大战略的平台和载体，也是云南辐射南亚、东南亚周边区域、构建全方位对外开放新格局的节点，更是中国经济"新常态"下参与国际经济合作的新增长极。深科技创新及其产业合作是边境合作长期可持续发展的重要基础，对于优化产业布局、推动技术创新、改变国际贸易结构、推动国际技术转移具有不可替代的作用。中缅边合区的建设有利于推动我国与周边国家的友好合作关系，有利于推动我国与东南亚、南亚地区的区域合作，有利于促进中缅国际大通道建设，缅甸"人"字形经济走廊建设和孟中印缅次区域间多层次合作，也有利于促进我国广大沿边地区探索经济发展方式转变的新范式。

1. 建设"一带一路"倡议合作好榜样

目前，中国正与"一带一路"倡议中的沿线国家积极沟通中蒙俄、新亚欧大陆桥、中国—中亚—西亚、中国—中南半岛、中巴、孟中印缅六大经济走廊建设。其中，孟中印缅经济走廊将带动南亚、东南亚、东亚三大经济板块联合发展，及东亚与南亚两大区域的互联互通。中缅边合区的建设将有利于孟、中、印、缅四国加强产业和基础设施合作，为走廊从交通大通道转变成为经济大通道做出重要贡献，逐步形成中缅"人"字形经济走廊。

在"一带一路"倡议下，深科技创新及其技术合作带来新的发展机遇。一些国家在技术创新、产能合作、跨国贸易中，可以大量使用中国的深科技创新成果，推动国际合作朝着和平、互惠、绿色、开放的理念上发展。中缅边合区为孟中印缅经济走廊的发展和繁荣提供了重要的支援与保障。"孟中缅印经济走廊"的建设，进一步提升了各国的政治互信，平等参与、相互协商、求同存异，在推动工业、能源、电信等领域合作的同时，也大力推动了农业扶贫、环境保护、科技等领域的合作。通过中缅边合区这个支点加快推动次区域经济一体化的步伐，四国将发挥地缘优势，进一步巩固政治互信、深化投资贸易、促进互联互通和加强人文交流。

2. 探索沿边开发开放新模式

中国一直坚定不移地奉行睦邻友好政策，致力于维护和平稳定的周边环境。习近平总书记说，中缅是山水相连的友好邻邦，两国人民世代以"胞波"相称，坚持发展中缅睦邻友好合作，符合彼此根本利益，也将增进我国与周边国家的互信互助。深科技及其技术合作，可以为双边合作提供更好的机会，技术合作可以避免技术竞争，为贸易合作提供良好的补充。中缅边合区的建设将加快推进沿边地区与对方国家双向沟通协作，为国家和平发展战略营造良好的地缘环境。在中缅合作发展新趋势之下，中缅边合区的建设能将中国的资金、技术、发展经验等优势资源与缅甸丰富的能源资源及蓬勃向上的本国市场相结合，极大促进中缅的互利合作，发展经济，改善民生，为两国沿边人民带来更大的福祉。中国正构建开放型经济新体制，其发展重点将由沿海和沿江地区向沿边地区转移。中缅边合区的建设完全符合中国加快沿边开放步伐的战略要求，是我国新一轮沿边开放战略的具体体现，将成为我国沿边开发开放模式创新、沿边地区社会经济发展、加深与周边国家和地区合作的重要示范。

3. 实现中缅经济安全的新战略

中国在加入 WTO 后，随着出口规模的迅速扩大及出口产品的附加值逐年提升，中国已经成为全球遭遇反倾销最多的国家。因此，通过一系列双边及多边贸易安排，为中国赢取更为宽松的对外贸易环境是相当关键的。通过中缅边合区的建设，通过缅方原产地政策在中缅双方产业链环节的合理配置，可以通过缅方贸易渠道规避现有的一些贸易限制，实现贸易避险的目标。"马六甲困局"直接关系到我国的能源安全和经济发展，途经昆明—瑞丽—曼德勒—皎漂的中缅铁路和昆仰经济走廊直通印度洋，可以避开马六甲海峡对中国能源资源运输的限制，而中缅边合区的建设将进一步巩固、提升中缅能源资源大通道的通行保障能力，全面提升中国的经济安全和能源安全，确保国家防范、应对重大安全风险。可以充分利用缅甸能源资源优势和境内制造业技术优势，与缅方合作共建能源资源进出口加工基地，积极引导能源资源企业以边合区为基地，有序到境外投资合作，维护我国的能源供给安全。

参 考 文 献

[1] 班娟娟. 掘金新动能，外资企业打出环保智造牌 [J]. 中国外资，2018 (7).

[2] 北京市政府. 北京市"十二五"时期航空航天产业发展规划 [EB/OL]. 北京市政府网站，2011-12-09.

[3] 北京塑力亿航线缆公司. 稀土铝合金电缆：金属新材料行业的"新星" [EB/OL]. 北京塑力亿航线缆公司博客，2015-5-6.

[4] 布娜新. 新三板 TMT 行业投资逻辑再造 [J]. 首席财务官，2016-09-10.

[5] 蔡碧金. FAA：未来 20 年公务机机队增长势头强劲 [N]. 中国航空报，2015-03-24.

[6] 曹国岭. 中国制造 2025 对标德国工业 4.0 [EB/OL]. 新浪网 2015-6-20.

[7] 曹坤，刘军. 发展通用航空的若干问题和建议 [J]. 中国民用航空，2008-12-20.

[8] 曹祥汉，周大伟. 铝代铜不是梦 [N]. 中国有色金属报，2013-05-16.

[9] 曹作疆. 稀土在有色金属中的应用 [J]. 稀土信息，1996 (12)：2-3.

[10] 陈栋栋. 中国通用航空产业将步入快速增长期 [N]. 中国工业报，2011-06-13.

[11] 陈刚. 加速推进航天产业化进程 [N]. 中国证券报，2006-10-13.

[12] 陈慧. 马克思主义自然观与当代中国生态问题的解决思路 [J]. 华中人文论丛，2011-06-15.

[13] 陈健. 万亿投资盛宴将启 [N]. 上海金融报，2015-08-11.

[14] 陈经. 中国制造成本接近美国了？[EB/OL]. 和讯名家，2015-8-13.

[15] 陈柯. 高新技术产业布局优化研究 [J]. 山东社会科学，2015-02-05.

［16］陈文文. 5 年内各市都有通用机场［N］. 浙江日报，2015 - 10 - 09.

［17］陈洋. 中国制造 2025 与工业 4.0 有何不同？［EB/OL］. 界面，2015 - 09 - 11.

［18］陈友华. 经济增长方式、人口增长与中国的资源环境问题［J］. 探索与争鸣，2011 - 07 - 15.

［19］程林辉. 大力发展健康养老服务业［N］. 广西日报，2015 - 02 - 05.

［20］程敏. 我国航空航天实力逐步增强［N］. 珠海特区报，2010 - 11 - 16.

［21］邱海峰. 当"中国制造 2025"遇上"德国工业 4.0"向德国学什么？［N］. 人民日报海外版，2016 - 7 - 7.

［22］邓子基. 转变经济发展方式与公共财政［N］. 东南学术，2010 - 07 - 01.

［23］董树功. 战略性新兴产业的形成与培育研究［D］. 南开大学，2012：56 - 75.

［24］东方电子集团. 2 万亿配电网蛋糕、纵览各省电网怎么建怎么投［EB/OL］. 北极星输配电网，2016 - 7 - 13.

［25］国家发展改革委. 加快通用航空示范推广［EB/OL］. 中国证券网，2016 - 11 - 11.

［26］国家发展改革委. 鼓励社会资本投资通用航空业［N］. 证券时报，2016 - 11 - 11.

［27］方元. 工业耐高温涂料的发展［EB/OL］. 华夏商务网，2016 - 03 - 19.

［28］盖金涛. 铝合金电缆市场前景广阔［N］. 中国建材报，2017 - 03 - 16.

［29］高培勇，张德勇，汪德华. "十二五"时期的宏观经济社会环境［J］. 经济研究参考，2011 - 01 - 11.

［30］高启明，金乾生. 我国通用航空产业有望迎来快速发展期［J］. 经济纵横，2014 - 07 - 22.

［31］葛雨明. 互联网 + 人工智能：抓住机遇，抢占产业变革制高点［J］. 世界电信，2015 - 08 - 15.

［32］工信部赛迪智库. 稳中有进集成电路产业亟须突破创新［N］. 中国工业报，2016 - 04 - 26.

［33］广东省科学技术厅. 关于修订印发高新技术企业认定管理办法高新技术企业认定管理工作指引的通知［Z］，2016 - 07 - 05.

[34] 郭丁源. 地下管廊扩容, 低碳新势力崛起 [J]. 中国经济导报, 2016 - 7 - 1.

[35] 郭丁源. 复合管材技术突破竹产业将构建千亿市场 [N]. 中国经济导报, 2015 - 12 - 09.

[36] 郭力方. 未来两年建筑节能市场规模 4000 亿元 [N]. 中国证券报, 2011 - 07 - 06.

[37] 郭小晶, 李娟, 任川. 涂料市场现状及前景分析 [J]. 山西化工, 2015 - 04 - 15.

[38] 霍小光, 罗宇凡. 习近平呼吁建设美丽中国化为自觉行动 [N]. 人民日报, 2015 - 04 - 01.

[39] 国家电网公司. 电力"十三五"电网发展科学谋划 [EB/OL]. 中国质量新闻网, 2016 - 3 - 26.

[40] 国家发展改革委. 国家电网"十三五"发展规划摘要, 2016.

[41] 国务院办公厅. 关于推进城市地下综合管廊建设的指导意见 [EB/OL]. 中国政府网, 2015 - 08 - 03.

[42] 国务院办公厅. 国务院印发中国制造 2025 [N]. 人民日报, 2015 - 05 - 20.

[43] 韩敬云. 制度创新与中国供给侧结构性改革 [D]. 中央民族大学, 2017.

[44] 韩义雷. 众创空间孵化不出硬科技之说站不住脚 [J]. 发明与创新大科技, 2016 - 08 - 01.

[45] 郝斯佳. 增值型内部审计在水利科研单位的运用——基于全国科技创新大会新精神 [J]. 财会月刊, 2016 - 12 - 28.

[46] 何保海. 虚拟经济与实体经济协调发展研究 [J]. 现代经济信息, 2014 (12): 17 - 17.

[47] 何师元. 互联网 + 金融新业态与实体经济发展的关联度 [J]. 改革, 2015 (7).

[48] 河南省财政厅. 关于贯彻落实高新技术企业认定管理办法的通知 [Z]. 2016 - 04 - 15.

[49] 贺小花. 安徽智慧城市建设正火热 [J]. 中国公共安全, 2015 - 08 - 01.

[50] 胡迟. 制造业转型升级："十二五"成效评估与"十三五"发展对策 [J]. 经济研究参考, 2016-09-01.

[51] 湖南省人民政府办公厅. 关于加快推进城市地下综合管廊建设的实施意见 [EB/OL]. 湖南省政府新闻网, 2016-06-07.

[52] 怀仁, 李建伟. 我国实体经济发展的困境摆脱及其或然对策 [J]. 改革, 2014 (2): 12-27.

[53] 黄聪英. 论实体经济 [D]. 福建师范大学硕士论文, 2014.

[54] 黄敬前. 福建工业技术进步实证研究 [D]. 福州大学硕士论文, 2002-12-01.

[55] 贾佳. 中国公务机未来市场趋势研究 [J]. 科技与企业, 2014-09-24.

[56] 金路, 曾宪钰, 陈功, 言思敏. "工业4.0"时代下的计量工作 [J]. 上海计量测试, 2016-2.

[57] 科技部. 关于修订印发高新技术企业认定管理办法的通知 [Z]. 国家税务总局, 2016-01-29.

[58] 孔令辉. 工业4.0简介及海马4.0建设浅见 [C]. 2016年第六届全国地方机械工程学会学术年会论文集, 2016-07.

[59] 蓝兰. 我国通用机场发展情况 [J]. 工程机械文摘, 2014-03-17.

[60] 李高. 中国航天产业商业化研究 [N]. 中国企业报, 2015-05-15.

[61] 李瑰贤. 航空用微小型减速装置多目标优化设计及性能分析 [D]. 哈尔滨工业大学博士论文, 2009-05-01.

[62] 李宏治, 马喜生. 广州通用航空"蛋糕"有多大? [N]. 南方日报, 2016-01-22.

[63] 李金华. 中国战略性新兴产业发展的若干思辨 [J]. 财经问题研究, 2011-05-05.

[64] 李凌. 构建知识产权交易中心建设新模式 [N]. 中国知识产权报, 2017-03-29.

[65] 李伟. 竹缠绕复合技术: 让竹产业走出国门 [N]. 科技日报, 2016-12-16.

[66] 李文文, 张琪, 供给侧结构性改革视角下河北省特色小镇的建设与发展 [J]. 企业科技与发展, 2018 (4).

[67] 李由. 国家电网董事长刘振亚谈"十三五"电网发展目标 [EB/OL]. 新华网, 2015-11-06.

[68] 林卿, 邵国友, 唐友亮. 基于图像处理的 FOD 监测系统技术方案探究 [J]. 机电产品开发与创新, 2013-11-28.

[69] 林泽民. 以科技之笔描绘电缆业的明天 [J]. 绿色中国, 2013-05-16.

[70] 刘丹丹. 物联网产业化遇挑战智能家居或成突破口 [J]. 通信世界, 2014-12-25.

[71] 刘国栋. 现代经济增长理论的发展历程 [D]. 上海交通大学, 2010.

[72] 刘煜松. 未来 20 年的中国经济走向 [J]. 中小企业管理与科技, 2013-02.

[73] 刘静, 徐恒, 张轶群. 信息产业: "十三五"良好开局支撑力量 [N]. 中国电子报, 2016-03-15.

[74] 刘娟. 马克思经济增长理论与我国经济发展方式转变问题研究 [D]. 西北师范大学, 2012.

[75] 刘军, 王萍. 蒸汽管道保温层经济厚度优化的 EXCEL 程序方法 [J]. 能源技术, 2004-04-30.

[76] 刘俊, 周东辉. 产城融合清新欲实现"工富梦" [N]. 南方日报, 2013-08-27.

[77] 刘露霏. "竹缠绕"国家级科研机构将落地浙江杭州 [J]. 世界竹藤通讯, 2016 年 6 月.

[78] 刘露霏. 加快促进竹缠绕材料技术产业化 [J]. 世界竹藤通讯, 2016-04-30.

[79] 刘露霏. 竹缠绕复合材料属典型中国创造大型央企看好其巨大的市场前景 [N]. 中国绿色时报, 2016-02-26.

[80] 刘露霏, 雷欢. 把竹缠绕产业培育成战略性新兴产业 [N]. 中国绿色时报, 2016-07-21.

[81] 刘露霏, 许益佳. 中国"竹缠绕"技术向世界推广 [N]. 中国绿色时报, 2016-12-16.

[82] 刘露霏. 竹缠绕复合压力管领衔入选国家重点推广低碳技术目录

[Z]. 绿色时代, 2016-01-07.

[83] 刘晓莉等. 开发优势资源大力发展新疆新型建材工业 [J]. 中国建材, 2005-03-06.

[84] 刘元朋, 王金凤. 面向郑州航空产业的机电类卓越人才培养思路 [J]. 管理工程师, 2015-06-26.

[85] 卢飞强. 美电缆巨头入华先立"规矩": 中国产业的标准为何让外企定? [J]. 中国机电工业, 2013-09-05.

[86] 陆峰. 中国智能制造发展迈向下一个路口. 互联网经济, 2017-02-25.

[87] 陆国庆, 王舟, 张春宇. 中国战略性新兴产业政府创新补贴的绩效研究 [J]. 经济研究, 2014 (7): 44-55.

[88] 陆绮雯. 迈向工业4.0时代, 投资者如何分享"中国制造"红利? [Z]. 上观新闻, 2016-10-28.

[89] 罗敏. 基于产业集群的技术创新扩散研究. 贵州大学硕士论文 [D], 2006-05-01.

[90] 罗莹. 科技成果转化路在何方 [N]. 学习时报, 2016-02-18.

[91] 孟皓东. 金融支持小微企业之策 [N]. 金融时报, 2012-11-26.

[92] 米磊. "硬科技"创业的黄金时代 [J]. 中国高新区, 2016-08-20.

[93] 付军. 面向两化融合的北京市战略性新兴产业发展模式与政策选择研究 [D]. 北京理工大学博士论文, 2014-12-18.

[94] 莫日宏. 高温合金市场潜力巨大 [N]. 中国金属通报, 2013-03-04.

[95] 内蒙古自治区人民政府办公厅关于加快推进全区地下综合管廊建设的实施意见 [Z]. 内蒙古自治区人民政府公报, 2016-04-01.

[96] 倪铭娅. 国务院推进城市地下综合管廊建设 [N]. 中国证券报, 2015-08-11.

[97] 潘文. 软件产业发展新兴动能加速汇聚 [N]. 中国电子报, 2017-02-17.

[98] 彭诚. 论建筑外墙涂料的应用与施工 [J]. 中外建筑, 2013-08-01.

[99] 齐小英. 把硬科技纳入国家科技创新体系 [N]. 陕西日报, 2018全国两会特刊.

[100] 钱志鸿. 成都市总部基地发展模式研究 [D]. 西南交通大学硕士论文, 2012-05-01.

[101] 邱晨辉. "硬科技"或是中国科学城的下一个风口 [N]. 中国青年报, 2017 年 11 月.

[102] 瞿恺. 中国通用航空的挑战与机遇 [J]. 空运商务, 2009-11-30.

[103] 瞿恺. 中国通用航空的挑战与机遇 [J]. 空运商务, 2009 (22): 46-48.

[104] 任友群. "双一流"战略下高等教育国际化的未来发展 [J]. 中国高等教育, 2016-03-03.

[105] 沈湫莎. 中国制造还需补上清洁课 [J]. 师道, 2017 (5): 61-61.

[106] 石青. 迎接"工业4.0"时代 [N]. 中国县域经济报, 2015-06-11.

[107] 石珊珊. 国内首份铝合金电缆全生命周期研究报告发布 [J]. 电力系统装备, 2014-03-3.

[108] 石珊珊. 国内首份铝合金电缆全生命周期研究报告正式发布 [N]. 机电商报, 2014-03-31.

[109] 史爱萍. 国内首份铝合金电缆 LCA 报告发布 [N]. 中国有色金属报, 2014-03-27.

[110] 苏明, 石培荣, 李兴文, 张力恒, 刘家庆. 促进我国经济结构调整的财政政策研究 [J]. 经济研究参考, 2011-09-06.

[111] 苏州市光电缆业商会. 电网建设带来电线电缆行业发展机遇 [EB/OL]. 光电缆网, 2016-7-4.

[112] 孙彦明. 促进创新成果转化应用、加快山东新旧动能转换 [J]. 宏观经济管理, 2018-2.

[113] 汤伦. 马克思政治经济学视角下当前我国产能过剩现象分析 [D]. 安徽大学, 2017.

[114] 唐芊尔. "硬科技"打造创新硬实力, 2017 全球硬科技创新大会最新成果 [N]. 光明日报, 2017 (11).

[115] 陶镇广, 毛寨汉, 粟觅, 郝玉龙, 余梓平, 黄俊锟. 城市公共服务设施节能改造项目的 N-EMC 模式 [J]. 广东水利水电, 2012-04-25.

[116] 田国强. 下一步改革要理顺十大关系 [J]. 同舟共进, 2011-03-01.

[117] 屠振文. "十二五"规划与 UV 木器涂料的发展机遇 [J]. 上海涂

料，2013-05-30.

[118] 外星化工. 世界范围内耐高温涂料的耐温记录是1800℃左右 [Z]. 2013-06-29.

[119] 万晶. 我国硬科技创业投资比较优势受关注 [N]. 中国证券报，2015-01-20.

[120] 王冰凝. 国家电网新格局巨变 [N]. 华夏时报，2015-11-09.

[121] 王冰凝. 国家电网新规划敲定拟2025年形成同步电网 [N]. 华夏时报，2015-11-07.

[122] 王朝君，荆伟龙. 医药下一个十年创新为王 [J]. 中国卫生，2016-12-05.

[123] 王芫. Si基发光材料离子注入改性及其发光机理研究 [D]. 云南大学硕士论文，2015-05-01.

[124] 王翠霞. 国家创新系统产学协同创新机制研究——基于复杂系统理论视角 [D]. 浙江大学博士论文，2014.

[125] 王健. 关于新旧动能转换的若干思考 [J]. 国家治理周刊，2018 (06).

[126] 王健. 创新深科技 促进新兴产业发展 [M]. 国家行政学院出版社，2017 (10).

[127] 王健. 经济学永恒的命题与供给侧结构性改革 [J]. 福建论坛，2016 (2).

[128] 王健. 内需强国：扩内需稳增长的重点·路径·政策 [M]. 中国人民大学出版社，2016 (5).

[129] 王健. 构建经济持续稳定发展的长期动力 [N]. 中国经济时报，2015-1-27.

[130] 王健. 新常态新动力：以自主创新建立完整独立的国民经济体系 [J]. 经济研究参考，2015，8P-2.

[131] 王健. 加快老旧小区改造是新常态的新增长点 [J]. 前线，2015 (9).

[132] 王健. 把旧房改造变成经济增长新动力 [J]. 中国国情国力，2015 (10).

[133] 王健. 推进老旧小区改造 [J]. 人民论坛, 2015 (10) 下.

[134] 王健. 化解产能过剩的新思路及对策 [J]. 建论坛, 2014, 8.

[135] 王健. 新常态下稳定经济增长新思路 [J]. 学术评论, 2014, 6.

[136] 王景. "互联网+"时代的工程管理 [J]. 中国建设信息化, 2015 - 10 - 30.

[137] 王美娟. 国际竞争力决定要素影响路径经验分析 [D]. 天津财经大学, 2013.

[138] 王霄宁, 王轶. 产业链视角下我国通用航空产业协同发展研究 [J]. 郑州航空工业管理学院学报, 2016 - 04 - 19.

[139] 王晓龙. 飞机制造"机器换人"研究 [C]. 中国航空学会管理科学分会2015年论文集, 2015 - 12 - 01.

[140] 王亚华, 齐晔. 中国环境治理的挑战与应对 [J]. 社会治理, 2015 - 07 - 15.

[141] 王有邦. 山东省高新技术产业发展方向与合理布局研究 [D]. 山东师范大学硕士论文, 2011 - 06 - 15.

[142] 吴更元. 浙江省高新技术产业发展与经济增长关系研究 [J]. 时代金融, 2015 - 10 - 31.

[143] 吴晓松. 国家创新体系对企业创新能力及创新绩效影响研究 [D]. 昆明理工大学, 2012.

[144] 吴艳华. 创新航空航天产业助力"一带一路"战略. 国防科技工业, 2016 - 11 - 15.

[145] 武建龙, 王宏起. 战略性新兴产业突破性技术创新路径研究——基于模块化视角 [J]. 科学学研究, 2014, 32 (4): 508 - 518.

[146] 武雪莹, 易加斌. 基于PPP模式的城市基础设施建设 [J]. 建筑设计管理, 2015 - 10 - 25.

[147] 肖宏伟. "十三五"北京能源消费量及结构变化趋势 [J]. 前线, 2015 - 10 - 05.

[148] 肖玮. 2020年我国通航产业规模将超万亿 [N]. 北京商报, 2016 - 05 - 18.

[149] 熊伟. 竹产业不止看着漂亮千亿市场渐行渐近 [N]. 中国经济导报,

2015-12-22.

[150] 徐飞. 日本政府规制政策演进研究 [D]. 辽宁大学, 2013.

[151] 徐冠华. 科技部部长徐冠华在中国科协学术年会上的讲话 [J]. 科技与企业, 2003-03-16.

[152] 徐长乐. 国家级高新技术产业开发区发展要素分析及上海张江高新区实证研究 [D]. 华东师范大学博士论文, 2013-11-10.

[153] 薛澜, 林泽梁, 梁正, 等. 世界战略性新兴产业的发展趋势对我国的启示 [J], 中国软科学, 2013 (5): 18-26.

[154] 薛孟开. 国家创新能力评价指标体系 (IMD) 的比较研究 [D]. 浙江师范大学, 2016.

[155] 闫燕. 大型企业国际竞争力与国家竞争力的关联研究 [D]. 复旦大学, 2012.

[156] 严晓. 川南通用航空产业项目落户自贡 [J]. 港口经济, 2013-08-20.

[157] 杨少龙. 中国通用航空产业将步入快速增长期 [EB/OL]. 新浪网, 2012-12-25.

[158] 杨子杨. "十二五"智能制造装备产业发展思路 [J]. 中国科技投资, 2012-05-10.

[159] 于丽安. 人工智能技术在安防领域发展前景可期 [J]. 中国安防, 2016-11-01.

[160] 余胜良. 无人机企业多亏损突破口在政府采购 [N]. 证券时报, 2014-01-29.

[161] 袁二护. 大国经济发展战略与中国扩大内需研究 [D]. 西北大学, 2010.

[162] 源泉, 吴尚璟. 系统推进智能制造加快构建新型制造体系 [J]. 木工机床, 2016-09-25.

[163] 张镔. 基于区域经济视角的统筹城乡发展探讨 [J]. 现代经济信息, 2015-02-23.

[164] 张成思, 张步昙. 再论金融与实体经济: 经济金融化视角 [J]. 经济学动态, 2015 (6): 56-66.

[165] 张凤楠. 补齐科技创新成果转化短板助力新旧动能转换 [N]. 青岛日报, 2018 (7).

[166] 张继梅. 对我国居民收入差距问题的思考 [N]. 中国市场, 2011-07-18.

[167] 张剑渝. A 公司粉末涂料营销策略研究 [D]. 西南财经大学硕士论文, 2014-03-01.

[168] 张杰. 出口结构与经济结构背离下中国经济动能的形成、障碍与突破 [J]. 南京政治学院学报, 2017 (4).

[169] 张金昌. 国际竞争力评价的理论和方法 [M]. 经济科学出版社, 2002.

[170] 张丽恒. 早谋划、早布局、早下手抢占"互联网+"制高点 [J]. 天津经济, 2015-04-20.

[171] 张璐杰. 我国内需型经济发展方式研究 [D]. 华东师范大学, 2011.

[172] 张明. 产业升级与经济增长理论研究 [D]. 山西财经大学博士论文, 2013 (6).

[173] 张祺午. 我们为什么需要工匠精神——制造强国战略背景下的技术技能人才培养问题分析 [J]. 职业技术教育, 2016-10-20.

[174] 张涛, 郝哲. 航展精彩纷呈论坛铿锵有道 [J]. 国防科技工业, 2010-12-15.

[175] 张同斌, 高铁梅. 财税政策激励、高新技术产业发展与产业结构调整 [J]. 经济研究, 2012-05-20.

[176] 张伟成, 徐波. 武汉宏联电缆: 以创新谋发展 [J]. 中国品牌, 2014-11-08.

[177] 张晓朴, 朱太辉. 金融体系与实体经济关系的反思 [J]. 国际金融研究, 2014 (3): 43-54.

[178] 张瑀. 新常态下中国经济结构性改革研究 [D]. 吉林大学, 2017.

[179] 张长征, 黄德春, 马昭洁. 产业集聚与产业创新效率: 金融市场的联结和推动——以高新技术产业集聚和创新为例 [J]. 产业经济研究, 2012-11-20.

[180] 赵爱玲. 公务机市场现"井喷" [J]. 中国对外贸易, 2010-07-15.

[181] 赵超霖. 国务院出台地下综合管廊建设指导意见破解"拉链马路"顽疾 [N]. 中国经济导报, 2015-08-19.

[182] 赵冬. 小微企业融资难应予关注 [N]. 金融时报, 2014-06-05.

[183] 赵峰. 进一步完善小微金融服务体系 [N]. 金融时报, 2014-05-19.

[184] 赵娜. 生态足迹显示消费病症 [J]. 绿色中国, 2014-02-16.

[185] 赵庆波. 国家电网促进清洁能源发展 [J]. 电力技术经济, 2009-10-20.

[186] 郑成思. 信息、知识产权与中国的知识产权战略 [J]. 云南民族大学学报, 2004-11-15.

[187] 郑成思. 信息、知识产权与中国的知识产权战略 [J]. 云南民族大学学报（哲学社会科学版）, 2014（06）: 24-30.

[188] 郑建玲. 助力电缆业布局发展 [N]. 中国质量报, 2014-03-31.

[189] 中国社会科学院. 中国的知识产权保护远远不够. 中国社会科学院网站, 2011-12-1.

[190] 王钟强. 中国通用航空的挑战与机遇 [J], 国际航空, 1999年第五期

[191] 中国制造2025 "1+X" 规划体系全部发布 [J]. 电信工程技术与标准化, 2017-02-15.

[192] 中国机床商务协会. 中国制造2025与工业4.0有何不同？[EB/OL]. 搜狐网, 2015-9-11.

[193] 中国制造与基础教育紧密相关 需从小培养工匠精神 [J]. 新课程研究下旬刊, 2017-01-21.

[194] 中华人民共和国国务院新闻办公室, 2006年中国的航天 [N], 人民日报, 2006-10-13.

[195] 中商产业研究院. 中国工业4.0市场前景及发展趋势预测研究报告 [EB/OL]. 中商情报网, 2016-12-13.

[196] 周飞. 八家国家高新区冲刺世界一流高科技园区战略要点 [J]. 中国高新区, 2015-07-20.

[197] 周霞, 薛晓磊. 基于物联网技术的消防安全系统的设计 [J]. 数字技术与应用, 2010-10-15.

[198] 周子勋. 推进水与能源可持续发展迫在眉睫 [J]. 中国经济时报, 2016-12-26.

[199] 刘露霏. 竹缠绕复合压力管领衔入选国家重点推广低碳技术目录 [N], 中国绿色时报, 2016-1-7.

[200] 住建部. 解读地下综合管廊建设相关问题 [EB/OL]. 住房城建设部网站, 2015－08－03.

[201] 祝宝良. 夯实稳中向好发展基础, 深化供给侧结构性改革 [J]. 宏观经济管理, 2017 (6): 10－14.

[202] 邹晓东. 高校科技成果转化的促进机制研究 [D]. 浙江大学硕士论文, 2012－04－18.